U0941550

我国经济建设和国防建设融合发展现状与国际经验启示

WOGUO JINGJI JIANSHE HE GUOFANG JIANSHE RONGHE FAZHAN XIANZHUANG YU GUOJI JINGYAN QISHI

中国船舶第七一四研究所 

哈尔滨工程大学出版社
Harbin Engineering University Press

内容简介

本书从理解我国经济建设和国防建设新内涵与外延出发，梳理我国经济建设和国防建设发展中组织管理体系、工作运行体系和政策制度体系“三大体系”的历史变迁、发展现状及主要矛盾。通过实地调研和案例分析等方法分析典型省市经济建设和国防建设实践情况、总结“军转民”等项目实施经验、挖掘影响经济建设和国防建设深度融合发展的症结。在此基础上，归纳典型国家经济建设和国防建设实施经验，结合经济建设和国防建设深度发展的新形势、新要求，提出推进我国经济建设和国防建设深度发展的方向及政策。

本书可供从事与国防科技有关工作的人员，以及一切关心国防事业的人员阅读。

图书在版编目(CIP)数据

我国经济建设和国防建设融合发展现状与国际经验启示 / 中国船舶第七一四研究所编著. — 哈尔滨 : 哈尔滨工程大学出版社, 2020.4

(国家战略 : 经济建设和国防建设融合发展理论与实践丛书)

ISBN 978 - 7 - 5661 - 2510 - 1

Ⅰ. ①我… Ⅱ. ①中… Ⅲ. ①军民关系 - 研究 - 中国 Ⅳ. ①E225

中国版本图书馆 CIP 数据核字(2019)第 271640 号

选题策划 张 玲
责任编辑 史大伟 邹德萍
封面设计 李海波

出 版 哈尔滨工程大学出版社
社 址 哈尔滨市南岗区南通大街 145 号
邮政编码 150001
发行电话 0451 - 82519328
传 真 0451 - 82519699
经 销 新华书店
印 刷 哈尔滨市石桥印务有限公司
开 本 787 mm × 1 092 mm 1/16
印 张 13
字 数 254 千字
版 次 2020 年 4 月第 1 版
印 次 2020 年 4 月第 1 次印刷
定 价 88.00 元
http://www.hrbeupress.com
E-mail:heupress@hrbeu.edu.cn

编　委　会

总 序

当今世界，随着新一轮科技革命、产业革命的兴起和世界新军事革命的加速发展，社会经济形态、技术形态和战争形态深刻演变，推动经济建设和国防建设融合发展已经成为时代潮流，成为各国综合国力竞争和军事竞争的一种新趋势。随着我国经济建设和国防建设融合发展实践的不断深入，其理论研究也在不断深化，如何借鉴国外经验教训，破除阻碍经济建设和国防建设融合发展的坚冰、壁垒、藩篱，是亟待解决的现实问题：一是资源配置不合理，如军工企业融资渠道单一，军工企业专业人才队伍不稳定。二是军民双方内在机制不协调，如技术标准不统一，保密解密机制不协调，利益分配不协调，文化不协调。三是运行机制滞后，虽然我国关于经济建设和国防建设融合发展的相关政策制度文件总量庞大，但相关政策并未形成较为清晰的逻辑体系，经济建设和国防建设融合发展的实施缺少宏观统筹规划；相关政策缺少实践检验与经验总结，部分文件因为缺乏实际操作细则而作用甚微。究其深层次原因，既有思想观念保守固化的问题，也有法律制度供给不足的因素，还有体制机制的羁绊。

《国家战略：经济建设和国防建设融合发展理论与实践丛书》正是基于上述经济建设和国防建设融合发展中存在的问题及原因所策划的。本丛书包括《国外国防科研生产能力发展与监管研究》《国外涉军资产管理模式研究》《国外军民两用计划实施方式研究》《我国经济建设和国防建设融合发展现状与国际经验启示》《我国经济建设和国防建设融合发展政策法规体系甄别与分类研究》《我国经济建设和国防建设融合发展政策法规体系国际比较与建设路径》6 个分册。本丛书一方面通过梳理典型国家在国防科研生产能力建设、涉军资产管理、军民两用计划及项目管理经验等经济建设和国防建设融合发展领域的做法、政策制度体系和成效等，归纳可供参考借鉴的做法，弥补国内在相关领域的研究空白；另一方面，聚焦促进武器装备科研生产领域，甄别和挖掘国外国防科技工业、武器装备采购等方面的政策法规体系，梳理了我国经济建设和国防建设融合发展组织管理、工作运行、政策制度“三大体系”发展现状及存在的问题和障碍，对比国外成功经验做法，提出推进我国经济建设和国防建设深度融合发展的具体措施和政策

建议,对加强应用基础研究、推进我国经济建设和国防建设融合发展创新体系建设具有重要意义。

本丛书力求使社会大众、企事业单位、政府和军队相关部门准确把握经济建设和国防建设融合发展的内涵与外延,系统了解国内外经济建设和国防建设融合发展主要涉及领域的现状、问题、经验、教训,进而启发引导社会各类主体从认识角度统一思想,从实践角度落实经济建设和国防建设融合发展战略,因此具有较大的社会效益。

第一,本丛书的出版为实现国防和军队现代化提供了丰厚的资源,为可持续发展奠定了良好的基础,促进了我国经济建设和国防建设良性互动,更好地推进了我国国家战略的实施;填补了经济建设和国防建设融合发展领域在国内政策制度建设方面研究的多项空白,有助于我国国防和军队现代化建设以及对相关人才的培养;同时本丛书结合具体经典案例总结其经验教训,针对我国经济建设和国防建设融合发展管理实践、政策体系现状,提出相关措施建议,为我国经济建设和国防建设融合发展管理实践工作提供决策支撑。

第二,本丛书通过跟踪研究世界上具有代表性的几个国家经济建设和国防建设融合发展的实施背景、认识、主张、思路、重点领域与特点,为我国经济建设和国防建设融合发展相关领域的广大科研工作者提供了第一手的研究素材。此外,本丛书重点分析了美国、英国、法国、德国、俄罗斯、日本等国在军工开放、资源共享、军民科技成果转化、军工带动国民经济发展、改善军工投入和能力管理等经济建设和国防建设融合发展重点领域的典型做法、管理措施和实施效果,以此提出了推进我国经济建设和国防建设融合发展管理实践的政策措施建议,为实现我国武器装备研制水平和国民经济发展水平的同步提高提供了一定的参考和借鉴。

第三,本丛书介绍的我国经济建设和国防建设融合发展的阶段、历程及政策制度建设,为各地方的经济建设和国防建设融合发展提供了参考和借鉴,使各地方的经济建设和国防建设融合发展更具有针对性及方向性,进而为推动经济建设和国防建设融合健康发展,增强国家的战略威慑力,实现强军梦、中国梦提供强有力的支撑。

由于我们理论水平有限,在选题与具体研究内容上难免存在不足之处,欢迎广大同人及读者批评指正。

中国船舶第七一四研究所

2019 年 10 月

目 录

第一章
经济建设和国防建设融合发展背景及内涵属性

把经济建设和国防建设融合发展上升为国家战略，是我们长期探索经济建设和国防建设协调发展规律的重大成果，是从国家安全和发展战略全局出发做出的重大决策，也是经济建设和国防建设融合推进方式的重大突破，具有划时代意义。经济建设和国防建设融合关乎国家安全和发展全局，既是兴国之举，又是强军之策。经济建设和国防建设融合不断取得阶段性成果，呈现出加快发展良好态势。应从组织管理、工作运行、政策制度方面系统推进，继续把经济建设和国防建设融合发展这篇大文章做实，切实打造经济建设和国防建设融合的龙头工程、精品工程，为实现中国梦强军梦作出新的更大的贡献。

国防科技工业是衡量一个国家综合科技水平、科技工业基础实力和综合国力的重要标志。国防科技工业是国家战略性产业，是国防与军队建设重要的物质技术基础，是世界军事大国较量的关键，既属于国防建设的范畴，又属于经济建设的领域。国防科技工业属于产品附加值高、投入产出比较高的产业，对国家和区域经济发展具有很大的直接带动作用。因此，国防科技工业是天然的经济建设和国防建设融合的载体，是经济建设和国防建设融合最重要的领域。推动经济建设和国防建设深度融合，形成既能决战沙场，又能纵横市场的国防科技工业新体系，可以有效地履行支撑国防军队建设、推动科学技术进步、服务经济社会发展的三大使命。

第一节　十八大以来经济建设和国防建设融合的重要论述及新内涵

经济建设和国防建设融合的内涵随着实践的发展不断得到丰富完善。尤其是自党的十八大以来，以习近平同志为核心的中央领导人在多个场合发表有关经济建设和国防建设融合深度发展的重要论述多达十余次，几乎每讲到国防和军队建设，必然强调经济建设和国防建设融合；每讲到国防科技工业建设和武器装备发展，必然强调经济建设和国防建设融合。这些重要论述既一脉相承又有新的发展，并且逐步深化完善，反映出中央领导对经济建设和国防建设融合这个问题的高度重视和持续深入思考，经济建设和国防建设融合深度发展的内涵及完整思想体系正逐步形成。

一、全要素、多领域、高效益是经济建设和国防建设融合深度发展的总体目标

经济建设和国防建设融合发展至关重要，要在全国范围内全面推进、全民推进、全力推进。这是国家战略，必然会有一个发展目标，作为我们推进经济建设和国防建设融合工作的前进动力。加快形成全要素、多领域、高效益的经济建设和国防建设融合深度发展格局，就是我国经济建设和国防建设融合深度发展战略所要实现的总体目标。其中，“全要素”从工业方面来理解，一是推动更多要素融合，实现信息、物资、技术、资金、人才等要素的融合；二是探索寓军于民的能力融合模式，按照“不为我所有，但为我所用”的理念，实现能力融合。例如，国外经济建设和国防建设融合发展较好的国家，都组建民用航空预备队，这是一种全面依托地方航空的人员、技术、设施、信息等要素，形成战略投送能力的全要素融合模式。“多领域”是指融合范围要大大拓展，要求实现武器装备、科研生产、经济布局、基础设施、人才动员、维修保障，以及陆、海、空、天、电等多领域的融合。军队要遵循国防经济规律和信息化条件下战斗力建设规律，自觉将国防和军队建设融入经济社会发展体系；地方要注重在经济建设中贯彻国防要求，自觉把经济布局调整同国防布局完善有机结合起来。“高效益”是从融合效果来讲的，要求国防建设和经济建设共用一个经济技术基础，军民资源能够互通、互用、互动。实现高效益，就是要实现经济建设的国防效益最大化和国防建设的经济效益最

大化，进而实现富国强军的统一。例如，在伊拉克战争中，为弥补军用侦察卫星的不足，美军大量使用了商业卫星的高分辨率图像，并尝试在商业卫星上搭载军用载荷，以进一步节约研制成本，缩短研制周期。

具体到军工行业就是要求国防科技工业和国家工业体系深度融合，打破军工相对封闭的体系，使二者在质量、标准、政策法规、组织管理、设备设施、科技创新、人才等方面实现无缝衔接、资源共享，使广大民口高技术优势企业能够顺畅有序地进出武器装备研制生产体系，扩大我们军队军事装备的物质技术基础，把全社会、全工业体系中最具优势的产品、技术提供给军队，服务于“能打仗、打胜仗”的强军目标。例如，美国近些年来废除了4 000余项军用规范和300余项军用标准，采用了1 784项民用标准；英国在装备采办管理中，大力提倡采用民用规范，当军用标准与民用标准发生冲突时，在不影响军事需求的情况下，优先使用民用标准；以色列、日本则尝试将军用标准与民用标准最大限度地融合。与此同时，军队方面也要更加开放，在军事需求和工业体系能力建设之间搭建无障碍沟通渠道，能够最便捷高效地把军事需求转化为工业口的装备能力建设需求，转化成科技创新动力，形成有效的需求牵引。

二、“三大体系”是经济建设和国防建设融合深度发展的主要内容

推动经济建设和国防建设融合深度发展，要努力形成统一领导、军地协调、顺畅高效的组织管理体系，国家主导、需求牵引、市场运作相统一的工作运行体系，系统完备、衔接配套、有效激励的政策制度体系，统称为“三个体系”。其中，组织管理体系的关键在于经济建设和国防建设融合领导体制。经济建设和国防建设融合深度发展涉及军地部门多，利益藩篱多，事权关系复杂，必须在组织管理上寻找出路，否则很容易导致政出多门、各自为政，“各吹各的号、各唱各的调”。当前，国家层面推动经济建设和国防建设融合深度发展工作中，宏观层面军地各类协调机构较多，管理协调机构众多，协调难度大，微观执行层面因缺乏有效的工作抓手而不知所从，难以形成具有上下合力的组织管理体系。因此，优化国家层面领导管理体制是当前经济建设和国防建设融合深度发展最为紧迫的任务。工作运行体系的关键在于融合运行机制。在当前战争形态信息化、技术形态军民通用化、经济形态市场化条件下，信息沟通、需求对接、规划衔接变得空前重要，这是调动全社会资源，统一行动，顺畅高效的关键掣肘，唯有通过机制保障才能实现。政策制度体系的关键在于构建完善的政策法规体系。经济建设和国防建设融合在诸多领域是跨部门、跨边界的，在实际推行过程中往往超出了既

有法规的约束范围,处于模糊地带,没有政策法规予以明确,融合工作就于法无据,没有保障。因此必须构筑法律、法规、政策规章等多层次政策法规体系,尤其是针对信息化战争的新要求,在网络安全、信息资源共享、电磁、空天、标准等领域,抓紧出台相应的政策法规。

三、"四个强化"是经济建设和国防建设融合深度发展的基本路径

当前,我国经济建设和国防建设融合深度发展面临着体制性障碍、结构性矛盾和政策性问题,军地一些部门单位存在"利大大干、利小小干、无利不干",以及"融合别人可以,被别人融合不行"等现象,这些现象背后往往附着复杂的利益关系,导致我们经济建设和国防建设融合工作"深不下去,融不起来"。按照习近平总书记的指示,必须强化大局意识、强化改革创新、强化战略规划、强化法制保障,才能丰富融合形式,拓展融合范围,提升融合层次。强化大局意识,就是要突破传统思维的桎梏,军地一盘棋。国防和军队建设是公共品,必须要全民重视,树立全民共建意识,而不是理解成是军队的事,与地方无关。反过来,国防建设中不涉及军事秘密的,要一律开放,争取社会力量参与,接受社会监督,赢得公众支持。

强化改革创新,关键是制度保障,重点在"三大体系"建设,这是深入实施经济建设和国防建设融合深度发展的制度蓝图,是破解体制性障碍、结构性矛盾、政策性问题的根本出路。实现这一蓝图,必须强化党政军一体化领导,打破今天经济建设和国防建设的"二元体制结构",其他问题也将逐步迎刃而解。美国经济建设和国防建设融合水平之所以较高,国防力量强大,一个重要方面是得益于体制性优势。美国一直实行政府管理军队,国防部是实体机构,既有文职也有军职,主要负责军政事务,最大限度地减小了军队和政府间的隔离。参谋长联席会主要负责指挥作战,美国总统是最高统帅,以文治军,不存在二元结构问题。

强化战略规划,是深入实施经济建设和国防建设融合深度发展战略的基础工程。目前,发达国家通过战略规划牵引,在基础设施建设上全面贯彻国防要求,已基本实现了高速公路与军事快速通道相结合,服务区与兵站相结合,隧道与隐蔽工程相结合,高速公路与飞机跑道相结合,高速枢纽与战储基地相结合。与美国等军事强国相比,我们在军地战略规划衔接上还有很大改进空间,军地规划不衔接,会造成重复投入、资源浪费、衔接不畅等一系列问题,必须要下大力气融合。

强化法制保障,是深入实施国家经济建设和国防建设融合深度发展战略的

根本要求。依据法律法规,强制推进经济建设和国防建设融合,是世界主要大国的通行做法。当前,我国经济建设和国防建设融合法规建设较为薄弱,主要问题突出表现在:一是还没有一部规范推动经济建设和国防建设融合发展的综合性法规,已有法规立法层级较低,权威性不高;二是政策法规修改完善和制定出台速度跟不上形势发展要求,不可避免地出现过时内容和空白点;三是已有政策法规之间衔接不够,部门利益倾向在所难免,甚至已有不同法规条款之间还存在冲突;四是部分政策法规有很大局限性,可操作性不强,让经济建设和国防建设融合市场参与主体无所适从。这些突出问题已经严重制约了经济建设和国防建设深度融合,经济建设和国防建设融合政策法规的供给与需求严重不对等,亟待强化。

四、国家主导、需求牵引、市场运作是经济建设和国防建设融合深度发展的根本保障

要建好国家主导、需求牵引、市场运作相统一的工作运行体系,必须要恰当处理政府、军队、市场三者的关系,这也是经济建设和国防建设融合深度发展的主体。这三者不能简单地用主次来进行划分,它们在经济建设和国防建设融合深度发展中各自都扮演着不可或缺的重要角色。经济建设和国防建设融合,就是要实现军地互动,一种投入、两份效益。政府是市场规则的制定者,搭建平台,制定规则,为市场主体提供竞争舞台,让各种要素更合理高效流动,减少信息不对称造成的低效率,装备产品质量好不好,服务到不到位,政府在某种程度上是有监管责任的;军队是装备物资采购的需求方,要能准确判断和分析世界新军事变革发展趋势,以及未来战场的制胜机理,并据此制定装备战略规划,提出装备建设具体需求,通过规划和需求形成装备技术研发的牵引力,对特定领域市场形成引导;而市场的最大优势则体现在价格机制调节供求、竞争机制鼓励创新、反馈机制传递信息和风险机制提示信息等几大方面,通过这些机制作用,可以实现资源的最优化配置。对军事装备市场来说,通过市场经济调节,可以弥补传统国防科技工业体系不足,也避免国防工业企业盲目追求大而全、打破自我配套的封闭做法,推动军事装备采购在更宽广的供应商中进行优选。以此来看,政府、军队、市场在经济建设和国防建设融合发展中各有分工而又紧密相连。某种意义上,政府在军队和市场中间还扮演着桥梁作用,因此在人才、资金、规划、政策、科技创新、标准等方面,必须有效地衔接,才能真正实现融合。

第二节　经济建设和国防建设融合发展中政府与市场关系的认识

要做好经济建设和国防建设融合式发展这篇大文章，必须坚持需求牵引，政府主导的原则。正如在经济社会发展领域中，如何做到“看得见的手与看不见的手”的协调配合，发挥好政府和市场各自作用，这是一个长期话题。同样，在经济建设和国防建设融合领域，在经济建设和国防建设融合深度发展被提高到国家战略背景下，政府和市场如何在经济建设和国防建设融合领域内发挥各自作用，并处理好与军队这一需求主体的关系，这一问题比一般经济领域中政府与市场的关系更加复杂。

一、政府与市场关系发展的历史阶段

正确认识政府与市场的关系，关键是要明确政府在市场中到底起什么样的作用，扮演什么样的角色。从这个角度来看，政府与市场关系的演进经历了三个发展阶段：

第一阶段，政府是市场供给与需求关系以外的第三种力量。自亚当·斯密的《国富论》诞生以来，人们一直认为自由竞争在“看不见的手”的作用下就会产生最优的经济秩序和市场效率，政府只是市场经济的“守夜人”，任何妨碍自由经营活动的行为，都是对市场效率的破坏。如果将球场和运动员比喻为市场及其参与者的话，那么此时的政府就相当于裁判员，它的作用主要是规范市场行为，维护正常的市场秩序。因而，这时的政府只是市场供给与需求关系以外的第三种力量。

第二阶段，政府成为市场的主导力量。随着市场经济的不断实践，市场机制的缺陷也逐渐暴露。在逐利的市场机制下，由垄断、信息不对称、公共产品和外部性造成的市场失灵问题不断出现，严重影响了经济社会的可持续发展。在这种情况下，政府开始从市场外部进入市场内部主动干预市场运行。随着政府干预经济的力度和领域不断加深和拓展，政府的经济功能从弱变强、由小变大，在市场中的作用逐步从辅助转变为主导。最终，政府被赋予了行政与经济双重权力，几乎无孔不入地渗透到各个领域，大量采取私营企业国有化、国家垄断和计划的方式干预经济运行。政府的经济权力迅速膨胀，最终导致价格扭曲和低效率。

第三阶段,政府与市场的关系突出表现为政府的职能从微观层次上升到了宏观层次。与此对应的是20世纪30年代,凯恩斯理论的提出和罗斯福“新政”的实践。此时的政府不再直接干预企业的经营活动,而是通过财政政策和货币政策调节经济总量(总需求),发挥宏观调控和缓解经济波动的作用,既避免了价格扭曲和低效率,又弥补了市场机制固有的缺陷。

二、国外政府与市场关系的主要模式

不同国家处在不同的发展阶段,政府在市场中所扮演的角色不同,进而形成了不同类型的政府与市场关系。从国外实践来看,政府与市场关系主要有英美模式和日韩模式。

(一)英美模式

英美模式的主要特点是政府与市场之间经过漫长的实践磨合形成了功能互补性强、层次分明、具有明确的定位与分工的有机整体。在英美模式下,政府很少直接干预企业的发展,而是让企业在市场机制作用下自主发展、自由竞争,充分依靠和利用市场机制引导和调节资源配置。政府的主要作用被界定在规则的制定与维护以及宏观调控方面。

政府与市场关系的英美模式是西方资本主义长期发展的产物。新兴国家和后发国家很少采用这种模式追赶和赶超发达国家,而是大多采用日韩模式。

(二)日韩模式

政府与市场关系发展的第二种典型模式被称作“日韩模式”,这种模式的主要特点是政府与市场的职能分工往往是交叉并行的。日韩等国认为政府直接介入企业和产业发展是必要的,这样能够最大限度地调动全国资源。企业和产业依靠行政组织的力量,可创造更高的效率,能够在短期内实现赶超。而参照英美模式,则需要上百年的时间才能实现同样的结果。

实行“日韩模式”的国家大多属于新兴国家或者后发国家。这些国家在追赶先进国家的过程中,由于不具备先发国家那样的初始条件,因而无法按部就班、渐次经历上述三个发展阶段。

然而,在日韩模式下,强大的政府干预,造成企业对政府的严重依赖,降低了企业技术创新的风险意识,企业可以不计成本收益,在技术创新方向选择和规模扩张上产生盲目性。同时,由于政府强力干预,通过政策导向影响生产要素向政府“择优”扶持的产业和大企业集中,企业或多或少地会迎合政府的战略意图,产

业选择和发展的范围过于狭窄,加之在政府干预下垄断现象严重(日韩的主要企业和产业大多控制在少数财团手里),大企业缺乏有效的竞争压力,也就缺少了技术创新的动力。

三、政府与市场关系的基本认识

回顾政府与市场关系发展的历史阶段和主要模式,我们可以得出二者关系的一些基本认识。

一是市场是不可取代的。第一阶段是从市场开始的,到第三阶段还是以市场为主体。而且,第一阶段从根本上否定了政府在市场中的作用,认为通过市场自发的力量,通过价格机制能够自动实现供求均衡。如果有政府介入,反而会造成价格扭曲。但是,在第二阶段上,情况来了个大逆转,政府占有了一切经济资源。表面上看它是对市场经济的彻底否定,事实上,政府最初始并没有占有全部资源,政府职能只是弥补市场机制的不足。后来,政府逐渐加大对市场的干预,市场对行政机制也产生了严重依赖。政府的这种行为不但没有使经济健康有序地发展,反而削弱了市场机制,甚至导致市场失灵。而且,在此阶段也没有完全消除市场因素。因此,在第三阶段,政府的职能从微观层次上升到宏观层次,市场完全成了资源配置的主体,经济发展步入了良性的轨道,可见市场作为配置经济资源的基础,具有不可取代的地位。违背这个原则,就会从根本上损害经济效率。

二是政府的作用不可缺少。现代意义上的市场经济实质上就是政府干预下的市场经济。自由市场经济具有自身不可克服的经济周期,而政府干预可以最大限度地降低波动幅度,增强经济的稳定性。政府与市场具有两个不同层次的经济内容,市场代表着大量的微观主体活动的总和,而政府代表着总量意义上的调控活动,主体不同,对象不同,相辅相成。

三是企业的主体性不可剥夺。在政府与市场关系中,市场居于主体性地位,而企业则是市场的主体,市场机制是靠独立的、富有竞争性的企业推动和实现的,企业的主动性、创造性是实现技术进步和提升市场效率的根本,具有基础性作用。政府与市场关系的核心是企业,判断政府与市场关系协调与否的标准也是以企业效率高低为标准,什么时候能够充分调动了企业的积极性,政府与市场的关系就比较协调,什么时候降低了企业的效率,二者的关系就比较紧张。

四、我国政府与市场关系的阶段性特征

十八大以来,党中央提出要全面深化经济体制改革,并指出“经济体制改革

的核心问题是处理好政府和市场的关系，必须更加尊重市场规律，更好发挥政府作用”。这就要求更准确界定现阶段经济体制改革的背景，深刻认识政府与市场关系在经济体制改革中的重要性，从而在新形势下通过理顺政府与市场关系全面深化经济体制改革。

改革开放40多年来，我国经济保持了持续快速增长，但也出现了多次经济波动。已有的研究表明，政府与市场关系欠协调是影响我国经济平稳较快发展的最主要因素，对此应予以高度重视并科学解决。

为适应市场经济发展的要求，特别是为适应建立和完善社会主义市场经济体制的需要，我国先后进行了数次大的政府机构改革，政府逐渐由全能型、管制型向有限型、服务型转型。但是，受计划经济体制和经济发展阶段的影响，我国各级政府干预经济活动的权力大、动机强，对微观经济活动的干预过多，从而影响了市场机制的正常运行，一定程度上引起了经济增长的大起大落。

改革开放以来，为在尽可能短的时间内实现经济崛起，中央政府强调以经济建设为中心，并对地方官员实行以经济增长为核心的政绩考核制度。在晋升激励下，地方政府把推动所辖地域经济增长作为主要施政目标，造成一些地方政府冲动投资，导致经济过热。而中央政府的紧缩性宏观调控又容易导致经济过冷。因此，我国国民经济增长经常在过热与过冷之间波动。实践证明，要保持经济长期平稳较快发展，必须处理好政府与市场之间的关系。

现阶段，我国处于完善社会主义市场经济体制的重要时期，这一阶段经济社会发展中的不平衡、不协调、不可持续性问题较为突出，这些问题亟须通过深化经济体制改革来加以解决。完善社会主义市场经济体制是改革目标，深化经济体制改革是完善社会主义市场经济体制的方法，理顺政府与市场之间的关系是深化经济体制改革的核心。在这样一条逐层递进的总体思路下，理顺政府与市场关系在当前深化经济体制改革、完善市场经济体制的历史性任务中居于核心地位。

总体来看，在我国经济社会发展中，政府与市场的关系存在鲜明的阶段性特征。党的十五大提出“使市场在国家宏观调控下对资源配置起基础性作用”，党的十六大提出“更大程度上发挥市场在资源配置中的基础性作用”，党的十七大提出“从制度上更好发挥市场在资源配置中的基础性作用”，党的十八大提出“更大程度更广范围发挥市场在资源配置中的基础性作用”，党的十八届三中全会对政府和市场关系进一步做出界定，把市场在资源配置中的“基础性作用”修改为“决定性作用”。

五、经济建设和国防建设融合发展过程中政府与市场关系的特殊性

在中国特色社会主义制度下，中国人民解放军是党绝对领导下的人民军队，军队现代化建设必须是在党的领导下进行的。孙子曰："兵者，国之大事也。"特别是在现代高科技条件下，谈兵论战，都关乎国家大事，不得不慎重，必须从国家战略全局出发，综合统筹，既能强军，又能富国，实现既能御强敌，又能促发展的双重目标。因此，经济建设和国防建设融合发展只能在国家主导下进行。在中华人民共和国，只有中国共产党是执政党，实行人民代表大会制度和政治协商制度，中国人民解放军是人民的军队。因此，中共中央主导经济建设和国防建设融合发展，是我们国家和军队的性质决定的。

在经济建设和国防建设融合发展过程中，政府和市场的关系与一般经济领域有所不同。经济建设和国防建设融合之所以存在特殊性，主要原因在于"军"，即武器装备科研生产领域的特殊性。武器装备有着不同于其他商品的特殊性，如事关国家安全利益、用户主体单一、产品品种和数量规模小、技术高度复杂，等等，因此导致武器装备市场与普通民用市场存在本质区别。忽略武器装备市场的特殊性，简单地套用一般市场经济理论，对国防建设、经济建设和国防建设融合发展是无益的甚至是有害的。经济建设和国防建设融合的这种特殊性，导致了政府在遵循市场运行的基本原则和规律的同时，要比在一般经济领域中发挥作用更大。

武器装备市场竞争机制作用难以发挥的原因主要有两点，一是武器装备技术发展和应用特点约束着竞争，市场竞争往往只发生在装备研制的早期阶段，新兴装备与技术的竞争机会大于成熟装备与技术。一般而言，技术研发阶段的竞争性较强，这一阶段可能要经历数年，通常有多个承包商得到合同；进入武器系统样机研制阶段后，一般情况下，通过竞争遴选出少数几家供应商承担样机研制，让它们在整个研制阶段相互竞争；进入武器系统研制阶段后，一般交由竞争获胜的一家承包商承担，承包商一旦得到研制合同，就意味着此后少则几年多则几十年的时间内，这型武器系统的生产、改进、保障通常只能由它完成，这一点正是武器装备市场的突出特点，也是造成武器装备市场竞争不力的决定性原因。二是现代武器系统构成的复杂性，一些重大装备或大系统由众多子系统和配套设备组成，费用较高；虽然研制生产任务被分配给众多厂商，但最终都由主承包商来集成，加之一个项目初始合同签订后，在多年的执行期间，甚至直到终了，往往由一个承包商主包，很少再出现竞争机会。

为此，国家"十二五"规划纲要在"加强国防和军队现代化建设"一章中强调

指出，要坚持国家主导、制度创新、市场运作、军民兼容原则，统筹经济建设和国防建设。习近平总书记也提出，经济建设和国防建设融合发展中要“坚持需求牵引、国家主导”，“既要强化国家主导作用，又要充分发挥市场作用”。这些提法既不同于一般经济领域政府和市场的关系，又与我国经济发展中政府与市场的关系各个阶段的演进发展存在区别，尤其是国家主导这一表述，既明确了政府的重要作用，又指出了主导的主体不仅仅是政府，还应包括军队等主体在内。因此，研究新时期经济建设和国防建设融合深度发展改革中政府与市场的关系，明晰工作中政府与市场的边界，明晰军队在这其中的作用，对于政府有关部门推动经济建设和国防建设融合深度发展尤为必要和紧迫。

第三节　国防工业经济内涵属性

一、国防工业经济的含义

（一）国防工业经济国内外的学术界定

国内在学术上没有成熟的国防工业经济定义，但工作实践中出现了国防工业经济等相关词汇，且在不同的场合环境下也有不同的含义。如证券市场中有国防工业经济板块，是由一些研制武器装备的上市公司组成；政府部门发布的国防工业经济运行分析报告中所指的国防工业经济，则是由核、航天、航空等一些具体行业的具体部门组成的经济。

国外没有国防工业经济的专门论述，但其国防经济中研究军工承包商的相关部分，与国内国防工业经济研究的相关领域相似。根据托德·桑德勒（Todd Sandler）和英国基思·哈特利（Keith Hartley）所著的《国防经济学》一书，国防经济（Defense Economics）是运用经济学工具，研究整个经济中与国防相关的问题，包括国防开支水平（总额或其占国民生产总值的比重）、国防开支的影响（在国内对产出和就业的影响，在国际中对其他国家的影响）、国防部门的存在及其规模设定的根据、国防开支与技术变化的关系、国防开支和国防部门对国际稳定性或不稳定性的影响等问题。与其他领域经济的研究相比，国防经济研究的特殊性主要体现在三方面，即研究对象（如军工承包商、军事部门）、国防机构制度安排（如采办惯例）和其他相关问题。

托德·桑德勒在《国防经济学》中也论述了经济转轨的问题，他认为转轨有两

种含义，狭义上的转轨是将国防研究机构和军工企业直接转为承担民用研究和制造民品的企业，这意味着有效的转轨需要进行产品替代，即同一工厂以生产民品代替生产军品（如从坦克到拖拉机）；广义上的转轨主要是指将军事力量和从日益收缩的国防产业中转移出来的资源再配置到经济扩张部门和扩张地区的过程。一般意义上的国防工业经济转轨指的是广义上的转轨，国防工业部门在转轨过程中遇到的困难主要有军工资产的专用性，寻找民用市场并开发相应的民品，民用市场需要具有潜在的营利性以及经济衰退给转轨带来的阻碍等。

（二）本书研究的国防工业经济定义

本书研究的国防工业经济，是指国防建设有关工业部门经济，即从事武器装备科研生产的企事业单位等构成的产业实体经济。国防工业经济是由两种不同性质的科研生产活动所形成的经济，即武器装备科研生产和利用军工技术生产民品。其中，在武器装备科研生产领域，国家根据国防建设需要，下达武器装备研制生产任务，以合同的形式下达给相关企事业单位，由其开展研制工作；而军工企事业单位发挥军工技术优势，大力发展与武器装备技术密切相关的军工民用产业，一方面充分发挥国防科技对国民经济尤其是高技术产业发展的强大牵引力，另一方面又巩固了武器装备发展的产业基础。在符合国家产业发展政策的前提下，大力发展与武器装备技术密切相关的军工民用产业，这是当前和未来一个时期国防工业经济转变发展方式的重要内容。

二、国防工业经济具有国防性和经济性双重属性

与一般领域经济相比，国防工业经济具有国防性和经济性的双重属性，相应地，也肩负着“强军”与“富国”的双重使命。国防工业经济的国防属性指军工单位为满足国防建设需要，为军队提供符合技术要求标准及规范的各式武器装备，同时要针对武器装备发展趋势，开展国防基础科研的预先研究等；其经济属性指军工单位在保障军队武器装备的同时，发挥军工高新技术优势，开发民用市场和产品，创造利润，为国民经济发展作出贡献。

国防工业经济之所以区别于其他一般经济，根本原因在于其国防属性。在世界范围内，国防工业相对于民用工业独立存在，始于二战，并一直延续至今。随着时间的推移，武器装备对技术的独特要求日益显现，普通工业制造能力越来越难以满足军事战争的特殊需求，一个国家要想真正实现国家主权独立，建立、发展和巩固专门研制武器装备的工业基础和技术基础是必不可少的。在技术高度发达的当代，国防能力建设更加高度依赖于独特的技术及制造能力，国防工业

的独特性也更加突出，由此形成的国防工业经济的国防属性也愈发明显。因此，可以说国防属性是国防工业经济的根本属性，是其存在和发展的唯一理由。而国防工业部门在承担武器装备研制任务的同时，可以也应当为国民经济的发展作出自己应有的贡献。

国防工业部门在研制武器装备过程中，会积累大量先进技术，有些技术甚至具有跨时代意义，如核能、计算机及网络应用技术等。国防工业部门对这些技术进行民用领域的再开发，研制适用于民用市场的产品及技术，做大国防工业部门自身经济规模，创造利润，这既是为国民经济发展作贡献，同时也可以利用这些资金对武器装备研制进行再投资，一方面减轻了国家国防投资负担，另一方面也有利于减少军品订货波动所造成的企业自身经营困难，这也是国防工业经济的经济属性存在的依据。

第二章
我国经济建设和国防建设融合发展的现状及问题

经济建设和国防建设融合发展是国防科技工业的大事之一,推动经济建设和国防建设深度融合,就是要逐步将国防工业基础与民用工业基础融为一体,最终实现最大限度的军民一体化,形成既能决战沙场,又能纵横市场的国防科技工业新体系。新中国成立以来,我国国防科技工业体制机制不断建设完善,经济建设和国防建设融合发展制度体系不断完善,但缺乏对既有体制和法律制度建设情况的完整梳理,对经济建设和国防建设融合发展的认识还不一致,重点也尚未明确。因此,亟须梳理我国经济建设和国防建设融合体制机制变迁历史、发展现状及存在的问题和障碍,为进一步推进我国经济建设和国防建设融合深度发展和政策制度建设提供现实依据。

第一节 我国经济建设和国防建设融合体制机制变迁历史及现状

新中国成立以来,国防科技工业一直是我国经济建设和国防建设融合发展的重中之重,经济建设和国防建设融合体制机制调整也主要围绕着这个领域的管理体制。总体来看,国防科技工业经历了几起几落的历史,经济建设和国防建设融合也因此红火或者低落,甚至出现衰败。出现这种现象的根本原因在于,当时背景下军工企业不可能实现经济建设和国防建设融合发展。国防科研生产用户单一,武器装备订货的起伏波动必然引起军工企业景气状态波动。

一、我国国防科技工业体制机制变迁历史

我国国防科技工业体制机制变迁在某种程度上决定了经济建设和国防建设融合的范围和程度。概括而言,先后经历了四个时期的重要变革。

(一)计划经济时期的管理体制(1949—1977年)

我国的国防科技工业体系是在一穷二白、工业基础极其薄弱的情况下,由中共中央领导,举全国之力创建起来的。先后成立了重工业部,第一、二、三、四、五、六、七、八机械工业部,主管航空、电子、兵器、船舶、导弹、核工业。在此基础上,还成立了由国务院、中央军委双重领导,列入军队序列的国防部国防科学技术委员会("国防科委")和中央军委国防科学技术装备委员会("军委科装委"),国务院国防工业办公室("国防工办")负责统筹国防科研和生产管理。1962年,中共中央成立十五人专门委员会("中央专委"),周恩来总理任主任,对核武器和导弹、航天等尖端科技工业实施统一领导。

(二)调整转型时期的管理体制(1978—1997年)

十一届三中全会决定,党和国家的工作重点转移到经济建设上来。中央要求国防科技工业要实行"军民结合、平战结合、军品优先、以民养军"的方针。1982年,以改革为契机,全国人民代表大会常务委员会决定,第二、三、四、五、七机械工业部分别更名为核、航空、电子、兵器、航天工业部;撤销第六机械工业部,成立中国船舶工业总公司;国防科委、国防工办和军委科装委合并,组成国防科工委,属于国务院序列,又隶属中央军委建制,受国务院、中央军委双重领导,统管国防科技工业。1986年,调整了国防科技工业管理体制,国防科工委不再管理军工行业,军工电子由电子工业部归口管理,中国船舶工业总公司以及核工业部、航空工业部、航天工业部、兵器工业部直属国务院管理。此后,兵器、航空、航天、核工业逐步改组为部级工业总公司,由国务院直接领导,行使行业行政管理职能。同时,作为经济实体面向国内外市场。1993年,除军工电子外,各军工总公司重新由国防科工委管理。这段时期的改革,推动了国防科技工业面向国民经济主战场,并开始融入市场。

(三)深化改革时期的管理体制(1998—2007年)

1998年3月,按照十五大"建立和完善与社会主义市场经济体制相适应的国防工业运行机制"的战略部署,九届人大一次会议通过了《国务院机构改革方案》,将原国防科工委管理国防工业的职能、国家计委国防司的职能以及各军工总公司承担的政府职能统一起来,组建新的国防科工委,成为国务院部门之一。1998年4月,在原国防科工委、总参谋部装备部和总后军械部的基础上,组建隶属中央军委领导的总装备部。新组建的国防科工委和总装备部是组织生产和装备订货的关系。1999年7月,核、航天、航空、船舶、兵器五大军工总公司改组为

10 个国防工业企业公司;2001 年 11 月,由信息产业部所属军工电子研究所组建成立中国电子科技集团公司。这段时期的改革,初步实现了军政分开、政企分开、供需分开,实现了国务院对国防科技工业的集中统一管理。

(四)实行大部制以来的管理体制(2008 年至今)

党的十七大报告明确提出,“调整改革国防科技工业体制和武器装备采购体制”“走出一条中国特色经济建设和国防建设融合式发展路子”。2008 年 3 月 15 日,十一届全国人大会议通过了《国务院机构改革方案》,撤销国防科工委,组建工业和信息化部及其管理的国防科技工业局。国防科技工业局承担组织协调武器装备科研生产的重大事项、保障军工核心能力建设以及原信息产业部军工电子管理等职责。工业和信息化部承担国务院、中央军委专门委员会办公室的工作,履行推进军民结合、寓军于民的职责。这次改革首次从体制上把国防科技工业纳入国家大工业体系统一管理,增强了国家工业和科技基础对国防工业的支撑作用,为经济建设和国防建设融合深度发展奠定了基础。

二、新中国成立以来我国国防科技和军事装备管理体制(表 2.1)

表 2.1　新中国成立以来我国国防科技和军事装备管理体制

序号	机构	成立时间	概要
1	政务院重工业部	1949.10	归口管理兵器工业
2	中央军委兵工委员会	1951.01	加强对兵工生产和建设的领导,保障部队需要
3	航空工业管理委员会	1951.04	加强航空工业建设
4	第二机械工业部	1952.08	统一管理国防工业
5	国务院科学规划委员会	1956.03	国务院确定科学规划委员会是掌管全国科学事业的方针、政策、计划和重大措施的领导机关。对中国科学院、国家技术委员会、高等教育部、第三机械工业部、国防部(当时包括航空工业委员会和其他相关部门)、农业部和卫生部实行统一归口管理。1958 年 11 月,与国家技术委员会合并为中华人民共和国科学技术委员会(简称:“国家科委”);1970 年 7 月,国家科委和中国科学院合并,成立中国科学院革命委员会;同月成立国务院科教组,主管原教育部和国家科委的工作;1977 年 9 月,由中共中央批准重新建立国家科委

表 2.1(续)

序号	机构	成立时间	概要
6	国家技术委员会	1956.04	国务院批准成立,任务是研究综合性技术政策,处理综合性技术工作
7	国防部航空工业委员会	1956.06	统一领导我国的航空工业和导弹的研制工作
8	第一机械工业部	1958.02	统一管理国防工业、民用机械工业
9	国防部国防科学技术委员会	1958.10	统一领导全军武器装备的科学研究工作;1968年2月改称中国人民解放军国防科学技术委员会
10	中央军委国防工业委员会	1959.11	统筹安排和全面规划军工生产(1961年1月与第三机械工业部合署办公)
11	第三机械工业部	1960.09	从第一机械工业部分离,主管核工业建设和核武器研制工作(1963年9月调整为主管航空工业)
12	国务院国防工业办公室	1961.11	直接管理第二、三机械工业部和国防科学技术委员会、国防工业委员会所属范围的工作(1969年12月撤销)
13	中共中央15人专门委员会	1962.11	加强对"两弹"事业的领导
14	第四机械工业部	1963.02	主管无线电工业
15	第五机械工业部	1963.09	主管兵器工业
16	第六机械工业部	1963.09	主管船舶工业
17	第七机械工业部	1964.11	统一管理导弹的科研、设计、试制、生产及基本建设工作
18	中央军委国防工业领导小组	1969.12	领导第三、四、五、六机械工业部等四个工业部门,1974年5月撤销
19	国务院国防工业办公室	1974.05	第二、三、四、五、六机械工业部由国务院直接领导,有关省市、自治区设立国防工业办公室或相应机构。同时撤销中央军委国防工业领导小组、中央军委国防工业办公室
20	中央军委科学技术装备委员会	1977.11	办公室设在国防科学技术委员会,统一领导国防科学技术和国防工业生产工作

表 2.1(续)

序号	机构	成立时间	概要
21	第八机械工业部	1979.07	对战术导弹的工业生产、科学研究、学校教育和基本建设进行统筹规划,全面安排,组织实施
22	科学协调委员会	1979.10	中共中央批准成立,由国家科委、中国科学院、国防科委与国防工业办公室的领导组成,统一组织和协调全国科学技术工作
23	第七机械工业部	1981.09	国务院、中央军委决定将第八机械工业部与第七机械工业部合并,仍称第七机械工业部
24	核工业部	1982.05	全国人民代表大会常务委员会决定,第二机械工业部更名为核工业部
25	航空工业部	1982.05	全国人民代表大会常务委员会决定,第三机械工业部更名为航空工业部
26	电子工业部	1982.05	全国人民代表大会常务委员会决定,第四机械工业部更名为电子工业部
27	兵器工业部	1982.05	全国人民代表大会常务委员会决定,第五机械工业部更名为兵器工业部
28	中国船舶工业总公司	1982.05	全国人民代表大会常务委员会决定,撤销第六机械工业部,成立中国船舶工业总公司
29	航天工业部	1982.05	全国人民代表大会常务委员会决定,第七机械工业部更名为航天工业部
30	国防科学技术工业委员会	1982.05	国务院、中央军委决定,国防科学技术委员会、国务院国防工业办公室和中央军委科学技术装备委员会合并,组成国防科学技术工业委员会(简称“国防科工委”),隶属中央军委,受国务院、中央军委双重领导。既是中央军委领导全军国防科学技术工作的领导机关,也是国务院统管其所属国防工业部的国防科研和国防工业的领导机关
31	国务院科技领导小组	1983.01	中共中央和国务院决定成立,由国务院总理担任组长。主要任务是:统一组织和管理全国的科技队伍;统一领导长期规划;决定重大技术的引进和消化;协调各部的科技工作

表 2.1(续)

序号	机构	成立时间	概要
32	国家机械工业委员会	1986.12	全国人大常务委员会决定撤销机械工业部和兵器工业部,成立国家机械工业委员会
33	航空航天工业部	1988.04	七届全国人大一次会议决定撤销航空工业部和航天工业部,成立航空航天工业部
34	机械电子工业部	1988.04	七届全国人大一次会议决定撤销国家机械工业委员会和电子工业部,成立机械电子工业部。5 月,国务院决定中国船舶工业总公司由机械电子工业部归口管理
35	中国核工业公司	1988.04	七届全国人大一次会议决定撤销核工业部,成立核工业总公司,由能源部归口管理
36	中国北方工业(集团)总公司	1988.08	国务院批准成立中国北方工业(集团)总公司,由机械电子工业部归口管理。1990 年 1 月起,该公司对内称中国兵器工业总公司
37	国务院、中央军委专门委员会	1989.10	加强对国防科技工业发展和军民结合等重大问题的决策和统筹安排
38	中国航空工业总公司	1993.06	国务院决定撤销航空航天工业部,成立中国航空工业总公司
39	中国航天工业总公司	1993.06	国务院决定撤销航空航天工业部,成立中国航天工业总公司
40	中华人民共和国国防科学技术工业委员会	1998.03	九届全国人大一次会议决策,撤销国务院、中央军委双重隶属关系的国防科工委,将原国防科工委管理国防工业的职能、国家计委国防司的职能以及各军工总公司承担的政府职能统一起来,组建新的国防科工委,成为国务院的职能管理部门之一;保留国家航天局和国家原子能机构,对外代表国家、对内作为国防科工委的机构

表 2.1(续)

序号	机构	成立时间	概要
41	中国人民解放军总装备部	1998.04	以原国防科工委和总参谋部装备部为主体,组建隶属于中央军委领导的总装备部。总装备部业务归口的装备使用部门与国防科工委归口管理的军工科研生产单位,是装备订货和组织生产的关系,是需求和供应的关系
42	中国核工业集团	1999.07	国务院批复同意,撤销中国核工业总公司,在原基础上组建
43	中国核工业建设集团公司		
44	中国航天科技集团	1999.07	国务院批复同意,撤销中国航天工业总公司,在原基础上组建。2001 年 9 月,中国航天机电集团公司更名为中国航天科工集团公司
45	中国航天机电集团公司		
46	中国航空工业第一集团公司	1999.07	国务院批复同意,撤销中国航空工业总公司,在原基础上组建
47	中国航空工业第二集团公司		
48	中国船舶工业集团	1999.07	国务院批复同意,撤销中国船舶工业总公司,在原基础上组建
49	中国船舶重工集团		
50	中国兵器工业集团	1999.07	国务院批复同意,撤销中国兵器工业总公司,在原基础上组建
51	中国兵器装备集团		
52	中国电子科技集团	2002.03	由信息产业部原军工研究院所组建而成
53	国家国防科工局	2008.03	十一届全国人大会议通过了《国务院机构改革方案》,按照国务院批复的工业和信息化部“定职能、定机构、定编制”的规定,原国防科学技术工业委员会承担的组织协调武器装备科研生产的重大事项、保障军工核心能力建设等职责以及原信息产业部军工电子管理职责划给国家国防科工局。工信部承担国务院中央军委专门委员会的具体工作,国家国防科工局承办有关事项。国家国防科工局对国防工业实施管理职能,其管理对象也将从主要面向国防工业,转变为面向全社会承担武器装备科研生产任务的企事业单位

表 2.1(续)

序号	机构	成立时间	概要
54	中国航空工业集团	2008.11	10 年来中国军工企业集团最大的资产整合行动,对未来我国军工行业的市场化改革、资本运作会产生重大而深远影响

三、现行体制及法律制度建设情况

(一)法律依据

目前,国防科技工业管理体制机制设计总体上有充足的法律依据。宪法规定,国务院"领导和管理国防建设事业"。国防法规定国务院领导和管理国防建设事业,行使"编制国防建设发展规划和计划,制定国防建设方面的方针、政策和行政法规,领导和管理国防科研生产,管理国防经费和国防资产"等九项职权。中央军委领导全国武装力量,行使"领导和管理中国人民解放军的建设,制定规划、计划并组织实施;根据宪法和法律制定军事法规、发布决定和命令;批准武装力量的武器装备体制和武器装备发展规划、计划,协同国务院领导和管理国防科研生产;会同国务院管理国防经费和国防资产"等职权。国防动员法规定,军品科研、生产和维修保障能力储备的种类、布局和规模,由国务院有关主管部门会同军队有关部门提出方案,报国务院、中央军事委员会批准后组织实施;国务院有关主管部门应当对重大的跨地区跨行业的转产、扩大生产军品任务的实施进行协调,并予以支持。

从这些法律规定可以清楚地看出,有关军队建设和军事需求的事宜,均应由军队负责;有关武器装备科研、生产、能力布局等事宜应由政府来负责。

(二)现行体制情况

现行管理体制形成于 20 世纪 80 年代初期,先后经历 1982 年、1986 年、1993 年、1998 年和 2008 年五次大的调整改革。这些改革适应了不同时期国家对国防科技工业发展的要求,提升了国防科技工业自身实力。

2008 年 3 月 15 日,十一届全国人大会议通过了《国务院机构改革方案》,按照国务院批复的工业和信息化部"定职能、定机构、定编制"的规定,原国防科学技术工业委员会承担的组织协调武器装备科研生产的重大事项、保障军工核心能力建设等职责以及原信息产业部军工电子管理职责划给国家国防科工局。工

业和信息化部承担国务院中央军委专门委员会（简称“中央专委”）的具体工作，委托国家国防科技工业局承办有关事项。国家国防科技工业局对国防工业实施管理职能，其管理对象也将从主要面向国防工业，转变为面向全社会承担武器装备科研生产任务的企事业单位。

国家部委层面，2008 年 3 月，新组建工业和信息化部下设军民结合推进司，是目前国家层面唯一主抓经济建设和国防建设融合工作的领导机构。2010 年推进司牵头成立了由 23 个国务院有关部委和军队相关部门组成的协调机制，并对“十二五”期间武器装备科研生产体系建设涉及的重点建设任务进行了明确分工，由相关的部委根据任务分工，分别组织领导协调和督促落实。

地方政府层面，目前全国已经有许多省市分别组建了多种形式的经济建设和国防建设融合领导机构，有的是由省委省政府领导主管，有的是由市委市政府领导主抓，有的是设立了办公室，有的是设立了协调机构，有政府自己组织的，也有军地双方共同参与的。如东北三省与当地驻军共同组织成立了经济建设和国防建设融合领导办公室，办公室领导由军地双方领导共同担任。北京、贵州、陕西、四川、湖南、江西、湖北、重庆等省市也都成立了相应机构。武汉市成立了经济建设和国防建设融合领导办公室，由市委副书记担任领导小组组长。绵阳市建立了经济建设和国防建设融合办事机构，由市委领导主抓。北京市与海军成立了经济建设和国防建设融合领导小组，创建了蓝鲸经济建设和国防建设融合创新园，探索军地共建共管园区新模式，以推动经济建设和国防建设融合创新发展。

（三）法规制度建设情况

目前各专业领域根据自身特点，先后制定出台了许多相关的法规制度，对做好经济建设和国防建设融合工作都起到了积极作用。从总体上看，对推进经济建设和国防建设融合式发展具有方向性、战略性和指导性作用的法规制度主要有以下几个方面：

一是统筹经济建设和国防建设，并纳入《国民经济和社会发展“十三五”规划纲要》。

二是经济建设和国防建设融合相关立法工作正处于研究阶段。

三是国务院、中央军委 2010 年联合颁发了《关于建立和完善军民结合寓军于民武器装备科研生产体系的若干意见》（国发〔2010〕37 号）；中共中央、国务院、中央军委 2016 年联合发布了《关于经济建设和国防建设融合发展的意见》（中发〔2016〕12 号）。

四是各专业领域也都相应出台了法规制度。比如《关于非公有制经济参与

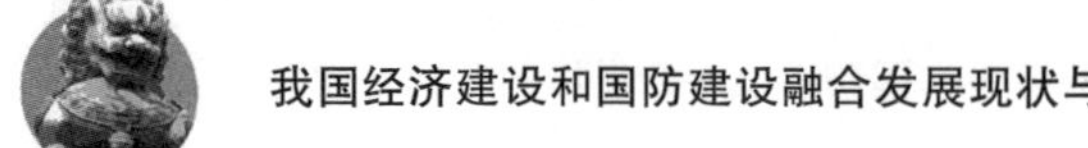

国防科技工业建设的指导意见》《关于建立依托普通高等教育培养军队干部制度的决定》《关于实行军队后勤保障社会化若干问题的意见》等。

五是地方为贯彻落实中央和部委文件精神，推动经济建设和国防建设融合发展，先后制定了促进军民结合产业发展的指导意见。同时，十八大以来，经济建设和国防建设融合发展成为国家重要战略部署后，许多地方启动了经济建设和国防建设融合深度发展战略规划工作，力求通过军事需求牵引地方经济发展。

第二节　国防工业经济发展成就及问题

国民经济和社会发展“十三五”规划以及2018年12月召开的中央经济工作会议都强调，要加快转变经济发展方式，加大结构性改革力度，加快经济结构优化升级；党的十九大明确提出：“同国家现代化进程相一致，全面推进军事理论现代化、军队组织形态现代化、军事人员现代化、武器装备现代化，力争到2035年基本实现国防和军队现代化，到21世纪中叶把人民军队全面建成世界一流军队”。改革开放40多年来，我国军工经济发展取得了显著成绩，但在发展的同时也存在一些问题。当前和未来一段时期，分析现状、把握方向、找准着力点，对于转变军工经济发展方式、提升军工经济发展质量与水平具有重要意义。

一、国防工业经济发展取得的显著成就

经过多年发展，我国国家科技与工业实力大幅提升，无论是武器装备领域自身能力，还是军民结合产业的规模和效益，抑或是国防工业经济与地方经济的融合，都取得了长足的发展，可以更好地依靠国家工业基础发展武器装备。“十三五”期间，我国国家科技与工业实力增长迅速，工业规模显著扩大，突破了一大批前沿技术、核心技术和关键装备技术，国家财政收入也大幅增加。这些都为国防科技工业发展提供了坚实的物质基础。随着我国工业化进程和创新型国家建设步伐的加快，国民经济领域的科研和工业制造能力将进一步增强。国防科技工业可以更加广泛而充分地借助国家科技与工业基础，提高武器装备研制能力。

（一）科技创新能力得到明显提升

“十三五”以来，随着一批重大科技专项、武器装备预先研究、国防基础科研、军工技术基础和民用专项科研等科技计划的成功实施，一大批具有自主知识产权的国防科研成果诞生，以新型核分离技术为代表的一大批关键技术、核心技术取得重大突破，国防科技原始创新能力迈上新台阶，技术储备显著增强。

(二)国防工业发展实现新跨越

经过几十年的艰苦奋斗和不懈努力,我国已经建立起一个门类齐全、专业配套、独立的、完整的国防科技工业体系,包含核、航天、航空、船舶、兵器和军用电子六大行业。我国现已能够生产训练和作战所需的主体武器装备,自主创新能力和生产效能在增强,装备质量和可靠性明显提高,部分型号达到甚至超过国际先进水平,军工产品在国际军品市场份额在逐渐增大。国防科技工业的整体水平和能力又上了一个大台阶,科技发展和重大工程取得较大突破,在巩固国防、抵抗侵略、保卫祖国、国民经济建设和推动科学技术进步等方面都作出了重要贡献。

(三)国防工业经济规模与效益明显提升

1. 军民结合产业

按原来的统计口径,军民结合产业(民用核能、民用航天、民用飞机、民用船舶)占军工民品的比重大幅提高。新型运载火箭研制取得阶段性成果,载人航天实现历史性突破;国产大飞机 C919 顺利试飞,航空转包生产大幅增长;造船产量突破 3000 万载重吨,高技术、高附加值船舶的比重不断提高,我国造船业进入了世界造船第一方阵。

2. 经济规模和效益

我国国防工业企业公司规模快速增长,不少企业跻身世界 500 强企业行列。2018 年共有中国兵器工业集团公司、中国航空工业集团公司、中国兵器装备集团公司、中国船舶重工集团公司、中国航天科技集团公司、中国航天科工集团公司、中国电子信息产业集团有限公司、中国电子科技集团公司、中国船舶工业集团公司等 9 家国防工业企业公司跻身世界 500 强企业行列,分别位列世界第 140、161、242、245、343、346、369、388 和 393 位,且排名不断提升。同时,军工企业的盈利能力和水平不断提升。

(四)国防工业经济与地方经济的融合程度不断加深

根据国家新型工业化产业示范基地的认定要求,基于军民结合产业区域发展现状,研究出台了国家级军民结合基地认定标准和条件,积极开展基地的培育和建设工作。基地数量大幅提升,由 2009 年的 1 家发展到 2018 年的 36 家;基地主导产业领域不断增加,目前已涉及航空、航天、船舶、兵器、电子、民爆器材、新材料、新能源等军民结合众多领域;基地区域分布范围不断扩大,已覆盖北京、四川、湖北、黑龙江等 22 个省区市,东部地区 11 家、中部地区 12 家、西部地区 13

家，东中西部协调发展的格局初步形成。

地方支持力度明显加大。陕西、河北、江西、安徽等省市加强基地建设工作力度，在发展规划、财税政策、土地使用、管理服务、基础设施建设等方面，制定相关支持政策，有力地推动了基地的建设和发展。很多省市高度重视基地建设工作，将基地建设纳入地区经济发展规划中统筹考虑，有力地促进了国防工业经济与地方经济的融合，促进了区域经济的发展。

（五）合作交流不断深化，经济建设和国防建设融合式发展稳步推进

在“军民结合，寓军于民”的指导方针下，目前军工行业军民品结构已经发生重大变化。各军工集团公司、企事业单位成为典型的军民结合型经济实体。从军民品收入比例上看，我国军工集团的军民结合程度优于美国的特大型军工集团，也不劣于欧洲的特大型军工集团。

民品不仅扩展了军工经济来源，为国防科研生产能力的发展提供了物质基础，减弱了军品市场波动对企业的影响，而且在一些军民结合程度高的产业领域，还形成了民品设计、制造、管理技术及先进设施、技术人才、供应链对军工研制生产能力的反哺效应。目前，我国军工集团的国防科研能力、制造能力、技术能力的两用度明显提高，特别是在“四民”领域，军工能力的两用度得到极大增强。军与民两者相互促进，互为补充，初步形成了军民互动发展的态势，既保障了武器装备研制生产，又促进了国民经济建设。

二、国防工业经济发展面临的主要问题

在当前复杂的国际环境和经济背景下，我国国防工业经济发展尽管取得了很大的成就，但还面临诸多问题，主要体现在以下方面。

（一）存在一般工业领域普遍存在的问题

在一般经济领域，特别是工业转型升级方面，面临很多突出问题。

在国际经济环境方面：国际金融危机影响深远，全球需求结构出现明显变化，贸易保护主义有所抬头，围绕市场、资源等方面的竞争更趋激烈，能源资源、气候变化等全球性问题错综复杂，世界经济的不确定性仍然较大，对我国工业转型升级形成新的压力。

在科技创新和新兴产业发展方面：发达国家纷纷推行“制造业再造”，加紧在新兴科技领域前瞻布局，抢占未来科技和产业发展制高点的竞争日趋激烈，如果应对不当、贻误时机，那么我国在新技术和新兴产业领域与发达国家的差距有可能进一步拉大。

在全球化生产方式变革方面:跨国公司充分利用全球化的生产和组织模式,以核心技术和专业服务牢牢掌控着全球价值链的高端环节,我国工业企业提升国际产业分工地位的任务还十分艰巨。

在生产要素方面:劳动力、土地、燃料动力等价格持续上升,生产要素成本压力加大,转型升级的约束相应增多。

在信息化和国际化方面:我们与发达国家仍有较大差距,社会主义市场经济体制仍处于完善过程中,经济增长的内生动力还不足,健全与科学发展要求相适应的体制机制尚需较长过程。

在能源资源和环境约束方面:由于长期粗放式发展,在工业经济领域,能源资源刚性需求持续上升,生态环境约束进一步加剧,对加快转变工业发展方式形成了“倒逼机制”。能源资源消耗强度大,能源消耗和二氧化硫排放量分别占全社会能源消耗、二氧化硫排放总量的70%以上,钢铁、炼油、乙烯、合成氨、电石等单位产品能耗较国际先进水平高出10% ~20%;矿产资源对外依存度不断提高,原油、铁矿石、铝土矿、铜矿等重要能源资源进口依存度超过50%。

一般工业领域转型升级的主要问题,在国防工业经济发展方式转变过程中也都面临着与其类似的问题。近年来国防工业经济发展较快,发展水平和质量都有了很大的提高,但长期来看可持续发展仍存在一定的隐患。总体来看,国防工业经济目前仍处于比较粗放的发展阶段,不少军工企业建立时间较长,生产设备老化,节能技术、设备、产品还没有得到大范围推广,导致企业单位国内生产总值能源消耗水平较高、清洁生产水平较低、部分企业污染物排放不达标,这对企业的可持续发展形成严重的挑战。此外,我国在军贸发展方面与国外存在巨大差距,军贸整体规模偏小,不能起到对军品订货波动的有效平抑作用,这也不利于国防工业经济可持续发展。

(二)国防工业经济的国防关联性有待进一步提高

国防工业经济的本质属性包括“经济性”和“国防性”。国防性是国防工业经济区分于国民经济,成为一个独特门类的关键属性,也是国防工业经济存在的本质所在。国防工业经济结构可以分为行业结构和产业结构,其中行业结构主要指在武器装备科研生产领域的核、航天、航空、船舶、兵器、电子等六大行业,产业结构指军工民用产业中,既有与国防技术密切相关的产业,也有与国防技术关联度不大的产业。

从国防工业经济行业结构看,目前总体上核、航天、航空等六大行业存在一定的行业壁垒,联合研发格局尚未形成,这种现象不仅存在于国防工业企业之间,甚至在集团内部不同企事业单位间也存在。这就造成合力攻关优势发挥不

足，协同配合还有待加强；另一方面，各国防工业企业都在电子等一些共同领域各自开展工作，一定程度上存在着重复建设和资源浪费现象。

从国防工业经济产业结构看，目前民用产业中与国防技术密切相关的产业比重还比较低，支撑武器装备发展的产业基础还不够牢固；同时国防工业企业中的国防不相关产业，如房地产、金融、石油化工等业务板块近年来却发展较快，虽然这种做法在短时间内可以迅速壮大国防工业经济总量，但长期来看，国防工业企业在这些产业领域并不具备竞争优势，而且过多发展国防不相关产业，也在一定程度上影响武器装备研制任务的正常进行。近年来，在 GDP 考核的指挥棒下，国防工业经济规模迅速膨胀，一些军工企业发展了大量与国防技术、产品、服务完全不相关的产业（如旅游业、酒店服务业、房地产业等），且在这些企业经济规模中占据了越来越高的比重，与军工技术同源、工艺相近的军民结合产业和军工优势产业，以及国防相关的民用产业反而所占比重较低，甚至成为“副业”。

国防工业经济在规模快速增长的同时，国防关联性的降低可能导致武器装备科研生产的产业基础遭到一定程度的削弱，与发展国防工业经济的初衷可能背道而驰，亟须引起重视，采取有效措施扭转这一局面。

（三）高端产业带动作用还不明显

目前十一大国防工业企业的业务主要分布在核、航天、航空、船舶、电子等几大行业，这些行业技术含量较高、带动范围广。可以说，国防工业经济是国民经济相关领域高端产业的重要组成部分，但总体来看，国防工业经济拉动国民经济高端产业的作用还有待进一步提高。一方面，由于体制机制、资金投入等多方面原因，大量军工优势技术、特色技术还停留在军工企事业单位的实验室、档案馆中，没有转化为适合民用市场的技术和产品，未能实现产业化。以航天为例，航天产业是当今世界最具挑战性和广泛带动性的高科技领域之一。我国作为航天大国，在航天领域积累了很多先进优势技术，但这些技术很多都没有产业化。另一方面，从历史经验看，先进技术往往产生在军工领域，再由军工领域向民用领域转移转化，从而带动国民经济的发展。目前我国不少军工技术在国内处于先进水平，但与国外发达国家相比，技术本身仍存在不小差距，这也在一定程度上影响了我国相关民用领域高端产业的发展。如在航空领域，我国尚未掌握大型发动机的关键技术，这对国产民用大型客机的研制也产生一定影响。

（四）在创新领域过度依赖国家投资面临风险

在美欧等发达国家和地区，尽管国家和军队装备部门在国防科技的技术发展趋势和方向上发挥了很大的作用，但大型军工企业集团依靠自身对武器装备

市场的敏锐判断，自发开展预先研究，创造国防需求，引领军工技术发展的情况屡见不鲜。在我国国防工业经济发展过程中，市场和企业在技术发展趋势和方向中的主导作用发挥不够。在科研投入方面，国家预研投资占据绝大部分，军工企业自主预研投入不足。这种状况一方面可能抑制市场的创造力，削弱军工企业的技术敏感性，另一方面可能导致技术路线选择面临一定程度的风险。

三、国防工业科研生产能力发展面临的问题

（一）装备研制能力不适应武器装备和高技术产业发展的新需求

现有国防科技工业各行业的形成是基于武器装备产品，特别是典型作战平台，难以适应武器装备体系化建设对复杂大系统顶层设计、综合集成能力的需要；共性技术和产品按行业配套，资源配置分散，优势资源集中度低；高端制造技术等自主研制瓶颈技术久攻不克，受制于人；国防科技专业覆盖面跟不上新技术发展，新领域科研生产能力不能适应新型作战力量建设的需要。

军工主导的民用航天、航空、核能等高技术产业规模不大，国际竞争力弱。民用船舶在液化天然气船、海洋工程等高端领域竞争力不足。拥有自主知识产权和产业转化潜力的发明创造不多，军用技术向民用转移的机制（如信息沟通、定密解密、标准规范、技术市场和知识产权交易等）尚待健全，制约了军用技术向民用产业的转化，国防科技工业对国家科技和产业发展的牵引作用乏力。

（二）科技发展能力不适应自主创新的新需要

国防科技工业自主创新能力不强，突出表现为核心技术自主化程度低、关键技术储备薄弱、科研攻关实力不强，核心是首创能力严重不足。世界上已有的高技术武器装备，我们大都能够设计与生产，但主要采取跟随式发展方式，难以缩小“代差”。重要原因是基础科技发展不力，对许多武器装备的核心技术没有从机理上吃透，技术关键没有完全掌握。重近期目标、轻长远基础，重型号工程、轻科技先行，超前攻关投入不足、力量投入偏少等因素致使武器装备发展的瓶颈技术久攻不克，缺乏支撑新型武器装备自主发展的先进技术能力。

由于对不同科研院所普遍实施市场导向，国防科研院所成为市场的主体。基础科研院所普遍向技术开发着力，技术开发院所大都向产品制造延伸。这种功能错位和扭曲，对国防科技工业自主创新能力造成致命伤害，削弱了国防科研院所以科研创新为主的意识和责任。

国防技术与民用技术统筹、沟通、共享不畅，导致国家先进技术资源、力量、成果不能快速转移到军用领域，特别是在纳米技术、生物工程技术、超导技术、微

系统技术等军民通用性强的颠覆性技术领域，迄今没有建立起面向国防应用的专业化科研力量。

国防科技领域，能够统揽全局、把握前沿、组织攻克重大技术难题的世界一流领军人才普遍匮乏，国防科技高层次人才队伍成长缓慢，原创能力削弱。由于缺乏这样的队伍，很难形成一流科研能力，产出创新性科研成果，遇到新任务时往往难关重重。

（三）体制机制不适应社会主义市场经济的新发展

国防科技工业自成体系、自我封闭的问题仍在一定程度上存在。各集团公司为了追求规模和工业增加值，不但把一些本应该在集团外配套的业务硬性地在集团内安排，还通过资本运作把一些集团外配套企业纳入集团之中，促使企业在某些方面更加封闭。

武器装备供应链主要集中在军工集团内，开放程度低，市场机制发挥作用的领域受限。军工核心能力建设主要依靠政府投资，吸引社会各方面资源参与军工核心内能力建设的投资制度、监管制度尚待建立。国防科研生产的市场准入制度、竞争规则和秩序、合同执行监督与仲裁制度等尚待进一步建立和完善。

军工与民口之间信息沟通不畅，特别是民用企业缺乏获取军品市场信息的渠道，军民标准相互独立，难于兼容，阻滞着国防市场的竞争，也严重影响着以市场为导向的军民技术转移和转化。

政策法规滞后，至今没有国防科研生产法，缺乏以法律形式来规定政府、军队和企业三者的责权利关系。政策法规很多是由有关部门根据实际工作的急需而制定的，缺乏统一的设计和构建，缺乏从战略性、全局性的高度统筹考虑，导致实际过程中政出多门，军、政的规章之间存在着不协调。

国防科研生产体系的战略布局功能长期缺位，国家经济布局的方向和区划逐渐清晰，军工能力与社会主义市场经济的总体布局相协调成为一个亟须解决的问题。

（四）军工集团功能定位以及改革和发展的方向尚待进一步明确

随着武器装备采购制度改革、经济建设和国防建设融合进程的不断推进，军工集团的功能定位以及相应的改革和发展方向需要进一步明确。需要从国家安全利益、产业发展角度，由各有关方面共同组织对军工集团体制、业绩、效益等进行评估，恰当确定它们的改革与发展方向，统筹研究制定进一步推动军工集团公司深化改革的政策措施。

（五）政府全行业统筹协调功能有待增强

2008 年政府机构调整改革后，国防科技工业的管理权限过度分散、政出多门，缺乏集中统一管理。军地各部门各司其职、各管一摊，政策取向难以畅通协调。事关国防科技工业全局统筹、长远发展的统筹管理职责不明，事实上无人担当，致使国家对国防科技工业领导和管理职能逐渐削弱。这种状况直接导致了国防科技工业改革和发展的顶层设计缺位，全行业发展目标不明；转变发展方式、健全国防工业体系、深化经济建设和国防建设融合等重大战略部署落实缓慢；政策法规统筹研究、制定的功能缺失，政策与管理制度建设基本处于停顿状态，依法行政和政策性调控效能不高。

（六）结构渐变缺乏稳定而明确的导向

作为国家国防科研和武器装备设计制造主体的军工部门，普遍缺乏面向武器装备发展的顶层谋划和设计能力，被动围绕军方研制任务开展工作，对武器装备体系发展的导向作用不明显，导致各军工集团在很多方面，盲目顺应自由市场经济模式，造成规模较大、发展不均衡、体系化建设能力不足的局面。目前，各大军工集团普遍存在“二元”体制问题，科研力量政府主导和企业所有摇摆不定，市场与计划的矛盾日益突出，市场化不足与过度市场化并存，竞争不充分和无序竞争并存。

（七）传统军工部门的技术与产品供应链向外部延伸不充分

作为我国国防科技工业主体的十二大军工集团具有“亦军亦民”的属性，尽管经历了改革开放以来几十年的渐进式变化，但历史上按行业构建起来的“烟囱式”军工体系的深层次结构仍未根本改观，导致军工行业之间呈现出各自封闭的局面，不少配套技术和产品主要在军工集团内部消化，特别是武器装备研制生产的供应链向国家工业基础扎根不深、不粗。这些都严重制约着必要的市场竞争的建立和开展，特别是严重制约着对国家技术与工业基础的广泛利用，成为约束国防科技工业按照社会主义市场经济的要求，进一步向军民结合、寓军于民发展的最大因素。

（八）与国防密切相关的军工经济发展仍然缓慢

作为国防科技工业核心的军工集团经济增长迅速，为发展国民经济和维持国防科技工业基础发挥了重要作用。但是，从整体上看，军工集团经济发展偏重国民经济中的传统产业，触角伸展到民用领域的多个方面，越来越追求与军工技

术无关产业的“做大做强”。对具体的军工集团及其科研生产单位而言,这种做法可能取得了经济上的“实效”,但放在国家层面上看,不仅所得经济利益无几,而且对军工核心能力的发展和运用造成了一定的负面影响,有的甚至相当严重。例如,在国家大量投入的情况下,却出现了基础科技发展普遍被忽视,关键技术长期不能攻克,核心技术储备日渐薄弱,有些方面与国外差距进一步拉大等反常现象,继续下去,势必使国防科技工业的健康状况恶化。与此相对应,与武器装备技术密切相关的军工核心产业总体上发展比较缓慢,高技术产业形成的规模还不大。这是与发展军工经济以巩固国防建设基础这个宗旨不相符合的。

解决以上几方面的矛盾和问题,关键是要深化国防科技工业的调整改革。改革的重点和方向要从两方面入手:一方面,尽快建立起适应市场经济要求和武器装备发展要求的国防科技工业科研生产体系;另一方面,要把经济建设和国防建设融合这篇大文章做好、做实、做深入。只有这样,才能把各方面的积极性、主动性、创造性调动起来,保障国防科技工业有强大的经济和科技基础,保障国防科技工业和武器装备获得迅速发展。

第三节 我国经济建设和国防建设融合发展现状与问题

一、我国经济建设和国防建设融合取得的主要成绩

(一)建立了产业管理与国防工业相融合的管理体系和协调机制

我国现行的经济建设和国防建设融合管理体制形成于20世纪80年代初期,先后经历1982年、1986年、1993年、1998年和2008年五次大的调整改革。这些改革,适应了不同时期国家对国防科技工业发展的要求,提升了国防科技工业自身实力。

2008年3月15日,十一届全国人大会议通过了《国务院机构改革方案》,按照国务院批复的工业和信息化部“定职能、定机构、定编制”的规定,原国防科学技术工业委员会调整为国家国防科技工业局,纳入工业和信息化部管理,负责组织协调武器装备科研生产的重大事项、原信息产业部军工电子管理等。

2008年3月,新组建的工业和信息化部下设军民结合推进司,中央编办发〔2015〕17号文明确了工信部经济建设和国防建设融合有关职责,工信部是国务院部门中唯一明确经济建设和国防建设融合深度发展职责的部门。国发〔2010〕

37 号文印发后，工信部牵头建立了由 23 个国务院有关部委和军队相关部门组成的协调机制，并对军民结合、寓军于民武器装备科研生产体系建设涉及的重点建设任务进行了明确分工，由军地相关部门根据任务分工，分别组织领导协调和督促落实。

地方政府层面，目前全国已经有许多省市分别组建了多种形式的经济建设和国防建设融合领导机构，有的是由省委省政府领导主管，有的是由市委市政府领导主抓，有的是设立了办公室，有的是设立了协调机构，有政府自己组织的，也有军地双方共同参与的。如东北三省与当地驻军共同组织成立了经济建设和国防建设融合领导办公室，办公室领导由军地双方领导共同担任。北京、贵川、陕西、四川、湖南、江西、湖北、重庆等省市也都成立了相应机构。武汉市成立了经济建设和国防建设融合领导办公室，由市委副书记担任领导小组组长。绵阳市建立了经济建设和国防建设融合办事机构，由市委领导主抓。北京市与海军成立了经济建设和国防建设融合领导小组，创建了蓝鲸经济建设和国防建设融合创新园，探索军地共建共管园区新模式，以推动经济建设和国防建设融合创新发展。

（二）初步建立了促进经济建设和国防建设融合的政策法规体系

目前，国家层面已启动了经济建设和国防建设融合综合立法工作。据统计，军地有关方面已经出台的经济建设和国防建设融合发展相关政策法规多达上百项，涵盖了“军转民”“民参军”、军民资源共享、产业发展等诸多方面，为优秀民企“参军”创造了更加宽松的条件。各省（区、市）还结合本地实际出台了大量地方性政策法规。截至 2015 年，全国 27 个省（区、市）共出台百余项政策法规。这些政策法规的出台，极大地改善了经济建设和国防建设融合发展的制度环境。

（三）国防装备市场准入制度和国防科技工业适度开放

国防科技工业主管部门依据行政许可法，从 2003 年开始推行面向不同所有制单位的武器装备科研生产许可审核工作。原总装备部依据政府采购法有关要求，于 2003 年 12 月出台了《中国人民解放军装备承制单位资格审查管理规定》。

2008 年 3 月，国务院、中央军委颁布了《武器装备科研生产许可管理条例》，进一步规范武器装备科研生产秩序，从更高层面明确了许可管理制度。面向全社会分类管理的武器装备科研生产许可制度，在保持国家对武器装备科研生产控制力的同时，允许非公有制经济进入武器装备科研生产领域参与竞争，对于打破军民界限起到了积极的促进作用。目前，民口企业参与武器装备科研生产已初步形成规模。

当前，随着我国武器装备科研生产许可退出制度不断完善，民口（含民企）企业广泛进入武器装备科研生产领域；民参军的范围涵盖了信息传输、计算机软件、通用设备、新材料等广泛领域；民口承担任务层级已从低端配套提高到关键分系统及整机层面，部分与现行体系内军工企业形成了竞争态势。军民技术和能力相互支撑转化的格局初步形成。

1. 民参军政策环境不断改善

当前，在国家发展战略、政策和措施方面，逐步改善了民企参军的环境。“非公36条”出台（即《国务院关于鼓励支持和引导个体私营等非公有制经济发展的若干意见》）以来，特别是近年从党的十七大、十八大报告，十八届三中全会《中共中央关于全面深化改革若干重大问题的决定》到相关部委政策，以及行业和地方规划（见表2.2）出台，在武器装备科研生产、国防科技工业投资建设、军工企业改组改制、军民两用技术开发、民参军单位退出等方面都有力地支持和促进了民参军的发展。

表2.2 “民参军”的相关支持政策和规划

政策规划名称	相关内容
《国务院关于鼓励支持和引导个体私营等非公有制经济发展的若干意见》（国发〔2005〕3号）	坚持军民结合、寓军于民的方针，发挥市场机制的作用，允许非公有制企业按有关规定参与军工科研生产任务的竞争以及军工企业的改组改制。鼓励非公有制企业参与军民两用高技术开发及其产业化
《国家中长期科学和技术发展规划纲要》（2006年2月）	扩大军品采购向民口科研机构和企业采购的范围；改革相关管理体制和制度，保障非军工科研企事业单位平等参与军事装备科研和生产的竞争
《关于非公有制经济参与国防科技工业建设的指导意见(科工法〔2007〕179号）	
《国防科工委关于进一步推进民用技术向军用转移的指导意见》（科工经〔2007〕885号）	
《国防科工委、发展改革委、国资委关于推进军工企业股份制改造的指导意见》（科工法〔2007〕546号）	

表 2.2(续)

政策规划名称	相关内容
党的十七大报告 (2007 年 10 月)	提出了“建立军民结合、寓军于民的武器装备科研生产体系,走出一条中国特色军民结合式发展路子”
《国务院关于鼓励和引导民间投资健康发展的若干意见》(国发〔2010〕13 号)	鼓励民间资本进入国防科技工业投资建设领域。引导和支持民营企业有序参与军工企业的改组改制,鼓励民营企业参与军民两用高技术开发和产业化,允许民营企业按有关规定参与承担军工生产和科研任务
《国务院、中央军委关于建立和完善军民结合寓军于民武器装备科研生产体系的若干意见》(国发〔2010〕37 号)	明确了建立和完善军民结合、寓军于民武器装备科研生产体系的战略部署,提出了推进经济建设和国防建设融合式发展的方向和目标
《工业转型升级投资指南》(2011 年 12 月)	大力发展军民结合产业和军工优势产业,加速军民两用技术开发和相互转化,支持军用技术向民用领域转移,引导和支持民用先进成熟技术应用于武器装备科研生产,鼓励军工和民用企事业单位联合开发国际市场,建设军民结合产业基地,促进国防工业经济与地方联合,推进经济建设和国防建设融合式发展
《关于鼓励和引导民间资本进入国防科技工业领域的实施意见》(科工计〔2012〕733 号)	提出在许可进入、任务竞争、税收优惠等方面对民间投资主体与国有军工企业实行同等待遇,同时明确了民间资本可进入国防科技工业领域
党的十八大报告 (2012 年 11 月)	坚持走经济建设和国防建设融合式发展路子,坚持富国和强军相统一。加强经济建设和国防建设融合式发展战略规划、体制机制建设、法规建设
国防科技工业局、总装备部《武器装备科研生产许可退出管理规则》(科工管〔2013〕775 号)	
《中共中央关于全面深化改革若干重大问题的决定》(2013 年 11 月)	健全国防工业体系,完善国防科技协同创新体制,改革国防科研生产管理和武器装备采购体制机制,引导优势民营企业进入军品科研生产和维修领域
有关行业规划、地方规划和政策	明确引导民营企业参与国防建设

2. 民参军广度和深度不断扩大

一是民企参与军品配套的地位逐步巩固。当前，一些民口企业以独特领先的技术和产品优势在军品市场占有一席之地，如超导材料、网络通信系统等，在解决军工关键配套技术方面发挥着重要作用，在军工产品销售额上占有较高比例。这些企事业单位是参军民企的中坚力量，已成为我国军工力量的重要组成部分。民营企业配套范围不断扩大，层级不断提升，承担了部分武器装备重要分系统甚至总体的研制任务。

二是民企参军层次从零部件级向分系统级、总体级转变。

三是民参军在维修保障市场占据重要分量。军队部门以高新技术企业为依托，逐步探索构建军民一体化装备保障力量体系。

（四）国防科技成果转化制度不断完善，转化效果逐步显现

改革开放以来，我国军工行业充分发挥自身的装备、技术与人才优势，积极贯彻经济建设和国防建设融合发展方针，特别是在核工业、航天工业、航空工业、船舶工业、电子工业等技术领域应用于国防建设与产业升级方面取得了累累硕果，在产品研发、抗震救灾等方面都发挥了积极的推动作用。在具体措施方面，首先，通过重大工程牵引，加速军工领域先进技术扩散进程，鼓励成熟、适用性强的国防技术推广应用。其次，通过建立经济建设和国防建设融合产业示范基地形成聚集效应，推动军工行业与民间企业、研究机构在高端技术、专业人才、科研设施等方面的深度融合。例如，青岛市依托蓝色硅谷核心区海洋科研机构集聚的优势，吸引海洋军工研发机构、项目与人才，建设海洋军工项目专业孵化器和研发平台，实现军地融合发展。最后，搭建国防科技成果转化网络信息平台，运用互联网媒介解决信息不对称问题。例如，工信部按年度连续发布《军用技术转民用推广目录》，部分成果得到转化应用，有效推动军工优势技术向民用领域转移转化；原总装备部主办的全军武器装备采购信息网于2015年1月上线运行，这是我军装备部门首次运用全军武器装备采购信息网组织实施装备竞争性采购。

（五）建立了比较健全的国防科技创新体系

原总后勤部、教育部、原总装备部、国防科工局、中科院、财政部等部门通过推动军地科研合作、组织军地协同创新、鼓励开展联合攻关、签署战略合作协议等方式，构建高校、科研院所与国防科研机构的协作机制，形成了军民通用技术的合作开发与成果共享的良好格局，有效地推进了军民结合、寓军于民的国防科技创新体系建设。其中，原总后勤部大力推进军地联合创新，分别与中国工程院、中国科学院签署科技合作协议，为提升军队后勤科技创新能力，加速推进全

面建设现代后勤。同时,推动后勤重大工程项目定期面向社会发布关键技术需求,一些地方知名企业逐步参与到后勤各项建设中来,经济建设和国防建设融合科技创新得到发展。财政部会同工信部、国防科工局、原总装备部等部门,推动建立军民科技融合机制,研究论证建立军民科技融合部际联席会议制度以及军民共用技术重大项目一体化论证与联合实施方案。

二、我国经济建设和国防建设融合存在的主要问题

经济建设和国防建设融合工作非常复杂,是一项宏大的系统工程。随着经济建设和国防建设融合发展不断深入、范围不断拓展,一些共性矛盾和问题也日益凸显。

(一)思想观念跟不上,对经济建设和国防建设融合核心要义理解存在偏差

各方对推动经济建设和国防建设融合热情很高,基本形成共识,但对经济建设和国防建设融合的认识仍存在偏差和误区,存在对经济建设和国防建设融合认识的“泛化”“窄化”和“功利化”等问题。

(二)顶层统筹协调不够

由于历史等原因,在我国现行国防科技工业体系中,各军工企业集团的科研生产组织是基于以航空、航天、舰船、装甲车辆和枪械等不同产品和装备系统划分为基础的纵向平台结构和行业化管理模式,导致顶层统筹协调不够。首先,各军工企业集团之间基础科研生产业务、部分产品和工艺领域存在一定程度交叉;其次,在国防科技工业层面,跨行业专业化发展、能力聚合和横向协作强调不够,各军工行业协同创新和社会化开放融合滞后,这种以不同产品装备系统集成为引领的纵向平台结构和行业分类管理模式一方面造成各军工企业集团自成体系、自我封闭,大而全、小而全和重复建设现象突出,顶层统筹协调不足,资源配置效率较低,投资建设效果不佳,军工系统内一些关键重要设备设施利用不充分,部分基础性、共用性产品研发生产力量分散,行业内外信息不对称,专业化协作机制不健全,自主创新能力薄弱,原始创新能力不强,在关键产品和核心技术上习惯于测绘仿制和被动跟随;最后,由于行政条块分割等,一些军工企业集团在现行考核制度下,为了做大整体产值等,往往优先倾向于内部配套,而不是按照市场机制面向行业内外和全社会择优比价,一些内部协作难度大、利润低的产品才不得不寻求对外合作,这种现象实际上导致自身落后被保护、外部先进遭排挤,强化了自我循环、隐性壁垒,阻碍了军工企业集团之间、国防科技工业和民口有关力量之间社会化大协作的开展。

国防科技工业内部顶层资源统筹不足，导致国防科技和武器装备科研生产的跨行业、跨部门、跨领域协同效应难以发挥，大军工理念下的社会化开放融合滞后，客观上不利于国防科技和武器装备整体科研生产效率提升和产品技术水平进步，也不利于经济建设和国防建设融合协同创新格局的加快形成。

（三）管理体制不健全

当前国防工业的管理体制仍然不健全，一些原本定位于从事基础性、公益性国防科技研发创新事业的军工科研院所被委托于军工企业集团管理，成为其下属单位，客观上削弱了政府主管部门对国防科研业务的整体统筹、主导和调控能力，由于军工企业集团之间行政藩篱和行业壁垒的存在，公益性、专业化军工科研院所逐渐失去对国防科技工业全行业及军民两用技术面向社会的服务职能，不同军工企业集团之间的科研成果难以共享，难以起到带动和支撑国防科技工业和提升社会整体创新能力、技术水平的作用。

国家有关部门在对军工企业集团经营业绩进行考核时，将其下属军工科研院所纳入考核范围，促使军工科研院所以市场化经营为重要导向，热衷于承担短期市场经济效益较好的产品技术研发任务，而对研发周期长、市场见效慢的基础性、共用性、前沿性和交叉性科研业务发展缺乏应有的重视，长此以往，将不可避免影响到国防工业的基础保障能力、科技创新能力和战略性前沿技术的长远、可持续发展，进而对经济建设和国防建设融合背景下的产业技术进步与产品市场拓展等产生不利影响。另外，当前军工企业集团内企业、事业体制并行，科研、生产业务脱节现象的存在，也使得主要承担科研任务、掌握第一生产力的军工科研院所长期游离于产品技术联系紧密的对口制造企业之外，既不利于科技成果的工程化应用和研发生产效率的提升，也不利于企业创新主体地位的形成，更不利于经济建设和国防建设深度融合和创新驱动战略下军工核心能力建设的可持续发展，和军工企业集团加快建立现代企业制度的要求不相适应。

（四）法律法规建设相对滞后

一是顶层设计不到位，缺少国家法律的牵引。现有部分法规在推动经济建设和国防建设融合方面的作用不明显，甚至还引起阻碍经济建设和国防建设融合发展、限制民企参与武器装备科研生产的问题。目前从法律层面尚缺乏一部经济建设和国防建设融合的专门法律，以此为法源的相关法规体系尚不健全，存在法律上的空白。二是法律规章政出多门，部门职能交叉重叠。立法主体有300多个，部门之间缺乏协调配合，行政立法中的部门本位主义突出，利益偏向明显，造成政策法规相矛盾和政出多门立法打架现象。三是政策法规制定主体不清，

军地协调难度大。当前我国相关法规对国防科技领域经济建设和国防建设融合管理职责、权限、约定不明，分散在政府和军队总部多个部门，形成多元共同管理的基本架构，没有相对统筹经济建设和国防建设融合事务的独立权威的管理协调机构来协调和规范分散在各个部门的相关管理职责。四是地方政策法规建设各自为战，区域现象严重。由于缺乏经济建设和国防建设融合的基本法源，各省（市、自治区）围绕当地需要制定的相关地方性政策法规，与国家经济建设和国防建设融合产业发展和资源共享存在某种程度制约，同时阻碍了地方和民营企业参与军工行业，使军工企业对地方企业的溢出效应非常有限，影响地方军工产业集群的发展。五是现有政策法规种类众多，直接促进经济建设和国防建设融合的政策较少。目前推进经济建设和国防建设融合发展的大都是相关指示和规范性文件，法规层面的大都是国防科技领域的相关政策移植运用，存在概念与法规内容不符的问题。六是概念的界定阶段性强，政策法规跟进难度大。由于经济建设和国防建设融合在不同的历史时期被赋予了不同使命，所以相关法规的修改和制定难以跟上概念变化的速度。

（五）政府和市场关系界定不清

我国在推进经济建设和国防建设融合过程中，政府与市场之间一直存在关系界定不清的问题，主要表现为政府的错位与市场作用的缺失。

政府错位首先表现在政府的越位。发挥政府的主导作用是过去几十年我国经济快速发展的一条基本经验。形成这条经验的重要原因在于，在政府主导各项工作的过程中所取得的成绩，往往构成本级政府的政绩，成为上级评价本级政府的依据。近年来，GDP 导向的政绩观日益受到诟病，以 GDP 为主要指标的政绩评价体系逐步被扭转。而中央高层大力推进经济建设和国防建设融合深度发展，则加大了地方政府部门将经济建设和国防建设融合作为新政绩增长点的可能性。不管条件是否具备都大力兴办经济建设和国防建设融合产业园区，正是某些地方政府越位的极端表现。

政府错位还表现在政府的缺位。从目前的情况看，一些政府部门没有在应当发挥作用的领域有更多的作为。一是政策不到位。虽然明确了经济建设和国防建设融合的大政方针，但可操作性的配套政策仍然不够健全，“民参军”等经济建设和国防建设融合举措的实施优势缺乏足够的政策支持。二是信息保障力度不够。企业还难以全面了解和掌握国防科技工业和武器装备科研生产相关的需求信息，直接影响和制约企业的运行效率。三是政府监管不到位。尤其是对于垄断等阻碍经济建设和国防建设融合深度发展的障碍，没有在“破障”上采取有力举措。

与此相对应，在经济建设和国防建设融合过程中，市场作用的发挥严重不

足。国有军工企业改革不到位，自主经营、自负盈亏、自我约束、自我发展的市场功能仍不完备，离真正意义上的市场主体仍有差距。

（六）军民管理存在“两张皮”的现象

随着近年来军转民政策的实施，军工企业和民营企业之间已有了一定的交流和互通，但是它们之间仍然有着明显的体制分离和独自的运行体系。军工企业和民营企业分别垄断着军品市场和民品市场，形成了相互分割、自成体系、自我封闭的管理体制，造成军用技术的研发很少考虑民用市场的前景以及利用民用技术的可能，民用技术的研发也很难与军事用途挂钩，研发生产资源通用、共用性差，没有形成军民之间技术层面和工业基础层面的融合。虽然多数军工企业已完成了公司化改制，但相当部分的军工企业没有开拓出有竞争优势的民品，仍靠国家投资的军品研发生产维持生存。此外，民营企业进军国防建设领域的政府壁垒虽已打破，但“民参军”的配套政策严重滞后，行业壁垒和技术壁垒依然存在。民营企业还无法享受到军工企业享有的各种经费支持、低利、免税和土地使用的优惠等政策。不公平的政策待遇挫伤了民营企业从事国防科研生产的积极性。另外，我国军用标准和民用标准是两套体系，相互排斥，成为阻碍民用技术进入国防领域的技术壁垒。

第三章 经济建设和国防建设融合深度发展的新要求

第一节 经济建设和国防建设融合深度发展对政府与市场提出新要求

既强化国家主导作用，又充分发挥市场作用，努力形成全要素、多领域、高效益的经济建设和国防建设融合深度发展格局，其全要素、多领域、高效益是对新时期经济建设和国防建设融合深度发展特征的高度概括。本章研究新时期经济建设和国防建设融合深度发展对政府和市场的新要求，首先重点分析十八大以来经济建设和国防建设融合发展呈现的新态势，再主要从全要素、多领域、高效益这三个方面剖析经济建设和国防建设融合深度发展对政府和市场提出的新要求。需要指出的是，作为经济建设和国防建设融合深度发展重要原则之一，“国家主导”所提到的“国家”既包括政府，也包括军队，因此本部分中不可避免地要将军队作为研究对象之一进行剖析。

一、十八大以来经济建设和国防建设融合呈现的新态势

党的十八大以来，经济建设和国防建设融合在思想认识、军地主动性、社会参与等方面呈现出新的发展态势。主要体现为：

（一）对经济建设和国防建设融合的认识不断深化

关于军民结合向经济建设和国防建设融合深度发展的转变，可以从三个方面进行理解：在范围方面，即从注重以国防工业企业为代表的央企到国有、集体、多种所有制的转变，从注重武器装备科研生产到基础设施建设、边海空防等各个领域的转变，手段上从注重国家牵引到运用市场机制、法制综合手段的转变；在

层次方面，组织上从军地两方分散组织到国家统一领导转变，动力上从以军事需求拉动为主到军地需求兼顾转变，主导上从以行政指令为主向法制政策保障转变；在程度方面，从以单向性经济建设和国防建设融合为主向全行业经济建设和国防建设融合转变，从阶段性经济建设和国防建设融合向经济建设和国防建设融合深度发展转变，从以协调为主向统一规划组织实施转变。

党中央和习近平总书记关于经济建设和国防建设融合的系列重要论述，引起了军地各界的强烈反响。将我国经济建设和国防建设融合的认识，从国防科技工业领域的军转民、民参军扩展到各个领域、各种要素，对后续相关工作已经产生深远影响。

(二)军队主动参与的新局面

党的十八大以来，经济建设和国防建设融合发展呈现“需求牵引、军队和政府共同主导”的发展态势，军队总部机关、各军兵种积极参与，主动作为，使经济建设和国防建设融合发展开始呈现一个生动活泼的新局面。经济建设和国防建设融合深度发展正在由理论变为扎扎实实的实践行动。

(三)地方政府参与国防建设的积极性空前高涨

近年来，地方政府纷纷出台经济建设和国防建设融合的指导意见或促进军工产业发展的扶持政策，极大地调动了相关企事业单位的积极性。地方政府参与国防建设，促进国防工业经济发展可以大体分为两大类：一类是传统军工布局密集区域(如四川、重庆、陕西等)，积极发展与军工技术同源、工艺相近的产业，促进军工高技术成果转化和产业化，带动地方经济发展；另一类是高新技术密集的经济发达地区(如上海、深圳、浙江等)，积极促进民口技术向军工转移。

地方政府结合自身特点发展军民结合产业，已有超过 20 个省(区、市)出台了发展军民结合产业的指导意见、规划或计划，设立的专项资金每年几十亿元。军工企业的民品产业快速发展，形成了军品为本、民品兴业的发展新格局，整体实力大幅提升。

(四)社会资本的参与使混合所有制得到广泛实践

21 世纪以来，我国积极推进国防科技工业体制机制改革，确定了股份制改造、引入非公有制经济和发展民品三大战略。国防科技工业得到包括中央财政资金、开发性金融资本、商业金融机构资金以及其他社会资金的支持，取得快速发展。《深化国防科技工业投资体制改革的若干意见》《国防科工委、发展改革

委、国资委关于推进非公有制经济参与国防科技工业建设的指导意见》《关于军工企业股份制改造的指导意见》等政策性文件，构成了我国军工体制改革的基石，有效推动了国防科技工业多元化投资格局的形成，社会各种资本积极参与国防建设的趋势日益明显。国防工业企业公司通过资本市场和债券市场融资活动频繁。例如，2013 年，中国重工成功地将军工重大装备总装业务及相关资产整合上市，开创了核心军工资产进入资本市场的先河，使中国重工成为 A 股市场最大军工上市公司。此外，各种基金对军工产业、军民结合产业的支持也呈现出良好发展势头。

总体而言，社会资本支持经济建设和国防建设融合发展呈现以下特点：一是上市融资、债券融资、吸收基金融资等方式已成为军工企业利用资本市场的重要手段；二是借助资本市场实现“经济建设和国防建设融合”正成为军工企业的自觉行动，混合所有制在军工领域得到了广泛实践；三是我国经历了民品业务上市、军工资产证券化两个阶段之后，军工企业资本运作目前正加速进入大融合、大整合阶段，兼并重组、产业转型升级将成为未来一段时期的重要主题，社会资本将发挥更大的作用。

（五）当前经济建设和国防建设融合面临的主要问题

近年来，我国在经济建设和国防建设融合上进行了诸多实践和探索，取得了比较好的军事效益和经济社会效益。同时，我们也必须清醒地认识到，经济建设和国防建设融合面临诸多问题：融合深度和广度还需要进一步拓展；更重要的是，制约经济建设和国防建设融合发展的思想观念依然存在，利益藩篱阻碍经济建设和国防建设融合深度推进；军工开放的步伐还不够，军工产业链向国家工业领域延伸不够，国防科技工业依托整个国家工业基础不够；军工领域的重复建设问题尚未很好解决，资源闲置浪费、综合利用率不高的现象仍然普遍存在；“民参军”制度障碍虽已基本解除，但实际渠道不够畅通，军民互动不够，军用技术和民用技术相互转移仍然不够等。这些宏观层面、深层次、全局性问题对工业和信息化领域经济建设和国防建设融合的深度推进提出了挑战。

二、全要素的经济建设和国防建设深度融合发展对政府与市场关系提出的新要求

全要素的经济建设和国防建设融合，就是要统筹利用全社会的资金、技术、信息、人才、设备设施等各种资源，让一切有利于经济建设和国防建设融合的要

素活力竞相迸发，让全社会的创造潜力得到充分释放。

当前，经济建设和国防建设不再是简单的此消彼长的“黄油与大炮”的替代关系，而是演化为良性互动的、协调发展的关系。尤其是以信息技术为核心的高新技术及其产业发展，使国防经济与社会经济，军用技术与民用技术的融合向更深和更广发展，军事资源与非军事资源的界限越来越模糊。技术加速创新突破，使得经济建设和国防建设融合比以往更具有必要性和可行性，而围绕技术这一要素，资金、信息、人才、设备设施等各种要素资源的共同参与，成为新时期经济建设和国防建设融合深度发展的重要特征。可以看出，推动经济建设和国防建设融合深度发展，已不局限于“军技民用”或者“民技军用”的简单要素再利用，而是通过将全社会的资源要素，包括资金、技术、人才等在内的要素进行全局性的统筹配置，推进国防建设和经济建设相互促进、协调发展。

推动经济建设和国防建设融合全要素配置，前提条件是要摸底掌握各要素的归属和分布。资金、技术、人才、设备设施等要素，有些分布在军队部门，有些分布在政府部门，更多的是分布在相关企事业单位等市场主体中。在掌握“家底”的基础上，开展经济建设和国防建设融合的全要素资源配置，最重要的是充分发挥市场的决定性作用。市场决定资源配置是市场经济的一般规律，市场经济本质上就是市场决定资源配置的经济。市场配置资源是最有效率的形式，在经济建设和国防建设融合相关要素资源配置中，也应充分发挥市场的作用，有效调动一切有利于经济建设和国防建设融合深度发展的资金、技术、信息、人才、设备设施等各种资源要素的活力和积极性；其次，要在资源配置中“更好地发挥政府作用”。习近平总书记强调，“市场在资源配置中发挥决定性作用，并不是起全部作用。”因此，要通过科学的宏观调控和有效的政府治理，弥补市场失灵。在经济建设和国防建设融合发展过程中，一是要坚持“需求牵引”，这里的需求包括“军”和“民”两方面。军队方面要发挥武器装备需求牵引作用，利用国家工业基础支撑和发展武器装备；要通过机制创新，鼓励军用技术按照民用市场需求，转化服务于国民经济发展。二是政府要发挥好统筹协调作用，通过改善政策环境，有效打破军民界限，突破军民分离的发展现状，统筹整合各种创新资源，充分释放全社会的创造潜力。

三、多领域的经济建设和国防建设深度融合发展对政府与市场关系提出的新要求

多领域的经济建设和国防建设融合，突破了传统军民结合所指的国防科技

工业军转民的范畴，将关注视角从传统领域拓展到空天、海洋、网络空间等新兴领域；从武器装备科研生产领域拓展到军队保障、人才培养、国防动员、基础设施和重要资源以及国防和经济建设的各个领域。

经济建设和国防建设融合的发展过程是一个动态的过程，随着技术发展和参与主体的增多，在融合范围上将不断向深度和广度延展。在推进经济建设和国防建设融合发展中，随着经济建设和国防建设融合深度和广度的不断变化，政府和市场之间的角色也是一个动态演进变化的过程。领域的不断拓展，使经济建设和国防建设融合的各参与主体不断增加，部门之间的统一协调更加困难，政府与市场之间的关系更加复杂，对政府履行相关职能提出了更高的要求。

在军队和政府层面，国家要进一步理顺和完善经济建设和国防建设融合深度发展的顶层设计机制，切实处理和协调好政府与市场、政府与军队、中央政府与地方各级政府在推动经济建设和国防建设融合深度发展之间的关系。中央政府要充分发挥规划职能，在统一规划、统筹建设的同时，实现重点突破，突出抓好空天、海洋、网络空间等国家安全发展急需领域的建设；军队和政府协同调配军地资源，最大限度地管好各类重要资源，特别是影响国家安全发展的战略资源；各级地方政府要在中观和微观领域中，特别是市场失灵的领域，切实发挥监管和引导职能。

在市场发挥作用方面，一是政府、军队、相关企事业单位要遵循市场价值规律，利用市场的资源配置能力，推动经济建设和国防建设融合持续健康发展；二是充分发挥市场竞争规律，在保障国家安全发展的前提下，实现市场主体的公平竞争。

四、高效益的经济建设和国防建设深度融合发展对政府与市场关系提出的新要求

高效益的经济建设和国防建设融合，就是要将国防和军队建设融入国家经济社会发展体系，把国防科技工业植根于国家工业体系，走出一条投资少、效益高的武器装备建设路子，既增强国家军事斗争的能力和国防实力，又提高经济发展的质量和效益。

为了推动高效益的经济建设和国防建设融合，政府和军队部门必须做好顶层设计，一方面在经济建设中贯彻国防要求，自觉把经济布局调整同国防布局完善有机结合起来，另一方面在国防建设中考虑未来经济应用价值。在具体的经济建设和国防建设融合实践中，政府应当充分发挥增进效率、维护公平和保持稳

定三项职能，综合运用法律、行政、经济、纪律等手段开展宏观调控，既要避免军地间、企业间的盲目投资和重复建设，又要充分调动“军转民”和“民参军”的积极性；既要保障国家秘密的安全性，又要使军地供需信息渠道畅通，打破“军转民”和“民参军”的体制机制壁垒；既要推动民口单位更多地参与国防建设，又要保证国防工业企业对影响国家安全发展领域的持续保障能力。市场这只“看不见”的手则应该在政府的引导下，发挥价值规律、供求规律和竞争规律的作用，通过优胜劣汰实现高效益。

总而言之，经济建设和国防建设融合正由局部、分散的融合，向全要素、多领域、高效益的深度发展格局转变，这对政府和市场提出了新的更高的要求。政府要加强军民统筹、规划发展方向、营造公平环境和规范竞争秩序，充分发挥市场要素配置的决定性作用，以及价值规律、供求规律和竞争规律等的作用，引导社会多元投资、多种技术、多方力量共同服务国防建设和国民经济发展。通过政府这只看得见的手和市场这只看不见的手的共同作用，在更广范围、更高层次、更深程度上来推进经济建设和国防建设融合。

第二节　我国转变国防科技工业发展方式面临的形势和要求

一、世界新军事变革的历史潮流对国防工业经济发展方式转变提出新要求

（一）世界新军事变革的历史潮流

国际战略格局和威胁方式、军事斗争形式发生变化。冷战结束以来，美国成为唯一的超级大国，“一超多强”的战略格局形成。与此同时，威胁方式和军事斗争形式也发生了变化。国家安全不仅包括国防安全，经济安全、信息安全等也成为国家安全的重要内容。传统的军事威胁仍然存在，但自美国“9·11”事件后，恐怖主义等非传统威胁加大。为了维护国家安全，各国国防工业的使命、任务也在不断适应和调整。

新军事变革加速推进。20 世纪 80 年代以来，在新技术革命特别是信息技术的推动下，新军事变革在世界范围兴起。20 世纪 90 年代以来，以美国为首的发达国家，充分利用其科技、经济优势，加速军事变革的进程，其基本趋势是：一是

信息化武器装备大量出现，一方面，用信息化手段改造传统装备，另一方面，智能弹药、空间武器等进一步发展。二是建设信息化军队，如美国陆军计划在建设数字化部队的基础上，到2030年建成高度信息化的目标部队；海军计划到2025年建成海上网络化部队；空军计划在2030年前后建成“信息化航空航天部队”。三是军事体制将发生变革，方向是模块化、小型化、多能化、一体化。四是信息化战争形态已经出现，伊拉克战争就是人类历史上第一场真正的信息化战争。

（二）世界国防工业加速转型的新方向

世界军事强国为适应新军事变革的要求，并解决庞大的军工生产能力过剩问题，在继续发展先进武器装备的同时，纷纷加速国防工业转型。美国把“灵活反应的国防工业基础”（Responsive Defense Infrastructure）与“核与非核打击能力”（Nuclear and Non-nuclear Strike Capabilities）、“主动和被动防御系统”（Active and passive Defenses）作为新“三位一体”（Trinity）威慑战略的组成部分，改革采办制度，发挥中小企业的作用，增强创新活力，推进后勤补给社会化、军民一体化，建设和发展信息时代和信息化战争所要求的国防工业能力。我们面对的不仅仅是武器装备的抗衡，也是国防工业能力的竞争，这对国防工业加速转型提出了若干新的方向，必将加速国防工业经济发展方式转变。

1. 灵活反应的国防工业基础成为重要的战略威慑力

军事高技术化主要表现在计算机技术和通信技术等在军事领域的广泛运用，引发了新一轮的军事技术革命。美国瞄准网络中心化的联合作战，构建新的作战能力体系；英国以“网络使用能力”为核心，调整和提升未来作战能力；欧盟推进防务一体化，提出基于多国协同联合的未来作战能力需求。这些军事变革对支撑武器装备的技术发展乃至整个军事能力建设的国防工业提出了新的要求，产生重大影响。美国正在实现的新“三位一体”战略威慑体系，就把包括国防研发制造能力在内的“灵活反应的基础设施”作为重要一角，从而将国防工业基础提升到国家战略威慑力的层面上，使国防工业基础在国家安全和军事战略中的地位变得更加重要。由此可见，以适应未来作战需求为目标，基于作战能力的国防工业基础转型将在世界各国中广泛开展。

2. 广泛吸收民用技术、吸纳非传统国防企业进入军品市场成为各国共同选择

近年来，美欧等军事强国随着国防工业基础的持续缩小，寡头化现象的出现，以及武器装备体系规模的削减，对高技术的依赖程度不断提高，出现的一个共性问题就是武器装备研制的进度拖后、成本上涨、性能降低。为解决这一问题，美欧乃至众多军事国家和地区都认识到，国防工业的基础需要跳出传统的圈

子，在国家的工业基础上，发现和发展创新成果与创新力量，充分利用民用现成技术（Commercial Off - the - shelf, COTS）的军事应用和依靠掌握创新性技术的非传统国防企业。美国国防部2003年发表的《国防工业转型路线图》的重要构想之一就是通过大量吸收非传统国防企业进入国防领域，改造国防工业基础的传统组成成分，改变20世纪90年代以来国防工业基础高度集中的局面，逐步打破顶级国防工业公司的垄断地位，形成大小并存的、军民结合的、有竞争力和创新活力的、更广泛的国防工业基础力量。

3. 不断调整优化国防工业产业组织结构成为各国推进国防工业经济发展方式转型的重要途径

随着20世纪80年代以后新技术革命的蓬勃兴起和90年代冷战结束而出现的新的国际形势，世界各国都在大力推进国防工业领域的产业结构调整和产业升级，积极改革管理体制和运行机制，取得了一定成效。近年来，国外军工企业出现了私有化、股份制、集团化、跨国化、军民一体化、高技术化等各种趋势，在国防工业领域形成了各种寡头垄断组织，并推动国防工业经济发展方式不断转变。例如，经过几次大规模兼并之后，波音公司成为世界最大的民用飞机和军用飞机制造巨头之一。2012年，欧洲航空防务和航天公司（EADS）与英国BAE寻求合并以抗衡波音，尽管最终因各国政治利益不均衡导致合并计划“流产”，但这再次体现了国防工业领域产业组织演变的一种大趋势。美国1998年《国防采办报告》显示，自1990年以来，在美国国防部确定的对国家安全有重要影响的12个国防行业中，10个行业的总承包商数量明显减少。军工企业集团化、巨型化导致所在领域产业集中度不断提高，在世界范围内，国防工业领域正在形成多寡头格局。

4. 大力扶持和利用中小企业是西方发达国家促进国防工业技术创新的普遍手段

据美国统计，中小企业创造的新技术占全国的55%以上，技术创新成果是大企业的2倍；20世纪80年代以来全美70%以上的科技发展项目是由中小企业完成的。在技术创新水平上，美国评定的20世纪最为重大的65项发明创造也都是由中小企业和个人完成的。欧盟中小企业人均创新成果是大企业的2倍，研究发展（R&D）所产生的新成果是大企业的3～5倍；德国2/3的专利技术是由中小企业研究出来并申请注册的。因此，世界各军事强国都把中小企业作为国防领域创新的主力军，对于中小企业的重视程度不断提高。

美国国防部鼓励和吸引中小企业参与到国防科研生产的计划中，最主要的两项计划是由联邦政府统一推行的“小企业创新研究计划”（SBIR）、“小企业技术转移计划”（STTR）专项，而且，近十几年来美国国防部对SBIR/STTR计划的投资也呈现迅速增长趋势。

二、新时期国防建设的新要求成为国防工业经济发展方式转变的内生动力

(一)新时期国防建设的新要求

基于当前复杂的国际安全形势,各国的国防建设中均强调国防工业在国防安全与发展中的定位和作用。总体来看,国防工业已从军事能力后台走向战略对抗前沿。美国将国防工业基础看作国防建设战略优势的源头,俄罗斯将国防工业发展作为实现国防建设战略目标的重要基础,日本将国防工业基础视为国家国防建设重要的潜在威慑能力。党的十八大提出的"要建设与我国国际地位相称,与国家安全和发展利益相适应的巩固国防和强大军队"的战略任务,对我国国防科技工业发展提出了更高要求。国防科技工业要主动适应新时期国防建设的发展趋势,按照国家总体部署和要求,积极调整、优化能力结构和布局,满足新时期国防建设的新要求。

(二)国防工业经济发展方式转变是适应建设先进国防科技工业的需要

推进供给侧结构性改革,是以习近平同志为核心的党中央深刻把握我国经济发展大势做出的战略部署,是适应和引领经济发展新常态的重大创新,是"十三五"时期的发展主线。国防科技工业作为国家战略性产业,要深化对供给侧结构性改革的认识和理解,贯彻落实中央有关决策部署,着力推进中国特色先进国防科技工业体系建设。

作为战略性产业,国防科技工业在各国经济复苏中发挥着重要作用,欧洲国家将国防科技工业视为维持工业能力和创造就业机会的重要力量,尤其是俄罗斯将国防科技工业看作国家经济发展的火车头;韩国则将国防科技工业作为拉动经济的"增长引擎"。从国内形势看,党中央提出我国经济发展进入新常态。作为国有经济的重要组成部分,国防科技工业发展已进入战略转型的关键阶段,加快转变国防科技工业经济发展方式,才能充分抓住新常态下国防科技工业做大做强的新机遇,始终站在产业变革的前沿,在加强自身能力建设同时,充分利用装备制造优势和军工技术优势,完成所承载的建设先进国防科技工业的重任。

(三)国防科技工业转型升级战略确定了国防工业经济发展方式转变的大方向

从"十五"末期开始,我国国防科技工业领域提出了转型升级战略,并作为发

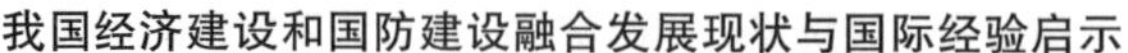

展和改革的总体战略，经国务院批准后实施。转型升级的内容主要包括四个方面：一是发展模式由任务型转向任务能力结合型，国防科技工业不仅要完成国家任务，而且要提高自身发展能力，实现平稳、可持续发展；二是体制机制由计划为主转向更多地采用市场手段，适应社会主义市场经济发展的要求；三是科技发展由跟踪研仿为主转向自主创新为主，努力掌握和拥有支撑武器装备和高技术产业持续发展的前沿技术、基础技术和关键技术；四是增长方式由粗放型转向集约型，大力推进产业的高技术化和集约化发展。国防科技工业转型升级战略，清晰地确定了国防工业经济发展方式转变的战略方向。

三、国民经济发展方式的转变成为国防工业经济发展方式转变的外部基础

（一）国家安全成为国民经济发展方式转变的关注重点

党的十八大提出，在深化经济体制改革方面，推动国有资本更多投向关系国家安全和国民经济命脉的重要行业和关键领域，不断增强国有经济活力、控制力、影响力；在经济结构战略性调整方面，牢牢把握发展实体经济这一坚实基础，实行更加有利于实体经济发展的政策措施，强化需求导向，推动战略性新兴产业、先进制造业健康发展。这些产业绝大部分与国防科技工业具有较强的相关性，这为国防工业经济发展方式转变提供了良好的外部环境基础。

（二）工业是转变经济发展方式的主战场

当前，我国正在推行经济结构调整，转变经济发展方式。工业是我国国民经济的主导力量，是转变经济发展方式的主战场。今后几年，我国工业发展环境将发生深刻变化，长期积累的深层次矛盾日益突出，粗放增长模式已难以为继，已进入必须以转型升级促进工业又好又快发展的新阶段。转型就是要通过转变工业发展方式，加快实现由传统工业化向新型工业化道路转变；升级就是要通过全面优化技术结构、组织结构、布局结构和行业结构，促进工业结构整体优化提升。工业转型升级是我国加快转变经济发展方式的关键所在，是走中国特色新型工业化道路的根本要求，也是实现工业大国向工业强国转变的必由之路。《国民经济和社会发展第十二个五年规划纲要》指出，坚持走中国特色新型工业化道路，适应市场需求变化，根据科技进步新趋势，发挥我国产业在全球经济中的比较优势，发展结构优化、技术先进、清洁安全、附加值高、吸纳就业能力强的现代产业体系。

在未来一段时期内，转型升级，提高产业核心竞争力，走新型工业化道路包括以下方面内容：一是通过推进重点产业结构调整、优化产业布局、加强企业技术改造、引导企业兼并重组、促进中小企业发展等举措改造并提升制造业；二是通过推动重点领域跨越发展、实施产业创新发展工程、加强政策支持和引导等方式培育发展战略性新兴产业；三是通过推进能源多元清洁发展、优化能源开发布局、加强能源输送通道建设等方式推动能源生产和利用方式变革；四是通过完善区际交通网络、建设城际快速网络、优先发展公共交通、提高运输服务水平等措施构建综合交通运输体系；五是通过构建下一代信息基础设施、加快经济社会信息化、加强网络和信息安全保障等措施全面提高信息化水平；六是优化海洋产业结构，加强海洋综合管理，推进海洋经济发展。

（三）国防工业经济发展方式的转变需要适应国民经济发展方式转变的方向

国民经济发展方式的转变，结构转型升级，呈现出集约、环保、高技术、高附加值等特点。国民经济发展方式转变成为国防工业经济发展方式转变的外部基础。同时，国民经济发展方式的转变对国防工业经济的发展提出了新的任务，即国防工业经济发展方式的转变必须适应整个国民经济发展方式的转变，新的转变必须满足以下条件：一是逐步提高集聚化程度，走集约式发展路线；二是由要素驱动转为创新驱动，不断提高创新能力和水平；三是优化国防工业经济自身结构，不断提升国防工业经济核心竞争力，在服务好国防建设的同时，也要服务国民经济转型发展的需要。

第三节　我国国防工业科研生产能力发展和监管面临的新形势

一、新时期军事需求对国防科研生产能力提出的要求

国防科技工业为军队建设适应不断发展的军事需求提供物质基础，军事需求的变化反过来又影响国防科技工业的发展。经过五十多年的发展，我国国防科技工业取得了辉煌成就，有力地支撑了我军现代化建设，确保其适应不同历史阶段的军事需求。当前，我国国防科技工业依然生机勃勃，但面对不断发展的要求以及快速变化的环境，需要继续调整优化发展方式，以更好地支撑我军适应新

时期的军事需求。

在新的历史时期,随着我国和全球关系的日趋紧密,国际地位不断提高,国家战略利益不断拓展,军队执行军事行动的地理空间向更广阔的范围扩展,使命任务向多样化转变。与此同时,新时期国际局势变化莫测,军事大国已将我国定为其首要战略对手,并强化其亚太同盟关系,密切与东南亚国家的军事合作,对我国构成直接的军事压力。我军必须尽快建立更加灵活、有效应对各种威胁的军事手段,提高维护国家安全的战略遏制和打胜仗能力。

为此,在党中央的统一部署下,各军种正在积极推进使命任务和部队建设的转型。转型的宗旨是凭借以信息技术为核心的高技术武器装备,强化多军兵种联合,提高作战力量的一体化程度,扩大军事能力的抵达范围,提高军事行动的敏捷性、攻防对抗的精确性、威慑与反击的有效性。

(一)军队使命任务向多样化转变

近几年来,我军的使命任务逐渐向多样化转变,在履行战争军事行动的同时,还要履行反恐、维稳、处突、维和、救灾等非战争军事行动。《中华人民共和国国民经济和社会发展第十三个五年规划》(简称"国家'十三五'发展规划")中关于"加强国防和军队现代化建设"的篇章中指出,国防和军队建设要"提高以打赢信息化条件下局部战争能力为核心的完成多样化军事任务的能力。"军队使命任务的多样化,要求国防科技工业发展不仅要针对战争装备,而且要考虑非战争装备的需求。

(二)全军加快推进转型建设

国家发展的新阶段赋予了我军新的使命任务,这些使命包括:为党巩固执政地位提供重要的力量保证;为维护国家发展的重要战略提供坚强的安全保障;为维护国家利益提供有利的战略支撑;为维护世界和平和促进共同发展发挥重要作用。

在新任务的要求下,我军为了实现祖国统一、维护周边安全和国内稳定,以及适应国家利益的日益拓展、维护我国大国地位等,正在积极推进军队兵种建设转型。

二、国家科技与工业实力有了长足增长,可以更好地依靠国家工业基础发展武器装备

"十二五""十三五"期间,我国科技与工业实力增长迅速。工业规模显著扩大,2015 年工业增加值突破 16 万亿元,年平均增长 11.7%,制造业总值占比高达

15.6%；产业技术对外依存度从1995年的75.84%下降到2015年的60%。国家高技术产业比1995年增长10余倍，年均增长接近30%。“863”“973”、国家科技支持计划、国家火炬计划、国家星火计划等成果显著，一批国防产业发展急需的前沿技术、核心技术和关键装备技术实现了突破；国家财政收入大幅增加，外汇储备充足。这些都为国防科技工业的继续发展提供了坚实的物质基础。随着我国工业化进程和创新型国家建设步伐的加快，国民经济领域的科研能力和工业基础将进一步完善和增强。国防科技工业可以借助国家科研与工业基础，扩展关键元器件、重要原材料、先进工艺技术、重要系统解决方案，国防先进技术的应用水平将进一步提升。

三、国家加速转变经济发展方式，要求科学发展、创新驱动

根据国家“十三五”发展规划的指导思想，国家未来五年经济发展要“以加快转变经济发展方式为主线”。要求以科学发展观为指导，把经济结构战略性调整作为主攻方向，把科技进步和创新作为重要支撑，把资源节约、环境友好作为重要着力点，促进工业由大变强，提升制造业核心竞争力，发展战略性新兴产业，促成重大科学技术突破。国防科技工业的发展必须顺应国家经济发展方式转变的大趋势，按照科学发展、创新驱动的要求，提高发展的质量和水平，走新型工业化道路，巩固作为国家先进制造业骨干的地位。

（一）经济结构调整

党的十八大报告指出：“加快转变经济发展方式，推动产业结构优化升级。这是关系国民经济全局紧迫而重大的战略任务……要坚持走中国特色新型工业化道路，由主要依靠物质资源消耗向主要依靠科技进步、劳动者素质提高、管理创新转变。”

“十三五”期间，国家将把经济结构调整作为推动经济发展方式转变的主线，大力推进信息化与工业化融合，促进工业由大变强，加快发展先进装备制造业，推动大型制造装备和基础实验设施建设，改造和提升传统产业，淘汰落后生产能力；着力提升高新技术产业，发展信息、生物、航空航天、海洋等产业。鼓励发展具有国际竞争力的大企业集团。

（二）发展战略性新兴产业

“十三五”发展规划指出：“要以重大技术突破和重大发展需求为基础，促进新兴科技与新兴产业深度融合，在继续做强做大高技术产业基础上，把战略性新

兴产业培育发展成为先导性、支柱性产业。”“大力发展节能环保、新一代信息技术、生物、高端装备制造、新能源、新材料、新能源汽车等战略性新兴产业。”“战略性新兴产业增加值占国内生产总值比重达到8%左右。”实施产业创新发展工程，加强政策支持和引导。

(三)提高自主创新能力

“十三五”发展规划对此进一步深入展开：“把握科技发展趋势，超前部署基础研究和前沿技术研究，推动重大科学发现和新学科产生，在物质科学、生命科学、空间科学、地球科学、纳米科技等领域抢占未来科技竞争制高点。”“加快实施国家重大科技专项，增强共性、核心技术突破能力。”“重点引导和支持创新要素向企业集聚，加大政府科技资源对企业的支持力度，加快建立以企业为主体、市场为导向、产学研相结合的技术创新体系，使企业真正成为研究开发投入、技术创新活动、创新成果应用的主体。增强科研院所和高校创新动力，鼓励大型企业加大研发投入，激发中小企业创新活力，推动建立企业、科研院所和高校共同参与的创新战略联盟，发挥企业家和科技领军人才在科技创新中的重要作用。”

(四)提高可持续发展能力

党的十八大报告指出：“科学发展观……基本要求是全面协调可持续。”国民经济在经历了三十年高速增长的同时，付出了沉重的资源和生态环境代价，这种发展模式难以为继。必须加快提升自主创新能力，调整产业结构，转变经济增长方式。必须加快向创新增值、结构优化、资源节约、环境友好、可持续经济增长方式转变。“十三五”发展规划指出：“坚持把建设资源节约型、环境友好型社会作为加快转变经济发展方式的重要着力点。深入贯彻节约资源和保护环境基本国策，节约能源，降低温室气体排放强度，发展循环经济，推广低碳技术，积极应对全球气候变化，促进经济社会发展与人口资源环境相协调，走可持续发展之路。健全节能减排激励约束机制。优化能源结构，合理控制能源消费总量，完善资源性产品价格形成机制和资源环境税费制度，健全节能减排法律法规和标准，强化节能减排目标责任考核，把资源节约和环境保护贯穿于生产、流通、消费、建设各领域各环节，提升可持续发展能力。”

四、社会主义市场经济迅速发展

迄今，市场法则已经渗透到国民经济的各个行业、各个方面。相比之下，在国防科技工业领域，市场竞争的广度和强度还远没有达到应有的程度，与市场经

济要求还有较大距离。随着武器装备采办制度改革的不断深入,国防科技工业不仅要在运行方式上做出适应性调整,而且必须在国防科技工业的能力结构、管理制度、建设方式等方面做出深刻的变化。

(一)国防工业要更好地适应市场经济制度的要求

“十三五”发展规划指出:充分依托和利用社会资源,提高国防实力和军事能力,大力推进军地资源开放共享和军民两用技术相互转移,逐步建立适应社会主义市场经济规律、满足打赢信息化条件下局部战争需要的中国特色经济建设和国防建设融合式发展体系。建立和完善军民结合、寓军于民的武器装备科研生产体系、军队人才培养体系和军队保障体系。建设先进的国防科技工业,优化结构,增强以信息化为导向、以先进研发制造为基础的核心能力,加快突破制约科研生产的基础瓶颈,推动武器装备自主化发展,完善武器装备采购制度。

从当前科技发展的趋势来看,未来出现的许多高新技术,在军用与民用之间的界限将变得越来越模糊,通用性、共用性越来越强。由于学科的交叉融合所催生的许多新技术首先为民用工业所用,由此产生了巨大的示范作用,国防工业利用技术“插入”可以高起点研制武器装备,对民用技术转为军用产生的需求也越来越大。另外,军转民所带来的市场效益也为国防工业提供了后续生存与发展的动力。为此,需要深化国防科技工业体制改革,优化国防科技资源配置,促进科技要素在军民之间的双向流动和转移;制订与实施军民两用技术发展战略,既吸收民用领域的科技优势,服务于国防建设,又发挥国防科技工业科技优势,促进军工经济的持续发展。形成以支持军队作战能力发展为基础的工业体系,打破现行的行业分割与自我封闭,运用可获得的最先进的概念、技术、产品、设施以及最优秀的人才,以最优的方式支持集成创新,不再因为行业、企业的利益而压制新技术的应用、新系统的开发等。

此外,从全球市场范围来看,经济全球化推动生产要素的跨国界配置,与此相伴的是先进技术由发达国家向发展中国家的扩散。我国具有多样化和多层次的市场结构、高素质的人才资源、相对完整的科技体系与工业基础体系以及稳定发展的经济与社会环境,已经并将继续成为国外直接投资的理想国家,这在很大程度上为我们突破国外技术封锁提供了前提。目前,世界 500 强公司中已有 300 家左右进入我国,而仅这 500 强公司就控制着世界 80% 的技术贸易额。随着我国市场经济体制的进一步完善,尤其是 2007 年我国“入世”后,越来越多的跨国公司在我国建立研发机构,这有利于国家整体工业水平的提升,并有利于我国国防科技工业采用或借鉴许多新的技术。

我国将进一步完善社会主义市场经济体制，这不仅可从根本上保障国家经济的持续健康发展，为国防科技工业发展提供物质保障，而且能克服计划经济时代遗留下来的体制性障碍，消除改革开放以来出现的诸多不适应症状，使国防科技工业的发展走上有序、持续、稳定的轨道。

（二）发挥中国特色社会主义制度的优势，形成适应社会主义市场经济制度的中国特色的国防科技工业

“十三五”发展规划指出：“坚持国家主导、制度创新、市场运作、军民兼容原则，统筹经济建设和国防建设，充分依托和利用社会资源，提高国防实力和军事能力……”

根据这个要求，未来的国防科技工业，应该是植根于中国工业基础之上，但又有鲜明特点的产业，既适应社会主义市场经济制度，又能发挥中国特色社会主义制度优势。

由于国防工业关系到国家安全利益的核心，因此应当加强国家主导，突出核心力量的军工特色，并不可完全融入民用产业之中。如与国家安全和长远战略利益相关的国防基础科技发展，面向的是未来需求，在现实市场上难以得到大的利益回报，不适合走市场经济的道路。因此，国防基础科技活动具有超越一般市场需求的独特属性，不能过分寄希望于市场机制的调节。正因为如此，即使在市场经济发达的美欧国家，国防基础科技也采取国家计划强力主导、政府强力辖制的模式。其中最重要的是建立了稳定、高强度的基础科研投入渠道，保持着一支不受短期市场利益驱动的基础科技研发队伍。我们也必须逐步大幅度提高以国拨经费为主体的国防基础科技投入，在基础科研领域首先恢复“国家研究院所”制度，这些研究院所不走“企业化”道路，并以国防基础性、公益性研究机构和重点实验室为核心，优化国防基础科技研发力量建设，形成一支精干、高效、真正意义上的国防科技“国家队”。这支队伍应该以储备跨越发展所必需的核心技术为目标，专注距市场较远的国防基础科技研发，以解决当前和未来需求的重大关键科技（非工程）问题为己任，克服短期行为，成为推动国防科技跨越发展的核心力量。与此同时，要围绕激发这支队伍的创新活力这个中心，广泛吸引社会各方面力量参与国防基础科技研发，遵循基础科技发展的规律，完善科技管理制度。

此外，应当监督、规范武器装备研制生产制度，努力形成分层次、分系统的主、分承包商体系，以科研生产许可制度来规范国防科技工业承研承制方的工作，建立科学的“竞争、评价、监督、激励”机制，为适应社会主义市场经济体制创造条件。

五、全球化条件下的国际竞争和技术限制日益加剧

随着经济全球化进程的加快，国际竞争日趋激烈。在国防科技工业领域，世界军事强国都将开拓国际市场作为其维持国防工业基础的战略措施。目前，西方世界国防费用普遍缩减的背景下，国际市场竞争更加激烈，我国军工企业在国际市场上面临巨大压力。而且，随着我国武器装备研制能力的提高，西方国家对我国军事技术发展更为警惕，开始进一步收紧对我国高端技术的出口限制，我国武器装备自主研制和军工能力自主建设的压力更大，需求更为迫切。

我国高新武器装备发展节奏不断加快，对尖端水平的关键材料、核心元器件、先进设计制造与试验测试手段的要求越来越旺盛，而世界上最强大的军事国家已明确将我国定位为其首要战略对手，开始对我国实施全方位的遏制。

（一）美欧俄三大国防工业体将占领全球国防市场作为维持自身国防工业能力稳定的基本战略，武器装备和高技术民用产品的国际竞争激烈

从国际形势来看，世界主要军事强国正在继续抓紧实施以军事转型为主要形式的新军事变革。依靠先进的军事技术夺取军事优势是军事转型最基本的方面，从而促使军事竞争的重点明显地向科技领域转移。以美国为例，美国国防建设的重点已经全面转向研发网络中心化联合作战的高技术装备上，着力打造以海、陆、空、天、电一体化的武器装备体系。2001 年到 2007 年，美国装备研发采购年度投资从1 000 亿美元上升到1 800 亿美元，研发和采购计划总额高达 1.5 万亿美元，其中研发投资额占比高达 43%，目的是要在“关键技术领域掌握军事优势”。

另一方面，经济全球化进程加快，各国大力推进产业结构优化升级，国际竞争日趋激烈；科技发展日新月异，围绕前沿技术、战略高新技术的竞争日益加剧。美国针对中国等国家的迅猛发展，出台了新的《国家竞争法》，建立了总统创新和竞争力委员会，制定了“促进创新研究计划”，加强基础和前沿技术研究，力图继续保持技术和人才的绝对优势。

（二）通过低端技术输出和高端技术限制，限制我国国防科技工业能力的提高

我国新型武器装备、高新技术产业及其科研生产所依赖的核心技术和关键手段，还普遍存在对外依赖严重的问题，有些方面甚至触目惊心。

然而,国防市场从来就不是一个民用市场那样的完全竞争性市场。西方国家通过低端技术输出和高端技术限制,限制我国国防科技工业能力的提高。一方面长期输出低端技术与产品,使我国国防工业形成对国外技术与产品的依赖,破坏我国相关技术与产业的发展;另一方面,对于如先进材料、电子元器件、预警机等高端技术装备限制极为苛刻,并且随着我国国力的日益增长,西方国家对我国军事技术发展更为警惕,封锁更加严密。对此,一方面,我们不能对技术先进国家抱有任何幻想,必须立足于自力更生;另一方面,国家应在市场经济条件下,充分利用国际市场中西方国家各自利益需求间的矛盾,打破技术封锁,实现我国的利益最大化,从而促进国防科技工业健康持续发展。

第四节　新时期经济建设和国防建设融合发展对国防科技工业提出新要求

我国经济建设和国防建设融合发展刚进入由初步融合向深度融合的过渡阶段,呈现出“四个转变”的阶段性特征。

一、经济建设和国防建设融合深度发展呈现出“四个转变”的阶段性特征

(一)管理体制正在向军民统筹转变

近年来,各地方积极探索建立了不同层面的经济建设和国防建设融合相关领导机构或协调机制,军地之间协调对接更加顺畅。党的十八届三中全会以来,按照全面深化改革的总体要求,国家层面经济建设和国防建设融合领导管理体制方案加紧论证,顶层架构基本明确。“十三五”规划纲要明确提出,建立国家和各省(自治区、直辖市)经济建设和国防建设融合领导机构,为经济建设和国防建设融合统筹统管体制的建立作出了明确部署。

(二)范围正在向多领域拓展

武器装备科研生产体系、军队人才培养体系、军队保障体系、国防动员体系和基础设施建设等领域经济建设和国防建设融合持续推进,海洋、太空、网络空间等新兴领域经济建设和国防建设融合全面展开。随着综合国力的提升和“走

出去”步伐的加快，经济建设和国防建设融合布局也正由国内空间逐步向海外利益攸关区、“一带一路”沿线国家、海上战略通道等境外空间拓展延伸。

（三）融合程度正在向深度发展

由军地部门之间直接对接向国家层面统一设计、统一规划、统一实施转变；由分领域、分行业各自推进向跨行业整体推进变迁；由产品、服务层面向资本、人才、信息、技术等要素资源层面深化；由技术产品的转化共享，向研发、生产、服务保障的全链条延伸，尽最大可能使国防建设和经济建设共用一个经济技术基础。

（四）融合手段正在向综合运用行政、法律、市场多种手段转变

在保持适度运用行政手段的同时，注重把行政强制、法律规制、市场激励多种手段结合起来，既发挥国家计划规划、法律法规的强制性作用，又发挥市场在资源配置中的基础性作用，注重用财税、金融、价格等手段，营造规范有序、竞争择优的市场环境，使各类主体融合的动力源泉竞相涌流，确保经济建设和国防建设融合良性发展。

二、国防科技工业是经济建设和国防建设融合深度发展的最重要领域和载体

国防科技工业是国家战略性产业，是国防与军队建设重要的物质技术基础，是世界军事大国较量的关键，既属于国防建设的范畴，又属于经济建设的领域。国防科技工业对军队而言，是地方是民，对社会经济领域而言，是军工是军。国防科技工业是天然的经济建设和国防建设融合的载体，是经济建设和国防建设融合最重要的领地。国防科技工业经济建设和国防建设融合程度是经济建设和国防建设融合深度发展的重要标志。推动经济建设和国防建设深度融合，就是要逐步将国防工业基础与民用工业基础融为一体，最终实现最大限度的军民一体化，形成既能决战沙场，又能纵横市场的国防科技工业新体系，更好地履行支撑国防军队建设、推动科学技术进步、服务经济社会发展的三大使命。

（一）经济建设和国防建设融合始终伴随国防科技工业的改革发展

新中国成立以来，党和国家领导人长期关注、高度重视经济建设和国防建设融合发展问题。每讲到国防和军队建设必强调经济建设和国防建设融合，每讲到国防科技工业建设和武器装备发展必强调经济建设和国防建设融合。事实上，最早谈经济建设和国防建设融合就是针对军工领域的，国防科技工业经济建

设和国防建设融合程度是经济建设和国防建设融合深度发展的重要标志 。

新中国成立初期，以毛泽东同志为核心的党的第一代中央领导集体，着重把“建立强大的国防军”和“强大的经济力量”作为两件大事，强调正确处理好二者的关系，围绕国家工业化建设目标，提出“军民两用”的思想。国防工业按照“两重任务、两套本领、平战结合”要求加快发展，奠定了我国工业基础和大国地位。

党的十一届三中全会后，以邓小平同志为核心的党的第二代中央领导集体，做出“和平与发展”成为时代主题的科学判断，及时确定以经济建设为中心，国防科技工业坚持“军民结合、平战结合、军品优先、以民养军”的十六字方针，通过充分发挥国防工业设备设施和技术优势，统筹军品和民品发展，支援国家经济建设。

20 世纪 90 年代后，以江泽民同志为核心的党的第三代中央领导集体，根据当时世界主要国家国防工业调整改革趋势和我国发展的实际情况，在继承和发展邓小平同志十六字方针的基础上，提出了国防建设和经济建设要统筹兼顾、建立寓军于民的国防科技工业新体制等一系列重要思想。针对我国当时国防工业体制存在的问题，要对国防工业体制进行改革，积极探索建立“军民结合、寓军于民、大力协同、自主创新”的充满活力的国防工业新体制，并强调寓军于民是国防工业新体制的核心。

21 世纪之初，以胡锦涛同志为总书记的党中央，把科学发展的精髓融入军民结合中，提出了“国防和军队建设融入经济社会发展体系之中”的重要思想。2007 年 10 月，党的十七大报告明确提出“建立和完善军民结合、寓军于民的武器装备科研生产体系、军队人才培养和军队保障体系，标志着“经济建设和国防建设融合式发展”正式成为国家层面的重要战略思想，成为全党全军共同的行动指南。

党的十八大以来，以习近平同志为核心的党中央，站在新的起点上统筹推进经济建设和国防建设，要求把经济建设作为国防建设的基本依托，把国防建设作为我国现代化建设的重要战略任务，要求国防和军队建设自觉融入经济社会发展体系，在经济建设中注重贯彻国防需求，自觉把地方经济布局调整同国防布局完善有机结合起来，努力形成全要素、多领域、高效益的经济建设和国防建设融合深度发展格局。习总书记指出，最早提军民结合，就是针对军工领域的。国内军品市场是一个很特殊的市场，既要更好发挥政府作用，也要注重发挥市场机制作用，形成军品市场有序开放竞争的新格局。

(二)国防工业是世界主要国家推进经济建设和国防建设融合首先关注的焦点和对象

对于经济建设和国防建设融合,美欧等都在提倡,直接目标是遏制本国武器装备市场竞争态势不足、降低国防经费的负担,间接目标是促进国防科技和武器装备的创新发展,维持本国国防工业基础的完备。基本做法是扩大对民用成熟产品、技术和工业能力的利用,吸引、鼓励、支持中小企业参与国防科研生产。

1. 国防工业是欧美国家经济建设和国防建设融合主张和实践的最主要对象

在美国,自 1993 年克林顿政府为消除军工能力过剩提出了经济建设和国防建设融合概念以来,美国某些政府部门、研究机构、学者开展了一些研究,并最终通过立法,纳入美国法典。美国先后对“经济建设和国防建设融合”的含义有过四种权威解释,这四种解释无一例外的是围绕国防工业展开的。

2. 建立经济建设和国防建设融合的国防工业基础,是冷战后欧美国家的共同诉求

欧美国家提倡经济建设和国防建设融合有三个动机:首要动机,也是直接动机,就是扩大国防对民用工业基础的利用,降低武器装备采办投入。面对传统国防工业基础缩小的局面,通过经济建设和国防建设融合,维持武器装备市场的竞争态势,抑制装备研制采购投入和技术发展费用一路高扬的趋势。第二个动机是,鉴于新一轮技术变革在诸多方面(如网络技术、信息处理技术、材料技术等)改变了以往新技术发展和应用“先军后民”的样式,力图通过经济建设和国防建设融合,吸收民用技术,加速国防科技和武器装备的创新发展。第三个动机是,避免武器装备采办规模减小,以及随之带来的国防工业基础缩小,使本国武器装备研发制造能力的完备性受损。

(三)特殊地位和使命决定了国防科技工业是经济建设和国防建设融合深度发展的绝佳载体

当前,新一轮科技革命交错推进,海洋、太空、网络空间等领域的竞争日益激烈,各主要国家展开的科技军事竞争,实质是对国家安全和发展主导权的争夺,背后是发展理念的交锋,是体制机制之间的竞赛,是国防科技工业基础、能力的博弈。

1. 国防科技工业是连接国家工业体系和武器装备科研生产体系的天然纽带

经济建设和国防建设融合的概念和内涵是不断演变的,但其实质都是强调

要坚持经济建设与国防建设协调发展，注重国防投入的经济性，把国家工业体系中的精华成分尽可能地吸收到武器装备建设体系中，确保用最优良的技术、最经济的方式研制生产军事装备，同时发挥先进军工技术引领和带动社会经济发展的作用，促进民用工业发展。

国防科技工业是国民经济和国家大工业体系的重要组成部分，不是独立于这两大体系之外的产业，只是因为承担了武器装备科研生产这个特殊的国家使命，才具有了同其他产业不同的性质，成为国家的战略性产业，是国家安全和国防建设的脊梁。我国的国防科技工业是在国家工业基础十分薄弱的情况下建立的，一些必要的本应由民口配套的能力被设置在军工系统内，从而形成围绕最终产品，主要供应链几乎全部纳入行业式组织体系中的工业结构。这一建立起点的不同决定了我国的国防科技工业自建立之日起，在履行“军”的使命的同时，在其内部就含有大量“民”的因素。这种明显的亦军亦民的特征使得国防科技工业不仅成为武器装备科研生产体系的基础，而且是我国国家工业体系的重要组成部分，成为连接国家工业体系和武器装备科研生产体系的天然纽带。

2. 国防科技工业是统筹国防建设和经济建设的关键桥梁

国防科技工业作为国家战略性高技术产业，涵盖核、航天、航空、兵器、船舶、电子六大行业，肩负着强军和富国的双重使命。一方面，研制、生产和保障武器装备是国防科技工业的三大核心任务。为国防和军队提供先进可靠的武器装备，是国防科技工业的立业之本，为能打仗、打胜仗提供物质条件是国防科技工业的第一要务。另一方面，国防科技工业具有强大的军工技术优势，应在先进制造领域发挥引领作用，在国家经济社会发展中发挥牵引、辐射和带动作用，推动国家高精尖产业发展，助力国家经济发展方式转变。

国防科技工业经济建设和国防建设融合深度发展，在政治上，可以落实国家整体安全观，实现安全与发展并重，构建中国特色先进国防科技工业体系，为国家安全提供更为有效的战略威慑力量；在经济上，可以实现军民资源共享，实现国防建设的降本增效，为经济结构调整和发展方式转变发挥更为强劲的辐射带动作用；在科技上，可以形成军民科技协同创新的发展态势，为赢得未来竞争优势提供更为有力的科学技术支撑；在军事上，可以把作战需求转化为装备需求，并以此为牵引，为能打仗、打胜仗提供更为坚实的物质技术支撑。

（四）特殊属性决定了国防科技工业是经济建设和国防建设融合深度发展的最主要领域

1. 国防科技工业行业最特殊，经济建设和国防建设融合深度发展需求最迫切

国防科技工业作为武器装备的主要生产者和提供者，是武器装备科研生产体系的中坚力量。武器装备科研生产体系的完备性和先进性将是决定未来战争胜败的关键因素，经济建设和国防建设融合、寓军于民武器装备科研生产体系是经济建设和国防建设融合体系的第一个体系，是经济建设和国防建设融合体系的首要核心内容。武器装备科研领域几乎涵盖整个科学技术的前沿领域，其科研生产活动涉及整个国家工业的核心领域。武器装备采办政策、科研生产政策和工业政策在许多环节是相互融合衔接的；武器装备科研生产与民用工业之间并非完全独立，二者在科学研究、工程技术、零部件配套、原材料等方面有许多同源、同类和共用属性。随着新军事革命的不断发展，战争形态正在悄然发生变化，武器装备建设要求不断提高，战争形态正向陆海空天电一体化转变，要求国防工业的组织方式必须进行调整，打破传统界限，加强工业联合集成。

当前，国防科技工业建设急需领域现有的工业能力还不能完全满足国防科技工业发展的需求，部分还要依赖进口。必须发挥国家工业的整体实力，促进经济建设和国防建设深度融合，集聚社会各种创新资源和要素，保持优势、补齐短板，着力解决关键技术和设备受制于人的问题，实现武器装备安全、自主、可控的目标，为能打仗、打胜仗提供更坚实的物质技术支撑。

2. 国防科技工业技术复杂、管理最严格，经济建设和国防建设融合深度发展任务最艰巨

现代武器装备的技术尖端化、系统复杂化，对承担研制任务的人才技能、设备设施、数据经验、管理能力以及对产品质量可靠性保证的要求极高。真正具备先进武器总体和关键系统设计、研制与制造能力的工业实体不过两三家，甚至往往只有一家，且各自形成稳固的配套供应链，这就在客观上形成国防科技工业的相对的封闭性，社会资源和力量参与程度低。

国家作为武器装备的最终用户，从保障武器装备研制成功，并减少不必要的全民资源消耗出发，对武器装备承研承制单位的选择和研发管理都异常谨慎，为武器装备研制、交易建立了严格的标准、规范、规程等，并将其作为采办系统的管理依据。这就在客观上构筑了国防科技工业的准入壁垒，造成国防科技工业经济建设和国防建设融合难度大。

技术复杂和管理严格使得国防科技工业经济建设和国防建设融合深度发展

较为艰巨，需要紧密联系行业改革发展的实际和特点，创新思路和举措，以一往无前的勇气破除体制机制障碍，通过全面深化改革，实现军民资源的有效共享和转化，建立起开放的中国特色先进国防科技工业体系，更好地担负起国家安全和国防建设脊梁的重任，成为国民经济调结构、稳增长的新引擎。

3. 国防科技工业军民资源要素最齐全，经济建设和国防建设融合发展潜力最巨大

经济建设和国防建设融合深度发展的实质是坚持经济建设与国防建设协调发展，注重国防投入的经济性，把国家工业体系中的精华成分尽可能地吸收到装备建设中，确保用最优良的技术、最经济的方式研制生产军事装备，同时发挥先进军工技术的引领和带动作用，促进民用工业发展。国防科技工业作为人才、技术和资本密集型行业，军民资源要素最齐全，在推动经济建设和国防建设融合深度发展方面潜力十分巨大。

从存量上来看，国防科技工业集聚着数十万的科研人员、上百万的人才队伍，拥有 100 多家国防科技重点实验室；从增量上来看，在国民经济全面增速放缓的形势下，国防科技工业却继续保持了两位数的增长势头。随着高新技术武器装备的研制，一大批新技术涌现，经济建设和国防建设深度融合，军工技术转民用大有文章可做，可以发展成若干个有自主知识产权的大产业，如以北斗导航为核心的信息产业，以海军海水淡化装置为基础的海水淡化产业等，利国利民，应大力发展。

4. 国防科技工业涉及领域最广，经济建设和国防建设融合发展空间最大

国防科技工业经济建设和国防建设融合深度发展涉及国家“十三五”期间统筹经济建设和国防建设多个领域。推进基础领域资源共享、加强军民科技统筹、拓展军队人才培养渠道、加强社会服务统筹、强化应急和公共安全的军地统筹、统筹海洋开发和海上维权、统筹对外开放和履行国际责任等都是国防科技工业经济建设和国防建设融合深度发展的重要内容。特别是，在产业发展统筹方面，国防科技工业通过发展军民结合产业，可以带动对国民经济具有较强牵引力的战略性新兴产业和民用高端产业；在科技创新统筹方面，国防科技工业可以充分利用国家工业基础，吸纳社会优质科技资源，服务武器装备发展，同时发挥国防科技在国家经济社会发展中的牵引和辐射作用，促进和带动国家科技发展；在基础领域统筹方面，通过武器装备科研生产积极采用民用标准，推动军民重大基础设施统筹建设和开放共享；在信息资源统筹方面，通过推动军品科研任务信息面向民口单位发布，以及围绕军用技术转化的相关信息共享，可以有效降低军民信息壁垒，促进民口资源进入武器装备科研生产领域。

5. 国防科技工业关注度高、实践丰富，是经济建设和国防建设融合深度发展最重要的突破口

国防科技工业经济建设和国防建设融合程度作为经济建设和国防建设融合深度发展的重要标志，其发展经验可以为其他领域推动经济建设和国防建设融合深度发展提供借鉴，是实现我国经济建设和国防建设深度融合的重要突破口。近年来，国防科技工业经济建设和国防建设融合发展取得了丰硕的成果。一系列政策措施陆续出台，统筹谋划和宏观指导不断加强，经济建设和国防建设融合深度发展环境逐步优化，军工行业实现了从单一军品结构向军民复合型结构的战略转移，国防工业企业公司的效益不断增加，国防科技成果转化步伐加快，军民结合产业呈现快速发展的态势，国防工业经济与地方经济的融合程度不断提高，行业壁垒也在逐步打破，军工企业和科研院所改革稳步推进，民参军的范围也在不断拓展，层次也在逐步提升，积累了丰富的实践经历和宝贵经验，为全面实现经济建设和国防建设融合深度发展奠定了坚实的基础。

三、经济建设和国防建设融合深度发展对国防科技工业提出的新要求

（一）建设中国特色先进国防科技工业体系是落实经济建设和国防建设融合发展战略的重中之重

中共中央、国务院、中央军委印发的《关于经济建设和国防建设融合发展的意见》（中发〔2016〕12 号文）明确将“建设中国特色先进国防科技工业体系”作为落实经济建设和国防建设融合国家战略的重要任务。国防科技工业肩负着富国和强军的双重使命，是国家高端制造业和尖端科学技术产业，是国家安全与国防建设的物质和技术基础，是国家推进经济建设和国防建设融合深度发展最重要的领域。经济建设和国防建设融合是现阶段国防科技工业发展改革的战略方向。

（二）实现国防科技工业经济建设和国防建设融合深度发展需要坚持把军事创新纳入国家创新体系

习近平总书记指出，要坚定不移走经济建设和国防建设融合式创新之路，在更广范围、更高层次、更深程度上把军事创新体系纳入国家创新体系之中，实现两个体系相互兼容同步发展，使军事创新得到强力支持和持续推动。2014 年 12 月在全军装备工作会议上，习近平总书记又明确指出，要扎实推动国防科技和装

备领域经济建设和国防建设融合深度发展；要坚持人才队伍建设优先，放开视野选人才、不拘一格用人才，把国防科技和装备领域打造成国家创新人才的高地、人才成长兴业的沃土，形成各类人才创造活力竞相迸发的生动局面。

（三）准确把握国防科技工业发展四大主体的地位和作用

推进国防科技工业经济建设和国防建设融合深度发展，涉及政府、军队、军工企业及民口企业等多类行为主体，在社会主义市场经济条件下，要在党的领导和国家主导下，明晰各类主体的职责定位，充分激发各方的积极性。

1. 军队的需求牵引作用

军队的需求对国防科技工业的发展具有巨大的牵引作用。在需求生成阶段，军队应着眼于战争形态新变化和武器装备发展新趋势，在确保型号需求的前提下，提出具有前瞻性、颠覆性、引领性的技术需求；应结合国家工业的优势力量和新兴领域的新生力量，提出能够形成非对称竞争优势的技术需求，不停留在跟踪模仿。在需求发布阶段，军队应着力推动信息的分级分类，促进需求信息的公开透明。

2. 政府的统筹管理作用

国防科技工业关乎国家安全，在建设中国特色国防科技工业中要发挥政府的主导作用，集中体现在：一是政府要通过战略规划、产业政策等手段主导国防科技工业的重大资源配置；二是政府要通过绝对控股、设置门槛、立法保护等方式把控军工核心能力，确保国防科研生产能力的安全有序可控；三是政府要善于运用行政手段，兼顾公平效率，推动国防科技工业管理体制的优化；四是政府要在市场失灵的领域主动作为，保障国防科技工业的健康发展，比如国防基础科研领域研发周期长、投资大、风险高、见效慢，市场机制无法发挥作用，必须要加大政府投入以形成持续稳定的支持。

3. 军工企业的核心骨干作用

军工企业是国防科技工业的核心力量，是确保国家安全的支柱力量，是为国防建设提供现代化武器装备的“正规军”。建设中国特色先进国防科技工业，必须毫不动摇地发挥军工企业的骨干作用，建立以军工企业为主体的平战转换、军地互动、军民协同的武器装备科研生产体系。具体表现在：一是军工企业要实现对总体总成、关键系统等领域科研生产的控制力，利用雄厚的资源优势，保障军工核心能力建设；二是军工企业要充分发挥溢出效应，带动引领相关民用领域的产业升级。

4. 民口企业的重要支撑作用

民口企业(包括民营企业)是国防科研生产能力的有生力量,是国防现代化建设的强大“民兵”。建设中国特色先进国防科技工业,必须毫不动摇地发挥优势民口企业的支撑作用,形成更经济、更有效、可持续的武器装备科研生产体系。具体表现在:在一般分系统、配套产品、货架式产品等领域,以及网信等民口技术升级换代更为迅速的领域,通过政府营造公平竞争的政策环境,充分发挥市场竞争机制,将拥有一定实力的民口企业依法有序纳入国防建设体系。

(四)坚持深化改革是实现国防科技工业经济建设和国防建设融合深度发展的必由之路

2014 年 3 月,习近平总书记在会见解放军代表团时指出,融合的领域和范围需要进一步拓展,制约经济建设和国防建设融合发展的思想观念、体制障碍、利益藩篱依然存在。我国经济建设和国防建设融合发展刚进入由初步融合向深度融合的过渡阶段,还存在思想观念跟不上、顶层统筹统管体制缺乏、政策法规和运行机制滞后、工作执行力度不够等问题。要强化改革创新,着力解决制约经济建设和国防建设融合发展的体制性障碍、结构性矛盾、政策性问题,努力形成统一领导、军地协调、顺畅高效的组织管理体系,国家主导、需求牵引、市场运作相统一的工作运行体系,系统完备、衔接配套、有效激励的政策制度体系。

第四章
典型国家国防工业经济发展现状

第一节　典型国家国防工业企业的主要类型

一、按武器装备科研生产专业划分

按从事武器装备科研生产的业务范围划分，国外国防工业企业可以分为综合型和专业型两大类。综合型国防工业企业是指从事两种或两种类型以上武器装备科研生产专业领域（核、航天、航空、船舶、兵器、电子等），且这些领域的收入相差不悬殊的军工企业，典型企业有美国的洛克希德·马丁公司、波音公司、通用动力公司、雷声公司以及诺斯罗普·格鲁曼公司，以及英国航空航天公司（BAE 系统公司）和意大利的芬梅卡尼卡公司等。专业型国防工业企业是在某类武器装备或系统和设备科研生产领域的防务收入占比很大的国防工业企业，如美国的通用电气公司、英国的罗尔斯·罗伊斯公司等都是典型的军用发动机企业，法国舰船制造局和意大利造船金融集团都是专业舰船建造企业。

二、按军民品收入比例划分

按军民品收入比例，国防工业企业又可以分为以军为主型的国防工业企业、以民为主型的国防工业企业和军民并重型的国防工业企业三种。本书将防务收入占总收入的比例超过 60%（含 60%）的企业定义为以军为主型的国防工业企业，将防务收入占总收入的比例小于 40%（不含 40%）的企业定义为以民为主型的国防工业企业，而其他企业则定义为军民并重型的国防工业企业。以军为主型的国防工业企业以美国的洛克希德·马丁、诺斯罗普·格鲁曼、通用动力、雷声

公司和英国航空航天公司(BAE 系统公司)为主要代表。以民为主型的国防工业企业以美国的通用电气公司、英国的罗尔斯·罗伊斯公司和法国的赛峰集团为主要代表。军民并重型的国防工业企业以兼并麦道后的美国波音公司、意大利的芬梅卡尼卡公司以及德国的莱茵金属公司为主要代表。

目前,以军为主型的特大型国防工业企业成为美国国防工业的中坚力量。除波音公司外,洛克希德·马丁公司、诺斯罗普·格鲁曼公司、雷声公司和通用动力公司的国防收入业务都占据了集团公司总收入的80%以上。其中,洛克希德·马丁、诺斯罗普·格鲁曼和雷声三家公司的国防收入比例都超过了90%,成为名副其实的军火制造商。

大型综合类国防工业企业产生于20世纪90年代中叶。冷战结束以后,面对国防开支的下降和军品订单的锐减,如何解决军工产业产能过剩的问题成为美欧等军事强国面临的重大挑战。是整合军工资源继续大力发展军工产业还是大力开辟民用领域市场实现军民多元化经营,军工企业发展走到了一个十字路口。

后来的发展表明,这两种方式都有其合理的一面。而美国的军工企业也是常常将两种经营模式结合起来使用。其中,以洛克希德·马丁公司为代表的军工企业更加注重第一种模式,进而形成综合型的国防工业企业;而以波音公司为代表的军工企业则选择了第二种模式,成为军民并重型的国防工业企业。

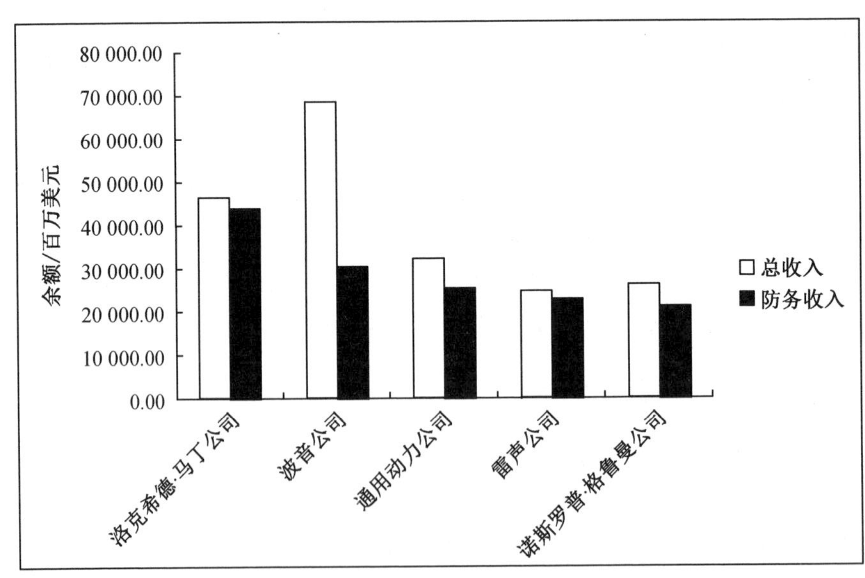

图 4.1　2011 年美国五大军工企业集团军品业务与民品业务的比重

表 4.1 2011 年美国五大军工企业集团军品业务与民品业务的比重

企业名称	总收入/百万美元	国防收入/百万美元	国防收入占总收入的比重/%
洛克希德·马丁公司	46 499	43 988	94.6
波音公司	68 735	30 724	44.7
通用动力公司	32 677	25 520	78.1
雷声公司	24 791	23 055	93.0
诺斯罗普·格鲁曼公司	26 400	21 410	81.1

三、按厂商层次划分

按厂商层次划分，国防工业企业可以分为系统主承包型国防工业企业、分系统承包型的国防工业企业，以及提供原材料和零部件的国防工业企业三种。在美国，综合型的国防工业企业如洛克希德·马丁、波音、诺斯罗普·格鲁曼、通用动力和雷声公司都属于系统主承包型国防工业企业。通用电气等以民为主的国防工业企业属于分系统承包型的国防工业企业。数量众多的中小军工企业则大多属于提供原材料和零部件的军工企业。

表 4.2 2011 年百强军工企业的类型

排名	公司名称	国籍/地区	按专业划分	按军民品收入比例划分
1	洛克希德·马丁公司	美国	综合型	以军为主型
2	波音公司	美国	综合型	军民并重型
3	BAE 系统公司	英国	综合型	以军为主型
4	通用动力公司	美国	综合型	以军为主型
5	雷声公司	美国	综合型	以军为主型
6	诺斯罗普·格鲁曼公司	美国	综合型	以军为主型
7	欧洲宇航防务集团	欧洲	综合型	以民为主型
8	芬梅卡尼卡公司	意大利	综合型	军民并重型
9	L-3 通信公司	美国	综合型	以军为主型
10	联合技术公司	美国	综合型	以民为主型
11	泰勒斯公司	法国	综合型	军民并重型
12	国际科学应用公司	美国	综合型	以军为主型
13	亨廷顿英戈尔斯公司	美国	综合型	以军为主型

表 4.2(续)

排名	公司名称	国籍	按专业划分	按军民品收入比例划分
14	霍尼韦尔公司	美国	综合型	以民为主型
15	布兹·阿伦·汉米尔顿公司	美国	专业型	以军为主型
16	罗尔斯·罗伊斯公司	英国	专业型	以民为主型
17	计算机科学公司	美国	专业型	以民为主型
18	奥什科什卡车公司	美国	专业型	军民并重型
19	达信公司	美国	专业型	军民并重型
20	通用电气公司	美国	专业型	以民为主型
21	ITT 工业公司	美国	专业型	以军为主型
22	法国舰船制造局	法国	综合型	以军为主型
23	三菱重工	日本	专业型	以民为主型
24	优斯公司	美国	专业型	军民并重型
25	阿尔玛兹·安泰公司	俄罗斯	综合型	以军为主型
26	赛峰公司	法国	综合型	以民为主型
27	萨博集团	瑞典	综合型	以军为主型
28	艾莲特技术系统公司	美国	专业型	以军为主型
29	哈里斯公司	美国	综合型	军民并重型
30	莱茵金属集团公司	德国	综合型	军民并重型
31	CACI 国际公司	美国	综合型	以军为主型
32	巴布考克国际集团	英国	综合型	军民并重型
33	罗克韦尔·科林斯公司	美国	综合型	军民并重型
34	德阳集团	美国	综合型	以军为主型
35	美泰科技国际公司	美国	综合型	以军为主型
36	印度斯坦航空公司	印度	专业型	以军为主型
37	福陆公司	美国	专业型	以民为主型
38	埃尔比特系统公司	以色列	综合型	以军为主型
39	俄罗斯直升机公司	俄罗斯	专业型	以军为主型
40	川崎重工业株式会社	日本	专业型	以民为主型
41	以色列飞机工业集团	以色列	综合型	以军为主型
42	俄罗斯航空公司	俄罗斯	综合型	以军为主型
43	古德里奇公司	美国	专业型	以民为主型

表 4.2(续)

排名	公司名称	国籍	按专业划分	按军民品收入比例划分
44	贝克特尔集团	美国	专业型	以民为主型
45	惠普公司	美国	专业型	以民为主型
46	通用原子技术公司	美国	—	—
47	纳维斯达公司	美国	专业型	以民为主型
48	拉斐尔先进防务系统公司	以色列	专业型	以军为主型
49	新加坡技术工程公司	新加坡	综合型	军民并重型
50	信佳集团	英国	专业型	以民为主型
51	柯比汉公司	英国	综合型	军民并重型
52	奎奈蒂克公司	英国	专业型	军民并重型
53	康斯伯防卫航空公司	挪威	专业型	军民并重型
54	三菱电机集团	日本	专业型	以民为主型
55	NEC	日本	专业型	以民为主型
56	GKN 集团	英国	专业型	军民并重型
57	克劳斯·玛菲·威格曼公司	德国	专业型	以军为主型
58	俄罗斯伊尔库茨克公司	俄罗斯	专业型	以军为主型
59	俄罗斯发动机制造公司	俄罗斯	专业型	军民并重型
60	达索公司	法国	专业型	以民为主型
61	奈克斯特公司	法国	专业型	以军为主型
62	查尔瑞曼公司	英国	专业型	以军为主型
63	三星集团	韩国	专业型	军民并重型
64	意大利造船金融集团	意大利	综合型	军民并重型
65	雅格宾工程公司	美国	专业型	以民为主型
66	AAR 国际公司	美国	综合型	军民并重型
67	超级电子公司	英国	专业型	以军为主型
68	迪尔—斯蒂芬公司	德国	专业型	以民为主型
69	巴拉特电子公司	印度	专业型	以军为主型
70	美捷特公司	英国	专业型	军民并重型
71	CAE 公司	加拿大	专业型	军民并重型
72	韩国航空航天工业公司	韩国	专业型	以军为主型
73	库比克公司	美国	专业型	军民并重型

表 4. 2(续)

排名	公司名称	国籍	按专业划分	按军民品收入比例划分
74	巴西航空工业公司	巴西	专业型	以民为主型
75	穆格公司	巴西	专业型	军民并重型
76	Aselsan 公司	土耳其	专业型	以军为主型
77	鲁格公司	瑞士	专业型	军民并重型
78	保尔公司	美国	专业型	以军为主型
79	LIG Nex1 公司	韩国	专业型	以军为主型
80	柯蒂斯·莱特公司	美国	专业型	军民并重型
81	帕特里亚公司	芬兰	专业型	以军为主型
82	埃森哲公司	爱尔兰	专业型	以民为主型
83	土耳其航宇工业公司	土耳其	专业型	以军为主型
84	安良科技公司	美国	专业型	以军为主型
85	博泰尔公司	美国	专业型	以民为主型
86	胡佛斯有限公司	美国	专业型	以军为主型
87	RTI 集团	俄罗斯	专业型	军民并重型
88	FLIR 公司	美国	专业型	军民并重型
89	Indra 防御电子公司	西班牙	专业型	以民为主型
90	俄罗斯米格飞机公司	俄罗斯	专业型	以军为主型
91	泰里达因技术公司	美国	专业型	军民并重型
92	富士通公司	日本	专业型	以民为主型
93	东芝株式会社	日本	专业型	以民为主型
94	SRA 国际公司	美国	专业型	军民并重型
95	纳莫公司	挪威	专业型	以军为主型
96	SRC 公司	美国	专业型	以军为主型
97	ARINC 公司	美国	专业型	军民并重型
98	鲍尔航空航天和技术公司	美国	专业型	军民并重型
99	戴一齐默曼公司	美国	专业型	以民为主型
100	以色列军事工业公司	以色列	综合型	以军为主型

第二节 典型国家国防工业经济发展规模

一、国防工业经济的构成

根据第一章对国防工业经济的定义,结合我国对国防工业经济统计口径的实际,本书认为国防工业经济是指国防工业企业在一定时期内(通常为一年)的总产值。由于国防工业企业的总产值主要由两大部分——军用产业产值和民用产业产值构成,所以国防工业经济也就由军用产业和民用产业构成。

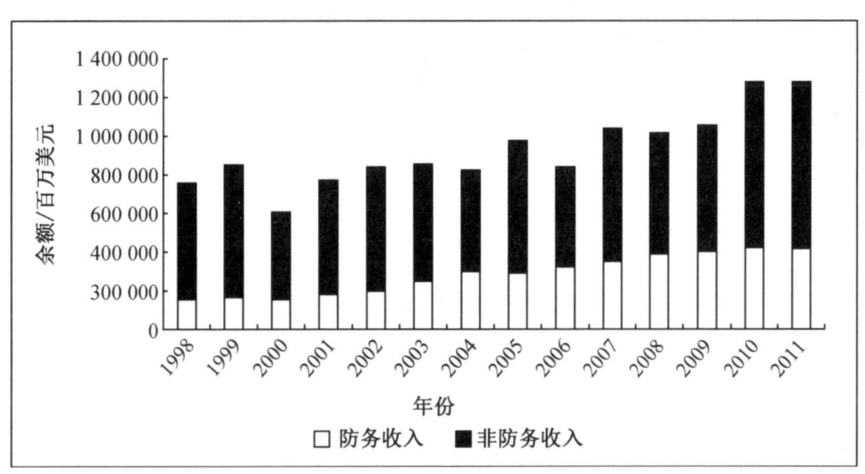

图 4.2 1998—2011 年百强军工企业经济规模

二、典型国家国防工业企业军用产业规模

(一)总体概况

在美欧等典型国家,国防工业企业军用产业的规模主要是由本国政府订单和外国政府订单构成。因而,即使是在市场经济十分发达的美国和西欧诸国,国防工业企业的军品产业和军品市场的规模与其他产业和市场相比,仍然相对较小,而且受国家国防政策和国防预算的影响较大。以军用产业规模最大的洛克希德·马丁公司为例,其总收入在世界五百强的排名始终排在民用产业规模十分庞大的通用电气、惠普和波音等公司之后。

在2011年世界五百强中，有19家企业同时又是2011年百强军工企业。在这19家企业中，仅有洛克希德·马丁、通用动力、BAE系统和诺斯罗普·格鲁曼是以军用产业为主的企业，而其余15家企业的军用产业规模都相对较小。

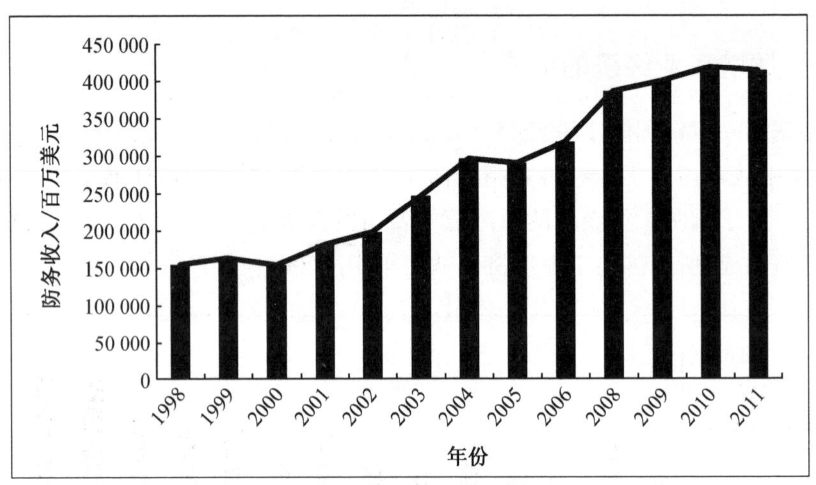

图4.3　1998—2011年世界百强军工企业军用产业规模变化趋势

表4.3　2011年世界五百强中的军工企业

公司名称	五百强排名	百强排名	总规模/百万美元	防务收入规模/百万美元	军品比重/%
通用电气公司	22	20	147300.0	4100	2.8
惠普公司	31	45	127200.0	2235.9	1.8
东芝株式会社	97	93	76253.8	630	0.8
波音公司	123	2	68735.0	30700	44.7
EADS公司	125	7	68386.2	16092.9	23.5
联合技术公司	163	10	55800.0	11000	19.7
富士通公司	166	92	55843.8	661.3	1.2
洛克希德·马丁公司	211	1	46499.0	43978	94.6
三菱电机集团	214	54	45492.5	1441.3	3.2
日本电气公司	271	55	37960.0	1438.8	3.8
霍尼韦尔公司	284	14	36500.0	5300.0	14.5
三菱重工	299	23	35261.3	3610.0	10.2
通用动力公司	339	4	32677.0	25506.0	78.1
BAE系统公司	386	3	30723.0	29130.2	94.8

表 4.3(续)

公司名称	五百强排名	百强排名	总规模/百万美元	防务收入规模/百万美元	军品比重/%
诺·格公司	395	6	26400.0	21400.0	81.1
埃森哲公司	405	82	25500.0	758.0	3
雷声公司	442	5	24791.0	23055.6	93
芬梅卡尼卡公司	443	8	24106.8	14584.6	60.5
福陆公司	475	37	23381.4	2735.5	11.7

(二)典型企业

美欧等典型国家以军为主的军工企业通常是经历过重大重组改制,这些企业往往承担了该国主要的军工生产任务,享受了大量政府订单合同。然而,以军为主的军工企业经常会面临着政府订单合同的不利变化。事实上,美国防务市场上的龙头企业,如洛克希德·马丁公司、诺斯罗普·格鲁曼公司、波音公司、通用动力公司和雷声公司都已经历了数轮的裁员、买断,而且还采取了其他降低成本和简化工作流程的措施来应对日益过剩的军工生产能力和相对不足的国防订单。

表 4.4 2011 年美国防务合同承包商 20 强名单

排名	公司名称	排名	公司名称
1	洛克希德·马丁公司	11	博思艾伦公司
2	诺斯罗普·格鲁曼公司	12	CACI 国际公司
3	波音公司	13	哈里斯公司
4	通用动力公司	14	计算机科学公司
5	雷声公司	15	ITT 公司
6	KBR 集团	16	福禄公司
7	L-3 通信公司	17	BAE 系统(英国)公司
8	国际科学应用公司	18	戴尔公司
9	DynCorp 国际公司	19	Mantech 公司
10	惠普公司	20	联合技术公司

洛克希德·马丁公司自 20 世纪 90 年代末以来,长期稳居世界第一军火制造

商的宝座。然而其在总收入方面却始终无法超越通用电气、惠普和波音等防务收入不及自己的公司。

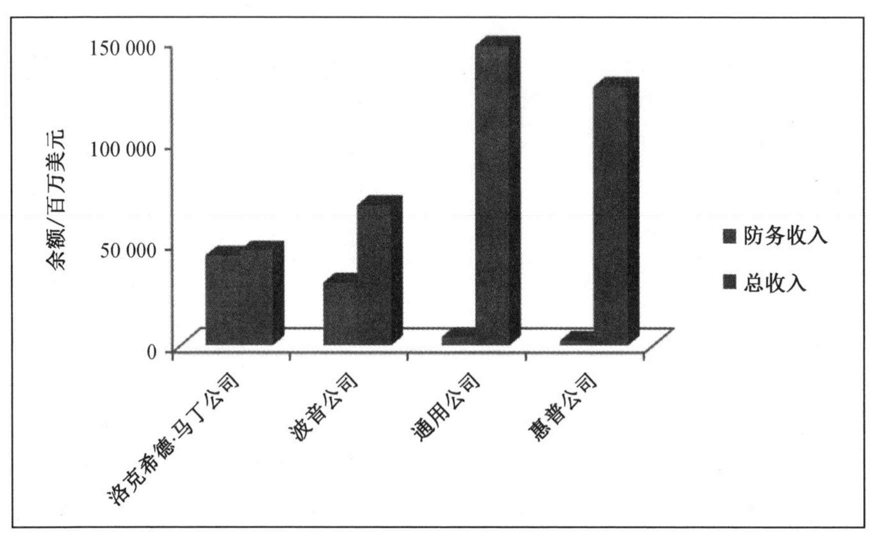

图 4.4　2011 年部分美国军工企业防务收入与总收入关系图

同样在欧洲,英国 BAE 系统公司和法国舰船制造局都是西欧著名的国防工业企业,这两家公司的防务收入比例与欧洲其他军工企业相比都要高。然而,英国 BAE 系统公司的总收入则低于防务收入少于它们的欧洲宇航防务集团,法国舰船制造局总收入则低于意大利芬梅卡尼卡公司。

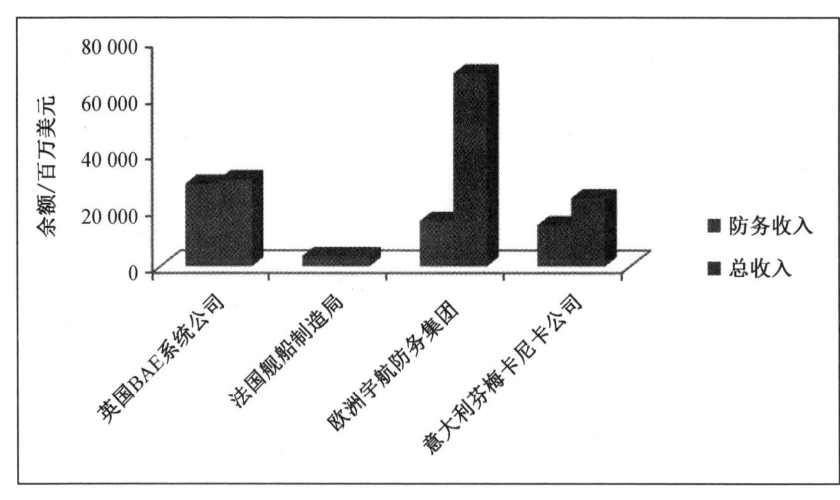

图 4.5　2011 年部分欧洲军工企业防务收入与总收入关系图

三、典型国家国防工业企业民用产业规模

(一)总体概况

从总体上看,百强军工企业的经济总规模中,民用产业规模始终大于军用产业规模。民用产业规模是百强军工企业经济总规模的主要贡献部分。同时也可以看到,百强军工企业经济总量的变动主要取决于其民用产业规模,而其军用产业规模则相对平缓。对于一个国防工业企业来说,军用业务的市场容量是有限的,而民用产业和民用市场则是做大做强军工企业经济规模的关键。

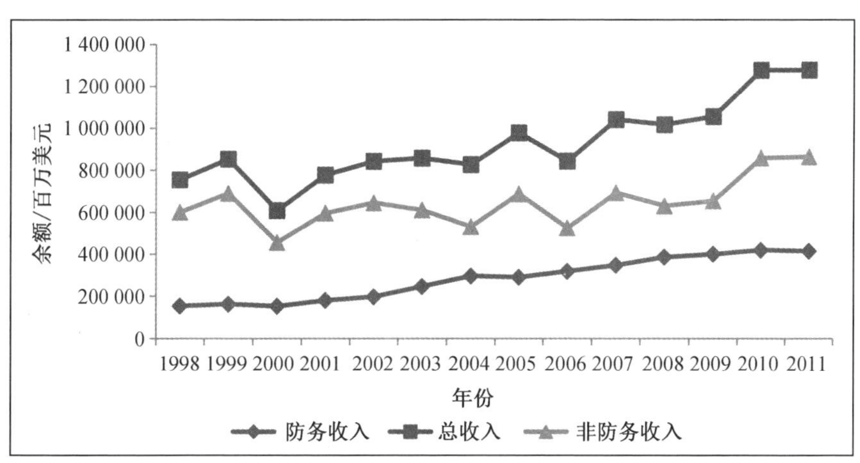

图 4.6　1998—2011 年世界百强军工企业民用产业规模变化趋势

(二)典型企业

在世界百强军工企业排名中有很多世界五百强企业,其中通用电气公司、惠普公司、波音公司、欧洲宇航防务集团以及联合技术公司都是在五百强排名中十分靠前的企业。而这些企业最大的特点就是民用产业规模十分巨大。

排名世界五百强第 22 位的通用电气公司,其防务收入长期保持在其总收入的 5% 以下。通用电气公司的防务业务主要集中在其航空动力领域,然而就是在这个领域,通用动力公司的民品业务也达到了 80% 以上。排名世界五百强第 31 位的惠普公司,其防务收入长期保持在其总收入的 5% 以下。

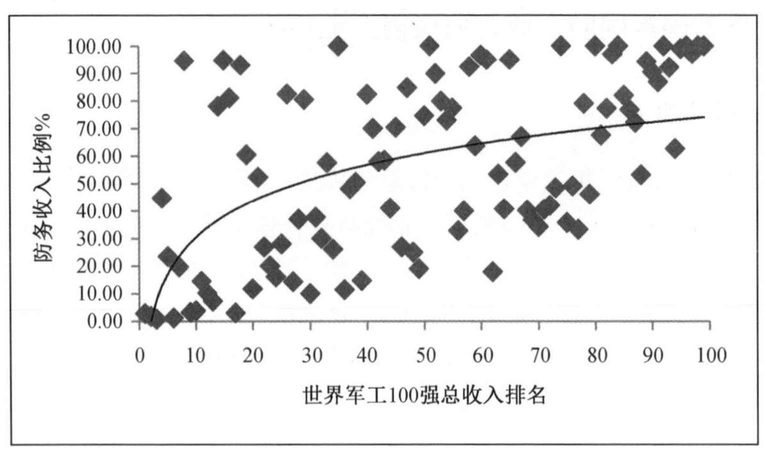

图 4.7　百强军工防务收入比例与总收入之间的关系

第三节　典型国家国防工业经济结构

一、国防工业经济结构

通过国防工业经济的定义,我们可以得出国防工业经济结构主要是指国防工业企业的军民结构、行业结构和产业结构。军民结构是指军工企业集团军用产业和民用产业规模的比例。行业结构是指军工企业集团军用产业内部各军工行业规模的比例。产业结构是指军工企业集团民用产业中国防相关产业和国防不相关产业规模的比例。

二、典型国家国防工业经济军民结构

(一)总体概况

如前文所述,不同的军民结构将军工企业划分为以军为主、以民为主和军民并重三种类型。

2011 年世界百强军工企业中,以军为主型的国防工业企业一共有 42 家,防务收入共计 253 823.90 百万美元。以民为主型的国防工业企业一共有 26 家,防务收入共计 86 202.10 百万美元。军民并重型的国防工业企业一共有 32 家,防务收入共计 84 053.80 百万美元。

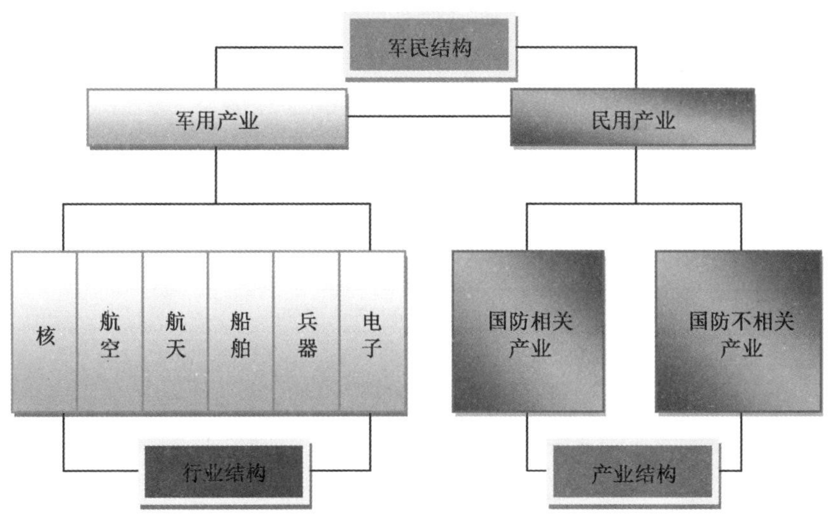

图 4.8　国防工业经济结构示意图

表 4.5　2011 年世界百强军工企业中三类国防工业企业

	个数	防务总收入/百万美元	总收入/百万美元	比重/%
以军为主型国防工业企业	42	253 823. 90	299 569. 50	84. 7
以民为主型国防工业企业	26	86 202. 10	896 372. 90	28. 8
军民并重型国防工业企业	32	84 053. 80	169 521. 70	49. 6

从国别来看，上榜的美国军工企业共有 45 家，防务收入达到 261 115 百万美元。其中以军为主型的国防工业企业一共有 17 家，防务收入共计 165 046. 7 百万美元，占这些企业总收入的 85. 73%。以民为主型的国防工业企业一共有 11 家，防务收入共计 36 514. 2 百万美元，占这些企业总收入的 7. 73%。军民并重型的国防工业企业一共有 17 家，防务收入共计 57 519. 4 百万美元，占这些企业总收入的 44. 08%。

上榜的欧洲（含土耳其，俄罗斯除外）军工企业共有 30 家。其中以军为主型的国防工业企业一共有 10 家，防务收入共计 43 578. 1 百万美元，占这些企业总收入的 94. 67%。以民为主型的国防工业企业一共有 8 家，防务收入共计 29 604. 9 百万美元，占这些企业总收入的 20. 13%。军民并重型的国防工业企业一共有 12 家，防务收入共计 39 072. 4 百万美元，占这些企业总收入的 54. 69%。

从发展趋势来看，从 2002 年到 2011 年，以军为主型的国防工业企业始终是

数量最多的一类军工企业，而以民为主型和军民并重性军工企业的比例则大致相当。

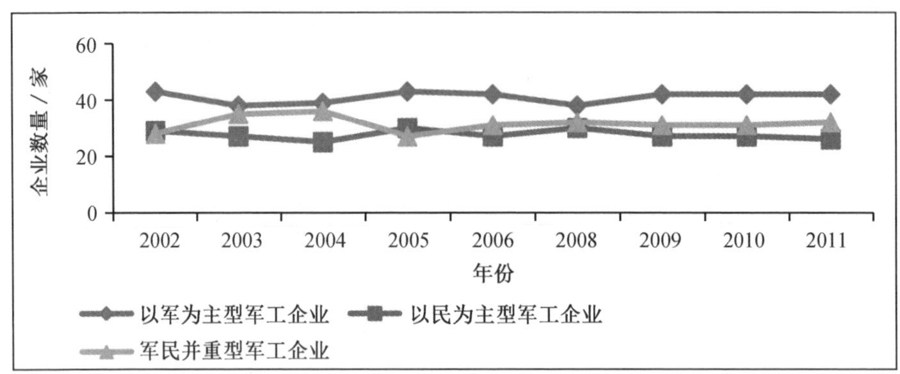

图 4.9　百强军工企业军民结构的分布变化

（二）典型企业

美国的洛克希德·马丁、诺斯罗普·格鲁曼、通用动力、雷声公司，英国的 BAE 系统公司以及法国的舰船制造局每年的防务收入都会达到其总收入的 70% 以上，这些企业都是典型的以军为主型的国防工业企业。

美国的通用电气、惠普、联合技术、霍尼韦尔公司，法国赛峰集团以及荷兰欧洲航空防务与航天集团每年的防务收入都不到 30%（图 4. 10、图 4. 11），这些企业都是典型的以民为主型的国防工业企业。

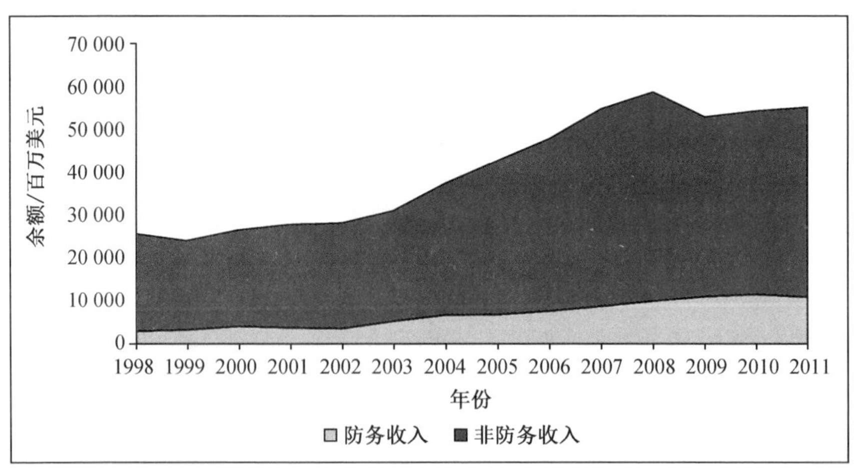

图 4. 10　1998—2011 年联合技术公司军民比例变化趋势

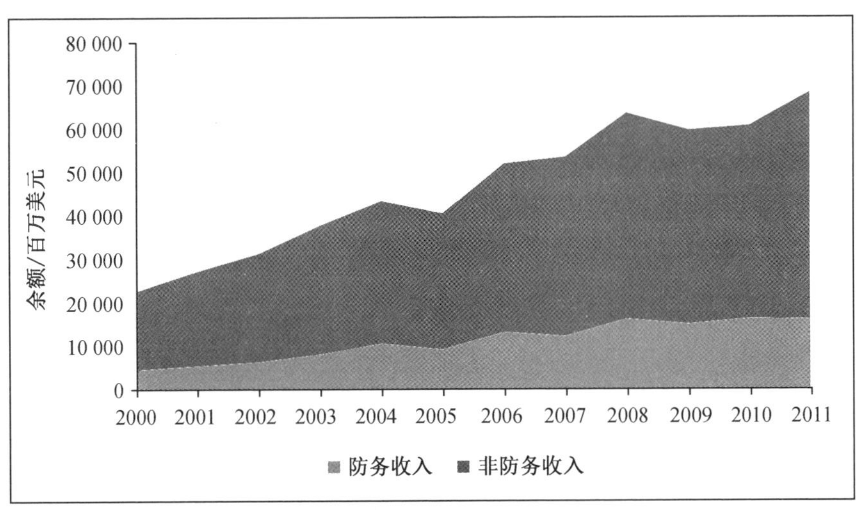

图 4.11　2000—2011 年欧洲航空防务与航天集团军民比例变化趋势

美国的波音公司、意大利的芬梅卡尼卡公司、法国的泰勒斯公司和德国的莱茵金属集团公司每年的防务收入都占其总收入的 50% 左右，这些企业都是典型的军民并重型的国防工业企业（如下表 4.6）。

表 4.6　不同军民结构的典型企业

	典型国防工业企业	
	美国	欧洲
以军为主型的国防工业企业	洛克希德·马丁公司 诺斯罗普·格鲁曼公司 通用动力公司 雷声公司	英国 BAE 系统公司 法国舰船制造局
以民为主型的国防工业企业	通用电气公司 惠普公司 联合技术公司 霍尼韦尔公司	英国罗尔斯·罗伊斯公司 法国赛峰集团 荷兰欧洲航空防务与航天集团
军民并重型的国防工业企业	波音公司	法国泰勒斯公司 德国莱茵金属集团公司 意大利芬梅卡尼卡公司

很多美欧骨干军工企业的国防收入超过民用市场上的收入，其中美国 45 家

入榜2010年度《防务新闻》国防工业百强企业的公司中,20家国防收入达到或超过50%;欧洲25家入榜公司中,12家国防收入达到或超过50%。尤其是作为世界排名前六位的美国洛马、波音、诺格、通用动力、雷声公司和英国的BAE系统公司中,除波音公司因拥有民机业务,军品收入比例较低(约50%)外,其余5家军工巨头几乎是“纯军”。还有,军用平台、大系统巨头“纯军”特点明显;而动力等配套公司(如美国的通用电气和英国的罗罗公司)亦军亦民的特点明显。此外,美欧国防工业在军工关键供应链上的一批企业正在被大公司不断收购,使得分系统乃至基础产品层面上的竞争态势削弱。

美国国防工业界的大型企业几乎都采取了多元化发展的思路,多数企业不仅涉足多个军用领域而且充分利用军用技术向民用技术转移,发展相关民品。例如,全球十大防务承包商中的波音公司、TRW公司和联合技术公司的民品销售比例都超过了50%;分属诺斯罗普·格鲁曼公司和通用动力公司的六大造船厂虽然以海军舰船为主要业务,但有很高的民船建造能力和水平。作为分系统供应商和零部件供应商的大多数企业更是不专门服务于军品领域。例如,通用电气公司和普惠(其母公司为美国联合技术公司)公司既是军用发动机的供货商,又是民用飞机发动机的供货商;罗克韦尔公司更是世界民用电子产品市场的主要供应商。鉴于在计算机、通信等领域,民用产品比军用产品的技术更先进,美国国防部正试图通过采办改革,以更快的速度将现成民用技术引入武器系统。

由此可见,美国的国防工业虽然以众多规模不等的各层次供应商为支撑,但并不存在明确的行业界限。大多数企业既面向军用市场也面向民用市场,各类配套企业更是采取社会化发展模式,不局限于向军品领域的系统集成商供货,更没有直接的隶属关系。从另一方面看,由于美国工业界整体制造技术和管理水平较高,因而以民品为主的各类配套企业具备在战时迅速转产的能力。可以说,美国已经形成了高水平、反应灵活的军民结合、寓军于民的国防工业体制。

三、典型国家国防工业经济行业结构

(一)总体概况

当前,美欧等国国防工业企业军用产业内部的行业布局主要特征表现为顶级供应商中传统的国防工业行业界线正逐渐模糊。

二战后逐渐建立起来的世界各国国防工业基础的基本结构是“行业”式构形,在政府管理、研发采办活动、公司业务与运行等方面,都呈现出核、航空、航天、船舶、兵器、电子等行业的不同特色。这是由于各军兵种的作战空间和作战功能不同,因而作战能力与相应装备需求按军兵种设定的必然结果。

美国已经开始围绕联合作战能力建设,从“按军兵种需求”转变为“按联合作战需求”来规划和发展未来能力。这种转变必然会使国防工业各行业的界线逐渐变得模糊。美国通过20世纪90年代以来的调整改革,形成一批顶级国防工业公司,这些本来最应该具有行业特征的平台与系统集成商,都已变成面向多个军兵种需求、横跨多个工业领域,提供平台、系统、武器的装备和服务的国防工业实体。这些综合性防务公司形成的最初动因是国防工业基础的缩减,随着美国国防部《国防工业基础转型路线图》所提出的彻底打破以平台为中心的行业划分思路的出台,国防工业的转变成了顺应未来联合作战能力建设需求的一种自觉行为。

在欧洲,英国主战装备主包能力完全集中在BAE系统公司一家手中,军用核动力和常规主动力的研制生产完全由本国的罗罗公司独霸;法国和意大利的舰船装备也是分别由本国的DCNS公司和造船金融集团独自承担;法国的泰勒斯公司在欧盟范围内的军用电子系统市场一家独大。芬梅卡尼卡公司也基本涵盖了大多数意大利军工生产能力。

(二)典型企业

1.洛克希德·马丁公司

以航空起家的洛克希德·马丁公司从2002年开始便开始大规模进军航空制造领域外的军工科研生产领域。2002年,洛克希德·马丁公司并购OAO公司,开始进入国防信息技术领域。2003年并购ACS公司,扩大公司在信息技术领域的实力。同年,又收购Orincon公司,增强了其在C4ISR(指挥、控制、通信、计算机与情报、监视、侦查)领域的业务能力与发展机会。2005年并购英国STASYS公司和INSYS公司,从而进入军事网络通信技术业务领域。2006年并购Coherent公司和Savi Technology公司,又将其业务领域扩展到激光制导和红外识别领域。2012年,并购QTC股份公司,洛克希德·马丁公司的国防业务领域开始进入战场医疗领域。在多元化战略的指导下,洛克希德·马丁公司已经发展成为集航空、航天、电子为一体的世界第一大国防工业企业。

欧盟国防工业重组的结果是在政府力量以及市场力量的双重推动下,诞生了BAE系统公司、EADS公司、泰勒斯公司等一批跨国甚至跨洲的泛欧综合性大型防务公司,这些大型防务公司的专业领域跨航空、航天、船舶、兵器、军工电子等几乎除核以外的所有行业,形成了垄断欧洲国防工业市场的“巨无霸”,跨行业并购层出不穷,完全打破了固有的行业界限。

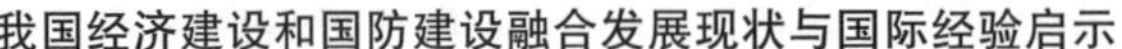

洛克希德·马丁公司航空系统公司
由三家公司组成，主要业务是飞机的设计、生产、改型和支持。公司的产品在美国和其他许多国家的防务中发挥着重要角色，在产业层形成技术、研发与运营的一体化。

洛克希德·马丁公司空间系统公司
由六家公司组成，主要从事航天发射；军民用卫星的设计、研制和和产；国际空间站建设；空间设备研制；战略导弹、防务系统的集成等。在产业层内部既有军品也有民品，典型的军民同源，强调专业化的能力。

洛克希德·马丁公司
业务管理

洛克希德·马丁公司系统集成公司
由十三家公司组成，主要从事各种系统的测试、集成与开发，包括空中交通管制系统、武器火控系统，以及军民用、机载、水上、水下和地面用防务算机系统等；在某些产业部门内部，专业化与区域化并存。

洛克希德·马丁公司技术服务部
属于洛克希德·马丁公司的技术支持及售后服务部门，主要从事技术支持研究和公司产品的售后技术支持与维护，在集团层面存在协同与支持的核心部门。

图 4.12　洛克希德·马丁公司的综合军工业务示意图

2. BAE 系统公司

1999 年 1 月，英国航空航天公司收购马可尼电子系统公司，新的公司更名为 BAE 系统公司。经过不断的并购，目前 BAE 系统公司主要从事航空、航天、船舶、兵器、军工电子等业务，涵盖了除核以外的几乎所有国防工业部门。作为海、陆、空武器系统的主要承包商和系统集成商。按照国防收入统计，BAE 系统公司已发展成为横跨欧美多个国家、欧洲最大的国防承包商，总收入超过 150 亿英镑。

近年来，BAE 系统公司将发展地面武器系统业务作为公司的主要战略，在这一思想的指导下，在欧洲地区进行了规模空前的兼并收购活动。BAE 系统公司地面武器业务范围涵盖了瑞典博福斯公司、英国皇家防务军械公司、英国阿尔维斯公司、瑞典赫格隆茨公司等多家大企业的地面系统业务。

BAE 系统公司通过与其他企业成立合资公司，使相同或相似业务联合集中和力量重组，充分发挥各自技术、产品和市场方面的优势，弥补各自的不足，从而形成更大的整体优势。

BAE 系统公司与其他两家军品公司的导弹业务合并为 MBDA 公司就是最典型的优势互补例子。BAE 系统公司与 EADS 公司、芬梅卡尼卡公司在 2001 年 12 月 19 日将它们的导弹业务合并为一家新的公司——MBDA 公司。新组建的 MBDA 公司是一家合资组成的泛欧军品公司，采取联合经营管理的方式。该公司总裁认为，新公司是欧洲国防工业实行统一的重要步骤，目的是把 MBDA 公司作为全欧洲想参与全世界军火市场竞争的一个新的组织模式。根据新的资产结构，BAE 系统公司和 EADS 公司分别占 MBDA 公司股份的 37.5%，芬梅卡尼卡公

司占 MBDA 公司股份的 25%。由于多国公司业务互相结合，因此，新组建的 MBDA 公司出口经验丰富，高技术实力雄厚，并且拥有世界领先的开发武器系统的能力。

与英国 VT 集团协议在造船业务方面进行合并。2007 年 5 月，英国 BAE 系统公司和 VT 集团开始协商关于在海军水面舰艇建造业务方面进行合并的原则，最终成立一个资产为 13.8 亿美元的联合企业。

BAE 系统公司战略目标还包括拓展其作为武器系统开发商和集成商的能力，而不再重视其组件/部件供应能力。2007 年 4 月底，英国 BAE 系统公司与 J. F. Lehman & Co. 公司签订协议，向其出售惯性产品子公司（Inertial Products business）。BAE 系统公司此次与 J. F. Lehman & Co 公司签订的协议（交易额预计为 1.4 亿美元）中，除了出售惯性产品子公司外，还出售其在硅传感器系统公司（Silicon Sensing Systems，BAE 系统公司与 Sumitomo 精确产品公司的合资企业）的股份。此次出售其下属的惯性产品子公司正是与该战略目标相符的市场行为。

而对于业务量很少而又无关紧要的领域，BAE 系统公司计划采取关闭的措施。2004 年，BAE 系统公司决定关闭其位于英国的两个兵工厂——布利奇瓦特（Bridgwater）生产厂和乔尔利（Chorley）生产厂。

3. 欧洲航空航天与防务公司

欧洲航空航天与防务公司（EADS）于 2000 年 7 月 10 日成立，主要由法国和德国控制，是一家真正意义上的泛欧公司，它在法国、德国、英国、美国、澳大利亚等国有 70 多个生产厂家。EADS 公司目前是仅次于英国 BAE 系统公司的欧洲第二大防务公司，拥有 11.6 万员工，2006 年收入达 394 亿美元。EADS 主要下属公司有欧洲直升机公司、空中客车公司、MBDA 公司等。

该公司的国防业务主要为军用电子、防空系统、国防通信系统、导弹、军用飞机等。根据 2006 年的数据，总收入为 110 亿欧元，这五大业务结构的分布情况如下：

EADS 积极拓展其在欧洲的业务范围，2005 年 EADS 收购了荷兰移动电信公司的专业移动无线业务（Professional Mobile Radio）。2006 年，EADS 又从英国 BAE 系统公司手中收回 20% 空客股份，使空客成为其全资子公司。EADS 还计划增加其防务业务，降低公司对民机业务的依赖，其目标是到 2007 年将防务业务在公司总营业额中所占份额从现在的 22% 提高到 25%，主要途径包括收购或联合美国公司，感兴趣的业务领域是情报监视与侦察系统、无人机和国土安全技术。

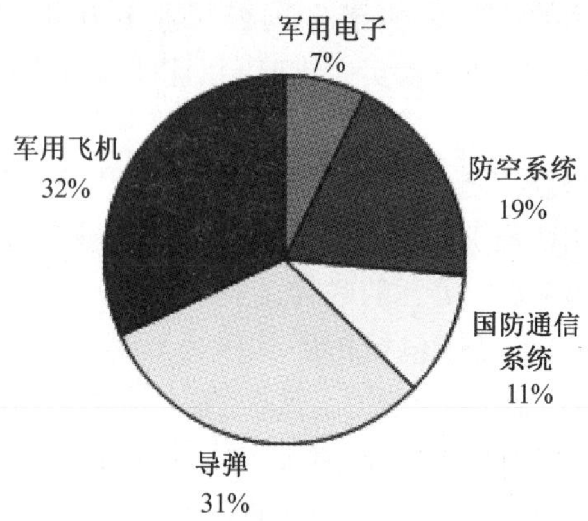

图 4.13 EADS 公司业务分布图

4. 泰勒斯公司

法国泰勒斯公司是世界领先、欧洲最大的防务电子公司。经过多年的发展壮大,该公司在地面与联合系统、航空电子系统、通信系统、空中交通管理系统、防空系统、潜艇电子系统和信息系统等领域确立了全球领先的地位。

泰勒斯公司分为六大业务集团,它们分别为:航空航天业务集团,防空系统集团,地面与联合系统集团,海军系统业务集团,安全业务集团,服务业务集团。按照 2006 年各业务集团的收入,总收入为 102.64 亿欧元,其结构分布情况大致如下:

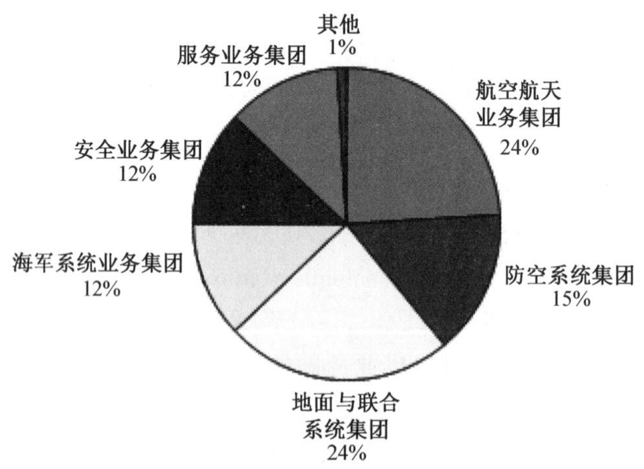

图 4.14 泰勒斯公司业务分布图

在“多国本土化战略”的指导下,泰勒斯公司已经成为以法国本土为主,在欧

洲、美洲、亚洲、大洋洲等拥有200多家子公司的跨国防务公司，并购已经成为该公司实现快速发展的重要手段。

在泛欧层面，为了参与欧洲国防工业的竞争，法国政府正积极推动泰勒斯公司与法国国内大型防务公司的合并事项。2006年12月，泰勒斯以6.7亿欧元价格将阿尔卡特-朗讯集团下属卫星制造企业阿尔卡特-阿莱尼亚空间公司并入自己旗下，进一步巩固了其在欧洲卫星制造市场的优势地位。2007年1月30日，泰勒斯(法国)海军业务并入DCNS公司，泰勒斯公司从而取得在DCNS公司25%的股权。泰勒斯公司还于2005年100%控股迫击炮主要生产企业TDA装备公司。另外，法国最大地面武器公司耐克斯特公司为了争取在欧洲地面武器市场获得一席之地，也把与泰勒斯公司的合并作为选项之一。

在欧洲其他国家，该公司积极收购目标国家的中小型防务公司，以加强对该国市场的开拓力度。2000年，该公司收购英国拉克尔电子公司，成立了泰勒斯(英国)公司。之后还陆续并购了英国的短程导弹系统公司、马可尼声呐公司，德国的迪尔航空电子公司，涉及导弹、船舶、军用电子、航空航天等多个领域。泰勒斯(英国)公司和泰勒斯(荷兰)公司已经成为泰勒斯公司在法国本土之外的最大的两大生产基地。

近几年，位于北欧的瑞典、挪威、丹麦和芬兰等国家的国防工业已经进行了卓有成效的资源重组和整合。北欧四国都只剩下一个占主导地位的军品公司，瑞典是萨伯集团，丹麦是Terma公司，挪威是Kongsberg公司，芬兰是帕特里亚公司。作为北欧地区最大军品公司，萨伯集团的长期发展战略是通过更多的并购成为斯堪的纳维亚半岛更有主导力量的军品公司。分析家预测，萨伯潜在并购目标包括帕特里亚公司和Terma公司，未来斯堪的纳维亚半岛的并购将会只剩下2~3家主要的防务公司。

5. 萨伯集团

萨伯集团是瑞典乃至北欧国家最大的军品公司，年销售额约占整个瑞典国防销售额的70%，同时对丹麦、挪威和芬兰等北欧邻国国防工业发展有较大影响。为了增强核心业务、降低成本，为客户提供满足各种未来需求的产品和系统全寿命周期解决方案，萨伯集团在2006年开始进行部分机构重组，将其业务部门从16个增加到19个。其中的某些业务部门将通过联合，形成萨伯的三个新业务部门，即萨伯航空技术公司、萨伯通信公司以及Combitech公司。萨伯航空技术公司将向国防及民用客户以及世界支线飞机运营商提供客户化保障和后勤解决方案。萨伯通信公司向国防及民用客户提供通信系统及服务，业务范围从单项服务到客户化系统解决方案及保障。Combitech部门提供系统综合、系统开发和信息安全方面的咨询服务。2007年初，萨伯集团对Maersk防务数据公司

(MDD)和 Ericsson 微波系统公司的并购行为进一步巩固了其北欧地区国防工业龙头的地位。目前,萨伯集团正积极推进北欧地区的一项重要合作事宜:瑞典与挪威、芬兰和爱沙尼亚共同建立北欧作战系统集团(Nordic Battle Group)。

2006 年,北欧头号弹药生产商——芬兰帕特里亚公司收购瑞典萨伯集团在挪威纳莫集团(Nammo AS)22.5%的股份,该交易使帕特里亚公司在纳莫公司股份增至 50%。与此同时,挪威政府收购了萨伯集团在纳莫公司 5%的股份。股份份额调整之后,挪威政府与帕特里亚公司分别拥有纳莫公司 50%的股份。帕特里亚公司是一个国际性宇航与防务集团,在波罗的海地区的国防工业领域占有重要的地位。帕特里亚的股东是芬兰政府(持股 73.2%)和 EADS 公司(持股 26.8%)。纳莫公司也是北欧重要的弹药系统与导弹空间产品开发商与生产商,同时在非军事化技术领域也处于世界领先地位,此次北欧两大弹药生产商进行股份调整后将大大加强该地区弹药业务在全球的竞争力。

6. 纳莫集团

纳莫集团近几年将业务重点放在国防市场中有极大需求、高技术含量的弹药产品领域,并不断扩大其规模:2005 年收购了 Bakelittfabrikken 公司;2007 年 2 月,又决定收购德国 Nickel Press 技术公司 60%的股份。此次收购是纳莫集团为确保其小口径业务能力半成品供应而采购的投资行为。Nickel Press 技术公司是十分重要的一家中小口径弹药筒生产商,在欧洲、北美和中东市场处于领先地位。长期以来,该公司都是纳莫集团公司中小口径弹药供应商。

近年来,德国军工企业不断合并集中,大企业在军工生产中的比重剧增。目前军工生产一半以上的营业额集中在为数不多的大企业中。这种高度集中的结果是国内军工生产的垄断性大于竞争性,特别是一些大型武器系统往往被少数几家大企业垄断,没有多少竞争的余地。在国防技术与采办总署交给军工企业的研究与生产任务中,88%是直接选定厂商而无竞争,8% ~10%采取有选择招标,只有 2% ~4%是公开招标的。德国国防工业的核心企业一方面整合内部业务,另一方面通过收购不断扩充研发和生产实力,以实现快速持续发展的目标。

7. 蒂森·克虏伯公司

近两年,蒂森·克虏伯公司统领了德国的造船业务。2002 年德国 HDW 造船厂被美国机构投资者 OEP 收购,2004 年,蒂森·克虏伯与 OEP 就组建德国造船联盟达成协议,蒂森·克虏伯集团旗下的船厂与 HDW 造船厂组成新的造船集团,新集团名为蒂森·克虏伯船舶系统股份公司。根据协议,OEP 集团放弃其拥有的豪华船厂的全部股份,为此获得新集团 25%的股份和 2.2 亿欧元现金;蒂森·克虏伯集团拥有新集团 75%的股份和全部领导权。蒂森·克虏伯船舶系统集团的主要构成包括:蒂森·克虏伯船厂和 HDW 造船厂、布隆·福斯造船厂和修理厂、诺比

斯克鲁格公司、北海造船厂、瑞典考库姆公司和希腊的希腊船厂。

8. 迪尔公司

迪尔公司是德国最大的弹药研制与生产商，进入 21 世纪以来，由于德国国防预算紧缩，弹药行业举步维艰，但迪尔公司经受住了严峻的考验。为了应对国内经费紧张和国外竞争激烈的形势，迪尔公司对其业务进行了较大规模的调整。2000 年，迪尔 VA 系统公司收购了德国琼汉斯精密装置技术公司（Junghans Feinwerktechnik GmbH&Co. KG）；2004 年 6 月，德国迪尔弹药系统公司（DMS）和莱茵金属集团防务电子技术公司（RDE）与以色列的拉法尔武器研究局组建了欧洲长钉（EuroSpike）合资企业，以便为欧洲客户制造、销售和维修"欧洲长钉"系列导弹。该企业总部设在德国，迪尔公司、莱茵金属集团公司和拉法尔公司的股份分别是 40%、40% 和 20%。2004 年，迪尔公司先是收购了德国 BGT 防务公司，随后将迪尔 VA 系统公司旗下的迪尔弹药系统公司与 BGT 防务公司合并成立迪尔 BGT 防务公司，从而几乎承揽了德国所有的导弹研制和生产任务。2005 年，迪尔公司出售了纽布朗顿堡汽车公司的非主营业务，将公司的财力、物力和人力集中于核心的弹药业务方面。

目前，迪尔公司下属的一级子公司主要有 3 个：迪尔金属公司、迪尔控制系统公司和迪尔 VA 系统公司。这 3 家子公司下面又设有若干子公司和生产厂（包括迪尔雷姆沙伊德公司和迪尔弹药系统公司等颇具知名度的公司）。迪尔公司共拥有大大小小 48 个子公司。

9. 莱茵金属集团公司

作为德国最重要的军工企业之一，近几年莱茵金属集团公司采取了一系列措施进行调整。2006 年，该公司将其下属的尼科－烟火技术公司（NICO－Pyrotechnik）并入武器弹药（Waffe Munition）公司；在收购了欧洲最重要的防空武器供应商厄利空·康特拉夫斯公司之后，2007 年初，莱茵金属集团公司增加在德国两家重要的高技术军品公司的股份：购买了位于波恩的希姆普罗公司（Chempro）51% 的股份；增加了 ADS 公司的股份。这两家公司都属于德国顶尖的技术公司，专门从事军用车辆防护系统的研制和生产。目前，莱茵金属集团公司是德国地面武器最重要的主承包商之一，也是欧洲主要的地面武器装备生产企业之一。莱茵金属集团公司业务遍及全球。除了在欧洲的子公司外，还在北美、亚洲设有子公司、办事处或代理处。该公司还与欧洲、北美和亚太地区的军品公司进行大量的项目合作。

在 20 世纪，德国一直是莱茵金属集团公司最重要的市场，但是 2000 年以后，受德国国防预算紧缩的影响，德国军品采购有下降的潜在趋势，因此莱茵金属集团公司更加积极地开拓国际市场。2002 年，莱茵金属集团公司的出口额在总营

业额中的所占比例首次突破50%，达51.7%，2005年和2006年出口额在总营业额中所占的比例分别高达64%和63%。莱茵金属集团公司最近重新集中其整体战略，以加强军民品市场的出口，同时探寻新的市场，特别是亚洲市场。莱茵金属集团公司专门制定了亚洲战略，指出亚洲市场极为重要，因为亚洲军费开支正在增长，国防改革正在进行，亚洲军品市场蕴含巨大商机。莱茵金属集团公司的亚洲战略和目标表明了其扩张的野心。

10. 克劳斯－玛菲·威格曼公司

德国另一家重要的装甲车主承包商克劳斯－玛菲·威格曼公司(Krauss－Maffei Wegmann)于2007年初收购了为其长期提供炮塔和装甲车车体的布罗姆·福斯工业公司(Blohm Voss Industries)的军品业务，从而进一步巩固了其在地面武器系统业务领域的核心地位。

意大利的国防工业发展较早，在欧洲各国中有着较好的工业基础，目前在欧洲处于英、法、德之后，列第四位。意大利一直是防务产品出口顺差国家，本国的国防需求并不强劲，但意大利政府希望通过壮大自己的国防工业，积极扩大海外市场。

20世纪90年代开始，面对国际环境的变化，意大利政府决心改变本国国防工业分散、无力的现状，组建集团化的强大军工联合企业，之后又推进国防工业的私有化，减少国家对企业的控制，以加强国防工业的市场竞争力。由于多种原因，意大利国防工业在欧洲国防工业合并风潮中基本被排斥在法、德之外，意大利政府转而开始对本国国防工业的向外扩展给予政治和财政上的支持，意大利国防工业开始与欧洲建立联盟、参与国际项目并与美国公司合作，其国防工业在全球的竞争力获得了显著提升。

11. 芬梅卡尼卡公司

经过2000年将芬梅卡尼卡公司超过50亿欧元价值的股票向公众出售，意大利国防工业在21世纪初基本完成了私有化进程，摆脱了国家的控制和日常管理，激发了国防企业的经营活力。国防企业更专注于自身发展和建设，通过其组织机构和业务的不断调整，加强国际合作，意大利国防企业在国际上的影响力得到不断提升。

通过芬梅卡尼卡公司业务调整的过程，可以看出意大利国防工业调改表现出业务核心化和国际化的特点，而且两者是相互渗透和互补的。

在泛欧国防工业体系的重组或联合中，意大利政府奉行不损失自己航空与国防工业企业技术特长的政策，要求国防工业必须保持自己的主要能力。在国防企业的业务调整中则强调发展顶尖技术部门，反对面面俱到。为了加强国际竞争实力，国防企业按照政府的主张在航空与国防工业领域首先确认自己具有

经验而又有专业技术特长的领域,然后集中力量进一步发展这方面的能力,创造顶尖技术优势,使之在全欧航空和国防工业领域处于专业化生产与技术领先地位。

作为大型综合性业务集团,芬梅卡尼卡公司首先将航宇与防务业务明确为公司的核心业务,着重确立其在直升机、防务电子、军民机、航天业务板块上的优势。

在直升机业务领域,通过完全掌握阿古斯塔·韦斯特兰公司的控制权,芬梅卡尼卡公司在直升机方面的经济收益和市场份额获得大幅提高。直升机业务在公司收入中的比例从2003年的10%左右上升到了2006年的22%,并且获得了来自美国、英国的多项重要直升机合同。

芬梅卡尼卡公司通过与英国BAE系统公司的合作增强了其在防务电子领域的地位。2005年4月双方签署协议,成立从事航电业务的合资公司SELEX传感器与机载系统公司,将芬梅卡尼卡公司原有伽利略航电公司和BAE系统公司内有关业务集合,芬梅卡尼卡公司拥有该公司75%的股份,剩余股份由BAE系统公司持有;BAE系统公司将其空中交通管制业务和军事与安全通信业务划归芬梅卡尼卡公司,芬梅卡尼卡公司将原先的阿莱尼亚－马可尼系统公司(AMS SpA)业务与BAE系统公司空中交通管理与控制业务整合成立Selex Sistemi Integrati公司,BAE系统公司的军事与保密通信业务并入集团下的Selex通信公司。2007年芬梅卡尼卡公司又将BAE系统公司持有的SELEX传感器与机载系统公司的股份买入从而使后者成了自己的子公司。通过此项合作,芬梅卡尼卡公司获得了电子战、先进雷达、激光与红外技术的研制能力,而且BAE系统公司的航电部门参与了美国一些重要项目,是某些关键部件的独家供应商。并且,通过该项合作欧洲"台风"战斗机约60%的航电设备将由芬梅卡尼卡公司提供。

在航空领域,2003年芬梅卡尼卡公司收购了马基公司,从而获得了教练机、轻型攻击机和地面攻击机研制生产的能力。阿莱尼亚是机械金融集团的下属子公司,在飞机结构件制造以及复合材料使用方面见长,它通过和世界航宇巨头建立伙伴关系,在战斗机、运输机和飞机制造市场赢得了领先地位。它的伙伴公司包括空客、BAE系统公司、波音、达索、EADS和洛克希德·马丁公司。一方面,阿莱尼亚与欧洲航宇工业保持着密切的联系,参与了欧洲"台风"战斗机、A380等重要的欧洲合作研发项目,另一方面还积极与美国的防务制造商开展合作。它与其美国伙伴沃特飞机工业公司一起占有787飞机25%的机体制造工作,还与洛克希德·马丁公司联合研制了C－27J战术运输机。阿莱尼亚与EADS合资的ATR公司,是全球著名的支线涡桨飞机制造商之一。

在原有航天业务能力基础上,芬梅卡尼卡公司也通过国际合作扩展实力。

2005 年芬梅卡尼卡公司与法国阿尔法特公司建立航天联盟,成立了阿尔卡特－阿莱尼亚航天公司和空间通信公司,阿尔卡特股份被泰莱斯公司收购后,阿尔卡特－阿莱尼亚航天公司更名为泰莱斯－阿莱尼亚航天公司。泰莱斯－阿莱尼亚宇航公司的卫星订单在 2006 年世界上排名第一,占有市场的 30% 份额。2006 年公司签署了 8 颗同步卫星的合同(Turksat 3A、SES 的 Ciel－2 和 AMC－21、欧洲卫星公司的 W2A 和 W7、德国国防部的 2 颗 Satcom BW 卫星和意大利国防部的 Sicral 1B 卫星),还与"全球星"项目签署了价值 6.61 亿欧元的合同,为其提供全部第二代卫星。

另外通过其子公司,芬梅卡尼卡公司还参加了许多欧洲其他重要防务项目,如其在 NH90 直升机上份额为 32%,在欧洲导弹制造商 MBDA 拥有 25% 的股份,还参与了 Eurosam 地对空导弹和"流星(Meteor)"中程空空导弹等项目。

(三)对比分析

通过上面对典型军工企业的分析,我们可以总结出典型国家国防工业经济行业结构形成与发展的一些规律和特点

1. 依靠兼并重组实现同一行业内跨产品和跨型号经营

跨产品、跨型号经营是军工企业实现规模扩张和战略发展的第一步。与中国的军工企业主要依靠国家投资进行跨产品发展不同,美国的军工厂商主要依靠资本运作来实现企业的跨产品经营。

冷战时期,洛克希德公司在航空产品领域主要集中于军用运输机(C－130、C－141 和 C－5)和特种作战飞机(如 F117)。进入 20 世纪 90 年代,为了获得新一代联合攻击机的项目,1993 年洛克希德公司收购了动用动力公司下属的达拉斯沃斯堡公司并由此获得了 F－16 的生产线,开始进入美国主力战斗机生产的领域。1994 年,洛克希德公司并购了另一家航空制造业巨头马丁·玛丽埃塔公司,组建洛克希德·马丁公司。1995 年新组建的洛克希德·马丁公司又并购了通用电气公司的发动机制造和服务分部。

通过不断的并购,洛克希德·马丁公司积累了大量的资金、人才和技术储备,并终于在 2002 年用 YF－35 击败了波音公司的 Y－32,通吃了第四代轻型隐身战斗机这盘大餐,在航空产品领域成功实现了由军用运输机向主力战斗机的跨越。

1996 年,面对如日中天的民用飞机业务,波音公司却看到了潜伏的危机——民用飞机市场受经济周期变化的影响非常大。基于此,波音公司制定了到 2016 年(波音公司成立一百年)的 20 年发展路径图。路径图的核心就是要在继续保持民用飞机业务发展势头的同时,将公司的业务转向多元化,即将以民用飞机制

造业为核心业务的发展战略，转为军民业务并重的多元化发展战略。

表 4.7　洛克希德·马丁公司依靠兼并重组实现跨产品、跨型号经营情况

并购前的主要航空产品	1993 年收购通用动力公司下属的达拉斯沃斯堡公司获得 F－16 的生产线	并购后的主要航空产品
军用运输机	1994 年并购当时另一家航空巨头马丁·玛丽埃塔公司，组建洛克希德·马丁公司	F－16 战隼
军用侦察机		F－22 猛禽
F117 夜鹰	1995 年收购通用电气公司的发动机控制制造和服务分部	F－35 闪电

表 4.8　波音公司依靠兼并重组实现跨产品、跨型号经营情况

并购麦克唐纳·道格拉斯公司前——波音公司拥有的飞机型号		
客机和运输机	B52 战略轰炸机	空中加油机
运输直升机	电子战飞机	侦察机
并购麦克唐纳·道格拉斯公司后——波音公司新增的飞机型号		
战斗机	B1 战略轰炸机	攻击直升机
垂直起降战斗机	运输直升机	麦道其他型号的飞机
并购麦克唐纳·道格拉斯公司后——波音公司新研发的飞机型号		
激光战机	新一代电子战飞机	侧旋翼机
无人战斗机	反潜机	新一代运输机

当时的波音公司在已有的军用航空领域没有战斗机和攻击直升机的项目。如果另起炉灶必然会影响客机、空中加油机、电子预警机和侦察机等已有产品的发展，为了能够进军战斗机和攻击直升机领域，1997 年，波音公司并购了麦克唐纳·道格拉斯公司，将原来麦克唐纳·道格拉斯公司所拥有的生产线纳入旗下，成功进入战斗机和攻击直升机领域，成功实现航空产品和型号的跨域。不仅如此，波音公司通过并购麦克唐纳·道格拉斯公司还产生了“1 + 1 > 2”的效果，使波音公司又开发出一系列新型军用航空产品。

表 4.9 诺斯罗普·格鲁曼公司依靠兼并重组实现跨产品、跨型号经营情况

1996 年并购西屋国防电子公司和威斯汀·豪斯公司的防务与电子系统分部	RQ－4 全球鹰侦察机 无人侦察攻击机 X－47B 无人攻击直升机 RQ－8
1997 年完成与防务信息技术公司的合并	
1999 年收购微波公司的信息系统分部和数据采购公司	
2000—2001 年连续收购计算机技术、斯特林联邦软件和联邦数据	
2002 年并购 TRM 公司，并于当年成为全球第二大国防工业企业	

1997 年，诺斯罗普·格鲁曼公司在联合攻击战斗机初次招标中失败后，便决定通过并购重组把研发重点转向美国第五代战斗机——无人战斗机上。经过多次并购，诺斯罗普·格鲁曼公司于 2002 年一度成为全球第二大国防工业企业。在此基础上，诺斯罗普·格鲁曼公司终于研制成功了 RQ－4 全球鹰长续航无人侦察机，并在 2001 年大批装备美国空军。之后，诺斯罗普·格鲁曼公司又相继开发出世界首架陆地和航空母舰通用的无人侦察攻击机 X－47B、世界首架成功发射武器的无人攻击直升机 RQ－8，由此奠定了在美国无人机领域的霸主地位。

洛克希德·马丁、波音和诺斯罗普·格鲁曼公司都通过并购重组，以较低的成本实现了跨军机产品的经营，为这些集团朝着多元化军工业务发展奠定了坚实的基础。

表 4.10 美国三大航空军工企业主要军机产品比较

	波音公司	洛克希德·马丁公司	诺斯罗普·格鲁曼公司
战略轰炸机	B－52　B－1	—	B－2
战斗机	F－15　F－18	F－16　F－22　F－35	F－14　F－18
攻击机	AV－8B	F－117　AC－130	—
电子战机	E－3　E－4 E－6B　E－8 E－10A　E－767	—	EF－111　EA－6B E－8C　EA－18G
激光战机	747－400F	—	—
侦察机	RC－135	SR－71　U－2	—
反潜机	P－8	P－3　P－7	—

表 4.10 美国三大航空军工企业主要军机产品比较

	波音公司	洛克希德·马丁公司	诺斯罗普·格鲁曼公司
运输机	DC－10 MD－80 C－40 C－17	C－130 C－141 C－5	—
加油机	KC－10/135/767	KC－130	—
旋转翼机	V－22 V－44	—	—
直升机	CH－47 AH－64	US101	—
无人机	扫描鹰 X－33 X－45	LAM 反辐射无人机	RQ－4 X－47B RQ－8

2. 跨军工行业经营错配盈利周期,分散风险

目前,美国的几大军工军头都拥有两个以上的军品业务。这种跨行业的经营模式在一定程度上比跨产品和跨型号经营更有利于错配盈利周期和分散风险。

表 4.11 美国五大国防工业企业非行业的布局特征

	洛克希德·马丁公司	波音公司	诺斯罗普·格鲁曼公司	通用动力公司	雷声公司
第一军品业务	航空	航空	舰艇	舰艇	航天
第二军品业务	航天	航天	航空	地面武器	综合防务

洛克希德·马丁公司涉及多种军品业务领域。它既是美国最大的军用飞机生产商,又是美国潜射弹道导弹的主承包商,同时还具有“和平卫士”陆基洲际导弹的生产能力,与控制了“民兵”陆基洲际导弹生产的波音公司平分秋色。另外,洛克希德·马丁公司还在运载火箭以及 GPS 等卫星领域与波音公司分庭抗礼。洛克希德·马丁公司还是美国 NMD 的主要生产商,拥有爱国者 3 地对空导弹和战区高空防御系统的研制能力。

像波音公司力图把美军下一代主战坦克装甲车“未来战斗系统”作为自己第三军品主业一样,洛克希德·马丁公司大举拓展舰艇研制能力,以建立新的支柱产业。2003 年 7 月,洛克希德·马丁公司和通用动力公司、雷声公司组成的竞标小组击败了由诺斯罗普·格鲁曼等公司组成的竞标小组,获得了美国濒海战斗舰项目的设计合同。

通用动力公司是美国核潜艇的主要生产企业。1991 年冷战结束和苏联解体,使它的核潜艇业务面临萎缩的危险,因而决定进入水面战斗舰艇领域。1995 年 9 月,它用 3 亿美元并购了巴斯钢铁公司。巴斯的水面战斗舰艇占美国海军

订货额的24%,并购巴斯比新建水面战斗舰艇生产线划算许多。

不仅如此,通用动力还在1982年通过收购克莱勒斯防务公司的全部股票拥有了主战坦克的生产能力,但它在火炮特别是自行火炮领域尚属空白,限制了盈利空间。于是,通用动力公司又在1996年2月购买了泰莱达因公司的车辆系统分部,进入了自行火炮领域。

通用动力为了进入轮式装甲车领域,于2002年收购了以研制轮式装甲车闻名于世的通用汽车公司军品部。这起收购不仅使它成为美国陆军"斯瑞克"新型轮式装甲车的唯一主合同商和美国海军陆战队先进两栖突击车的主要生产商,还成为世界最大的坦克装甲车生产商。

3. 跨产品、跨型号和跨行业均以信息技术领域为纽带

美欧等国的军工巨头为了满足建设信息化军队的需要,在多业经营中特别注意对信息技术企业的并购重组。

诺斯罗普并购格鲁曼,不仅在于它是海军飞机的生产企业,而且在于它是军事电子企业,使诺斯罗普·格鲁曼在美国军事电子产业占据了重要地位。诺斯罗普·格鲁曼从1994年到2006年3月先后收购了26家公司,这些企业中大部分是军事电子公司。2001年它对利顿公司的并购,不仅是看上了英格尔斯造船厂,而且是看上了利顿公司的系统集成、国防电子设备和信息技术能力。这些并购使诺斯罗普·格鲁曼成为美国军用机载雷达最大的生产商和美国联邦政府第二大信息技术提供商。

波音公司于2000年1月收购休斯电子公司航天和通信业务部,组建了波音空间与通信集团,从而取代了洛克希德·马丁公司成为世界上最大的航天和卫星制造商。同时,波音公司先后建立了计算机通信、金融、国际关系等公司,创造了更大的信息化空间。由于波音公司在信息技术领域的优势,美国陆军请其担任信息化的"未来战斗系统"的主集成商,而通用动力、联合防御、通用电气防御这些擅长研制坦克装甲车的著名企业只能在它手下担任分承包商。

表4.12　2010年信息技术产品在洛克希德·马丁公司销售收入中的比重

产品		占总销售额比重/%
航空		33
航天		18
信息技术	电子	27
	综合系统集成	11
	信息技术服务	11

洛克希德·马丁公司为了改变制导技术“短板”对无人机行业的制约，便于2005年9月把相干技术有限公司并入其空间系统业务部。虽然它2004年的销售收入只有3400万美元、员工只有180名，但它在用激光探测远程目标的距离、形状、速度和材料方面处于先进水平，可以为无人机风切变探测、地形探测、生化探测、三维图像生成等技术开发提供有力支持。同样，洛克希德·马丁公司2005年获得美国滨海战斗舰项目的设计合同，也是与它在信息技术领域的优势分不开的。

通用动力在世纪之交也开始了以信息技术企业为对象的一系列并购：1999年完成了对GTE国有系统公司的收购；2001年先后收购了普莱梅克斯技术公司、银河宇航公司、桑坦芭芭拉公司和摩托罗拉信息集成系统公司；2002年完成了对先进技术产品公司的收购；2003年又收购了一家保密信息传输网络公司。在此基础上，它成立了C4系统部，为两大支柱产业的发展提供了强大的动力。

4. 核心军工企业坚持以军为主的军民混业经营

军民结合，亦军亦民是广义上的多业经营，但以军为主还是以民为主有所争论。20世纪70年代，有40年客机生产历史的洛克希德公司陷入了低谷。特别是它行贿日本首相田中角荣被揭穿后，它的客机市场土崩瓦解，被迫退出了科技行业。而在当时，洛克希德公司的军机产品不多，只有运输机、反潜机、攻击机、侦察机等型号。1981年10月，它与诺斯罗普公司竞争隐身战略轰炸机项目又告失败，当时就有人预言它将退出整个航空业，然而，它在停止客机生产的同时增加了对军机研发的投入，终于在1991年用YF－22隐身战斗机击败了诺斯罗普·格鲁曼公司的YF－23，奠定了成为世界最大战斗机企业的基础。2004年起，洛克希德·马丁的防务收入便开始高居世界之首。

诺斯罗普·格鲁曼公司在YF－23失败后，一度元气大伤。它于1992年下半年组建了民用飞机分部，成为波音公司最大的飞机结构供应商。但由于附加值太低，难以使它摆脱困境。痛定思痛后，它重新加强了对军机的投资，终于在1994年成功并购了格鲁曼和沃特飞机公司而东山再起。

表4.13　2012年《财富》世界五百强中的美国军工企业

排名	公司名称	营业收入/百万美元	营业利润/百万美元	企业类型	
123	波音公司	68 735	4 018	综合型	军民结合型
211	洛克希德·马丁公司	46 692	2 655	综合型	以军为主型
339	通用动力公司	32 677	2 526	综合型	以军为主型
395	诺斯罗普·格鲁曼公司	28 058	2 118	综合型	以军为主型
442	雷声公司	24 857	1 866	综合型	以军为主型

四、典型国家国防工业经济产业结构

(一)总体概况

国防工业经济的产业结构特指军工企业民用产业中国防相关产业和国防不相关产业之间的比例关系。国防工业经济的产业结构问题实际上就是军工企业民用产业的结构问题,其本质是民用产业军工技术相关性的问题。

军工企业民用产业的结构问题源自国防开支和政府订单需求的相对不足和国防工业产能过剩之间的矛盾。冷战结束后,随着全世界国防开支的下降,各国的军工企业都面临着军事订货下降,生产能力过剩的严峻挑战。在这种情况下,美欧等典型国家开始对其国防工业和军工企业进行改革和调整。在一系列调整和改革的过程中,军转民(国外叫作转轨)是一项重要措施和改革活动,由此也带来了国防工业经济的产业结构问题。

军工企业在选择发展国防相关产业和国防不相关产业时,必须考虑军工资源在国民经济其他部门中的市场适应性要求以及由此带来的进入成本问题。从世界百强军工企业的资料来看,这些军工企业的民用产业既涉及与军工技术高度相关的领域如动力、电子等,也有与军工技术关联较弱的产业如石油能源、金融、电力等。在以民为主和军民并重的百强军工中,既有将国防相关产业规模做得很大的企业如波音公司和罗罗公司等,也有将国防不相关产业规模做得很大的企业如通用电气等。但是,从总体上来看,典型国家的主要军工企业在其民用产业中的国防相关产业的规模仍要远远高于其国防不相关产业。

(二)典型企业

美国五大国防工业企业中除波音公司外,其他四家均是以军为主的企业。这四家国防工业企业的民用产业部分规模很小,所以导致其国防相关产业的规模也较小。英国的 BAE 系统公司也是一家以军为主的军工企业集团,法国舰船制造局的总收入更是全部来自防务收入,所以这些公司的国防相关产业也十分有限。

由欧洲航空防务与航天集团控股的空中客车公司和波音公司是世界两大航空巨头。这两家公司的共同特点是在航空领域国防相关产业规模十分巨大。航空工业持续发展的两大要素是适航和市场。适航问题主要是技术问题,而市场问题则主要是经济问题。航空工业产业链很长,资金链容易断裂,所以单依靠军机是无法支撑整个航空工业发展的。空中客车公司和波音公司的民机产业(典型的国防相关产业)很好地解决了西欧国家和美国航空工业市场的问题。

波音公司在民用飞机方面的产品主要包括以波音 737 为代表的窄体机和以波音 747 为代表的宽体机，共有波音 737、波音 747、波音 757、波音 767 和波音 777 五大系列喷气式民用客运及货运飞机以及波音喷气公务机。此外，波音公司商用飞机部还为世界各地客户提供各种客运及货运飞机和其他航空工业服务。虽然波音公司在兼并麦道公司后，开始大规模进军美国军用飞机市场，然而波音公司的民用航空业务却始终是其主要的收入来源。

作为世界十大国防工业企业之一的欧洲航空防务与航天集团最为人所熟知的却是他的民用航空产业以及空中客车公司。成立于 1970 年的空中客车公司现已发展成为世界第一的民用飞机制造商。空中客车公司在民用飞机市场的巨大成功为欧洲航空防务与航天集团在集团发展和欧洲军用飞机市场上的成功立下了汗马功劳。

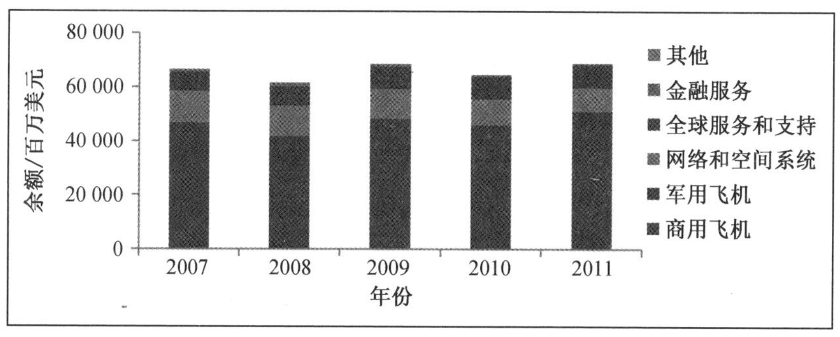

图 4.15　波音公司国防工业经济产业结构

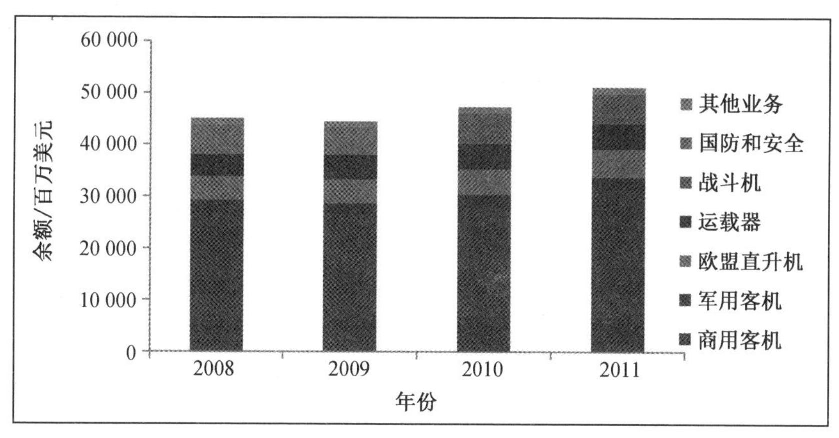

图 4.16　欧洲航空防务与航天集团国防工业经济产业结构

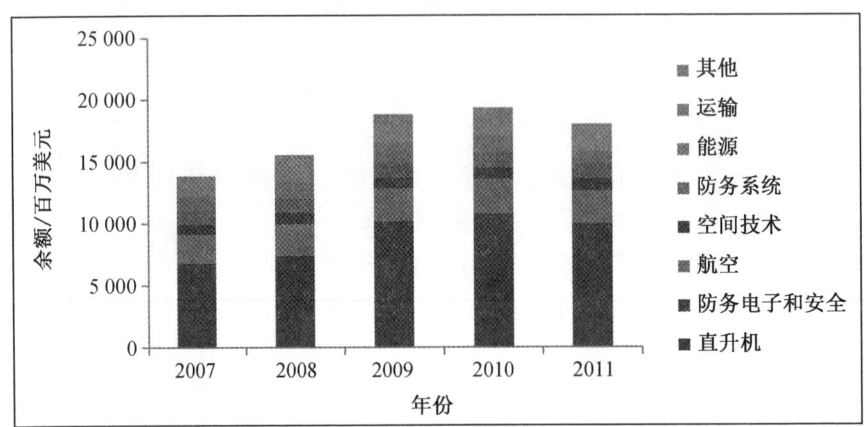

图 4.17　芬梅卡尼卡公司的国防工业经济产业结构

芬梅卡尼卡公司是意大利同时也是欧洲著名的大型国防工业企业。芬梅卡尼卡集团的经营范围包括航空、航天、防务、信息技术、能源和交通六大领域。在这六大领域中，航空、航天、防务、信息技术都是典型的军民结合型产业，国防相关性很强。而其余能源和交通两个领域则国防相关性较弱，但是芬梅卡尼卡集团在这两个领域的收入只占其收入的很小一部分。

第四节　典型国家国防工业经济发展的主要政策主张与调整

一、发布新的贸易投资战略

2011 年 5 月，英国贸易与投资署发布了名为“英国敞开商业大门”的新战略。该战略是英国政府通过贸易与投资促进经济增长的关键指导性文件，为出口商和国内投资者提出了未来 5 年切实可行的支持计划。英国政府将通过以下 4 个途径促进经济增长。一是瞄准创新能力强、发展速度快的小型企业，鼓励更多的公司出口，帮助现有出口商抢占新兴市场；二是为英国企业争取高投资回报率的海外市场；三是吸引高质量的外商投资，鼓励外国投资者参与大型基础设施项目和可再生项目等；四是与重要的外国投资者、英国本土最重要的出口商、出口市场的重要客户等建立战略伙伴关系。

二、部分更新能力发展计划

2011 年 3 月,欧洲防务局各成员国签署了新的能力发展计划,并决定根据近几年军事行动的经验教训和军事需求对 2008 年确定的发展重点进行调整和补充。新的能力发展计划确定的优先发展领域包括 3 类:(1)能力发展计划 10 大优先发展领域,包括:反简易爆炸装置、医疗支援、情报监视与侦察、直升机技术、计算机防御、多国后勤保障、共用安全与防务政策信息交换、战略和战术空运管理、燃料和能源、机动性保障;(2)正在成熟或已成熟的领域,包括:海上防水雷措施、核生化与放射性防护、反人员便携式空气探测系统、军事人员情报;(3)核心驱动因素与环境,包括:综合方法、网络能力、针对欧盟能力的无线电频谱管理、太空、统一欧洲领空。能力发展计划将进一步促进欧盟成员国之间武器项目的合作与共享,有力推动欧盟国防工业的一体化进程。

三、国防研发经费向军民两用领域倾斜

目前,在考虑通货膨胀的情况下,英国、德国、法国三个主要欧洲国家的国防预算均呈下降趋势。为缓解预算紧张带来的压力,欧洲国家一方面减少武器装备采办数量或取消部分采办项目,一方面考虑将研发经费向军民两用领域倾斜。

根据英国政府 2010 年底发表的《防务与安全战略审查》,2011—2014 年,英国国防预算(实际购买力)将削减 7.5%,以缩小前工党政府留下的 380 亿英镑(610 亿美元)的预算赤字。从 2013 财年开始,英国国防预算绝对值将下降。英国国防科学与技术(S&T)投资未来几年将随之缩水。按照目前的预算计划,2011—2012 年英国国防科技投资将下降到 4.35 亿英镑,之后降为 4.2 亿英镑,2013—2014 年则达到最低点 4.1 亿英镑。不过英国政府承诺在 2014—2015 年将该项投资增加至少 14%。

2012 财年,法国和德国的国防预算均为 317 亿欧元(约 445 亿美元),与 2011 财年基本持平。未来几年,法国和德国国防预算都将逐步缩减,预计德国国防预算到 2015 财年将削减至 304 亿欧元,法国国防预算到 2020 年可能出现高达 360 亿欧元的经费缺口。受预算紧张的影响,德国国防部目前正在计划削减多个大型国防采办项目,涉及的项目有:“台风”战斗机、“虎”式攻击直升机、NH90 运输直升机、“美洲狮”装甲车以及“欧洲鹰”无人机等 20 个大型国防项目。其中,“美洲狮”步兵装甲车的采购数量将由 410 辆减少至 350 辆,“豹 2”主战坦克的采购数量将由 350 辆减少至 225 辆。

目前,法国、德国和英国这三个国家的国防研发投入将占欧盟国家国防研发总投入的 70%,英国是欧盟国家中国防研发投入最多的国家,其研发投入约占欧

盟总投入的三分之一强。简氏专家预测,2011—2015 年,英国研发投入将减少 11%,降至 41 亿美元;法国和德国将减少 3%,分别降至 39 亿美元和 12 亿美元。

欧盟成员国的国防研发投入平均占国防开支的 5%,相比美国 10% 的比例而言本来就不充足。为了应对国防研发投入不足的问题,近年来,欧洲防御局一直提倡改变欧盟国家研发投入"各自为政"的局面,而是在整个欧盟范围内开展紧密合作,在整体考虑欧盟各国需求的基础上,合作开发能够满足欧盟国家共同需求的武器装备。欧洲防御局的努力取得了一定效果。近几年,欧盟成员国之间的合作研发项目数量稳步增加。

2011 年 9 月,欧盟国家在波兰华沙召开 2011 年第 6 次安全研究会议,主要议题是讨论 2014 - 2021 年国防研发预算分配和重点投资领域。大多数欧盟国家普遍达成共识,应该走经济建设和国防建设融合的发展道路,未来经济建设和国防建设融合领域应该从研发投入上予以倾斜。欧盟经济建设和国防建设融合首先关注的领域是核生化防护技术领域,其次是无人机领域、网络电磁安全领域、反简易爆炸装置技术、指挥与控制领域、航天态势感知领域等。

四、对部分国有军工企业继续进行私有化改革

为增强国防工业活力,促进投资主体多元化,提升国防工业基础能力,英国、俄罗斯、乌克兰、保加利亚、希腊、罗马尼亚等欧洲国家纷纷调整国有军工企业管理体制,即在确保政府对战略性军工企业控制的同时,对部分军工企业进行私有化改革。

根据英国 2010 年 6 月《防务与安全评审》提出的私有化计划,英国政府将对国防保障集团、马奇伍德海上装配中心、国防部在本国电信行业持有的股份,以及联合供应链服务组织进行私有化改造。2011 年上半年,英国国防部已与 BAE 系统公司和巴布科克国际集团就出售国有国防维修保障企业——国防保障集团的事宜进行了商讨。英国国防部军械后勤次长彼得·鲁夫 2011 年 9 月 15 日重申,英国政府希望通过出售国防保障集团、马奇伍德海上装配中心的资产以及国防部在英国电信行业持有的股份获得 5 亿英镑(7. 86 亿美元)的收益,这一系列国防资产的私有化工作将在 2015 年之前完成。2011 年 9 月 19 日,通用动力(英国)公司明确表示,有意收购国防保障集团。

第五节　典型国家国防工业经济发展现状小结

军工企业发展具有国防性和经济性的双重属性。国防性是军工企业发展的根本属性,军工企业发展的第一目标是巩固和提升国防工业能力与水平,其他目

的都要服从和服务于这个目标。经济性是指发展国防的同时也需要考虑其经济层面的问题，军工企业也需要为投资者带来收益，为国民经济发展做出贡献。从上述角度考察，当前国外骨干军工企业发展具有以下特点：

一、“军工”含量充足

（一）防务收入比重较大

各国骨干军工企业的主营业务中，防务收入占据了国防工业经济绝对数量的份额。2011 年世界百强军工企业中，防务收入的比重平均水平为 19.7%。排名前十位的军工企业防务收入的比重平均达到了 57.6%。美国前十家军工企业防务收入的比重平均达到了 58.2%，欧洲前十家军工企业防务收入的比重平均达到了 46.5%。可见，骨干企业纯军工的部分比例远远高于平均水平，占据了这些企业业务的主要部分。

从百强军工企业防务收入的分布情况来看，防务收入主要分布在各国核心军工企业之中。2011 年世界百强军工企业中，防务收入分布不均匀，排名前 20 家军工企业的防务收入占据了全部百强军工企业防务收入的 80% 以上，集中度很高。

表 4.14　2011 年美国十大军工企业

企业名称	防务收入/百万美元	总收入/百万美元	防务占比%	类型		
洛克希德·马丁公司	43 978.0	46 499.0	94.6	综合型	以军为主型	主承包商型
波音公司	30 700.0	68 735.0	44.7	综合型	军民并重型	主承包商型
通用动力公司	25 506.0	32 677.0	78.1	综合型	以军为主型	主承包商型
雷声公司	23 055.6	24 791.0	93.0	综合型	以军为主型	主承包商型
诺斯罗普·格鲁曼公司	21 400.0	26 400.0	81.1	综合型	以军为主型	主承包商型
L-3 通信公司	12 521.0	15 169.0	82.5	综合型	以军为主型	主承包商型
联合技术公司	11 000.0	55 800.0	19.7	综合型	以民为主型	主承包商型
国际科学应用公司	8 577.0	10 657.0	80.5	综合型	以军为主型	主承包商型
亨廷顿英戈尔斯公司	6 575.0	6 575.0	100	专业型	以军为主型	主承包商型
霍尼韦尔公司	5 300.0	36 500.0	14.5	综合型	以民为主型	主承包商型

表 4.15　2011 年欧洲十大军工企业

企业名称	防务收入/百万美元	总收入/百万美元	防务占比/%	类型		
BAE 系统公司	29 130.2	30 723.0	94.8	综合型	以军为主型	主承包商型
欧洲航空防务与航天集团	16 092.9	68 386.2	23.5	综合型	以民为主型	主承包商型
芬梅卡尼卡公司	14 584.6	24 106.8	60.5	综合型	以军为主型	主承包商型
罗尔斯·罗伊斯公司	4 691.5	17 432.0	26.9	专业型	以民为主型	主承包商型
法国舰船制造局	3 647.0	3 647.0	100	专业型	以军为主型	主承包商型
赛峰公司	3 267.3	16 336.5	20.0	综合型	以民为主型	主承包商型
莱茵金属集团公司	2 980.3	6 200.0	48.1	综合型	军民并重型	主承包商型
巴布考克国际集团	2 856.1	4 924.3	58.0	综合型	军民并重型	主承包商型

(二)军工行业界限日益模糊

骨干军工企业中传统的国防工业“行业”式构形逐渐模糊,这是当前美欧等国军工企业发展的又一大特征。冷战结束后,面对国防工业基础的缩减,为了保持和集中国防工业核心能力,以美国为代表的西方国家提出了打破以平台为中心的国防工业建设新思路。同时,为了适应未来联合作战的需求,美欧等国开始改变以往面向“军兵种需求”的国防工业体系,逐步建立起面向“联合作战需求”的新的国防工业体系。在这一背景下,原有在政府管理、研发采办活动、公司业务与运行等方面所呈现出的航空、航天、船舶、车辆、弹药、电子等行业界线逐渐模糊,并形成了一批面向多个军兵种需求、横跨多个工业领域,提供平台、系统、武器装备和服务的顶级国防工业公司,典型代表有美国的五大国防工业企业、英国的 BAE 公司以及意大利的芬梅卡尼卡公司等。

(三)军事需求的发展直接牵引企业业务调整与重组

随着对武器装备实现高度信息连通能力要求的提高,大系统集成和信息技术研究与应用成为武器装备发展的核心内容,也成为大型军工企业自身竞相发展的重点能力。在美国,除了传统的以电子信息装备研制生产为重心的雷声公司之外,其他以平台为传统业务的四大军工巨头也都各自组建了电子信息系统研制部门。在欧洲,BAE 公司、欧洲航空防务与航天集团同样拥有自己的电子信息系统研制部门。

随着高新技术武器装备的大量使用，加之20世纪90年代美国联邦政府对附属机构的裁减，需要工业企业更多地为武器装备研制和保障提供技术服务。21世纪以来，美国国防部每年签出的服务合同不断上升，2010年服务合同额为1 610亿美元，占各类合同总额的44%，与装备采购合同额（1 660亿美元）基本持平，使得国防工业企业的业务结构发生了重大变化，国防服务成为国防工业企业的一项主要职能，与武器装备供应一起成为国防工业企业的两项并重业务。

“9·11”事件以来，美国不断加大军用无人系统的发展力度。2012年美国政府对无人系统的投资达到66.5亿美元。2011年6月，美国总统奥巴马宣布投资5亿美元的“先进制造业伙伴”计划，其中一项内容便是整合资源，全力发展无人系统。美国各大军工企业都力争在无人系统领域扩大市场份额。

二、民用产业国防相关性高

（一）民用产业发展势头强劲

军工企业中防务收入的规模主要取决于本国政府订单和外国政府订单。即使是在市场经济十分发达的美国和西欧诸国，国防市场的规模与民用市场相比，仍然相对很小，而且容易受到国家国防政策和财政预算的影响。所以，除了少数军工企业以外，世界上大多数军工企业都把大力发展民用产业与开拓民品市场作为支撑企业持续稳定发展的重点。

1998～2011年，以百强军工企业为例，军工企业民用产业增长趋势明显。从国防工业经济总量上看，百强军工企业的经济总规模中，民用产业规模始终大于军品产业规模，民用产业规模是百强军工企业经济总规模的主要贡献部分。从国防工业经济增长趋势上看，百强军工企业经济总量的变动主要取决于其民用产业规模的变化，而军用产业规模的变化则相对平缓。

（二）民用产业国防相关性较高

冷战结束后，美欧等典型国家开始对其国防工业和军工企业进行改革和调整。在这一过程中，军转民、开拓民品市场和发展民用产业是一项重要措施和改革实践。从近10年世界百强军工企业的情况来看，这些企业的民用产业中既有与军工技术高度相关的领域如动力、电子等，也有与军工技术关联较弱的产业如石油能源、金融、电力等。在以民为主和军民并重的百强军工企业中，既有将国防相关产业规模做得很大的企业，例如，世界著名发动机制造企业英国罗尔斯·罗伊斯公司，其国防相关产业占其民用产业的比重超过了70%以上；也有将国防

不相关产业规模做得很大的企业。但是,从总体上来看,典型国家的主要军工企业在其民用产业中的国防相关产业的规模要远远高于其国防不相关产业。

三、可持续发展存在隐患,垄断问题依然突出

(一)军工行业竞争基础日益削弱

当前,美欧等国国防工业竞争基础日益削弱,五大军工行业垄断问题严重。首先,在国防专用产品领域,政府是唯一的消费者,不存在民用市场,利润不高,市场容量有限,没有足够的军品业务支撑大量企业在这一领域持续发展。其次,经过十几年来的并购和重组,国防市场中的企业数量急剧减少,在平台和大系统市场呈现寡头垄断,在零部件及子系统市场呈现企业单一化。例如,美国就形成了以洛克希德·马丁公司、波音公司、雷声公司、通用动力公司和诺斯罗普·格鲁曼公司为代表的五个高度集中的顶级国防工业公司。英国则出现了BAE系统公司一家独大的局面。最后,顶级国防工业公司的垄断,使得中小企业在参与国防市场的过程中遇到了很多的障碍。中小企业为了参与到国防工业当中,必须与这些大型公司进行谈判,而这些顶级国防公司则利用自己的垄断地位,压低中小企业的合同金额,严重影响了中小企业参与国防市场的热情。

(二)"拖、涨、降"问题仍然难以解决

2003年以来,美国政府问责署连续4年对国防重大项目进行评估,每年都揭露出大量"拖、涨、降"问题。近年来,美国重大武器系统研发费用经常超出预算约30%到40%,一种武器系统的研制费用经常比估算超出成千上万亿美元,从而使采购数量较之最初计划减少,产品交付较之最初计划拖后,产品性能较之最初计划降低。这不仅使政府的购买力降低,失去其他投资机会,而且使作战部队得不到预定的武器装备。

在"拖、涨、降"中,"涨"是综合表现形式,进度拖后以及避免性能降低所采取的措施,最终都导致费用的增长。由于至今未找到行之有效的抑制费用上涨的措施,使经济可承受性成为美国乃至全世界武器装备发展中难以克服的顽症。

(三)军贸出口不顺畅

美欧等国对军贸和国防相关贸易的管制十分严格。处理出口管制过程中产生的大量存货及成本已经成为制约这些国家军贸和国防相关贸易发展的一个重要因素。有研究表明,出口管制不仅有破坏美国工业的供应链与技术发展战略、

阻碍市场持续扩张和多样化发展的可能，而且由出口管制造成的供应源不可靠、投资转移、限制引入外国人才、对开拓新兴市场（如中国等）设置障碍等问题，还会使美国丢掉海外销售市场，削弱原本领先的工业整体竞争力。

（四）对基础产业带动和影响不足

当前，美欧等国在发展军工经济的过程中存在着重设计、轻基础研究等问题，军事技术带动基础产业发展的作用不明显。在美国，由于国防部不是民用产品的主要买家，因而对相关民用市场产生的影响有限。诸如电信、集成电路、软件及民用宇航等民用工业部门的供应链越来越走向全球化，使得军工技术带动影响基础产业发展的机会不多。例如，美国军用电子行业的发展并没有提升美国电子工业的整体水平。

四、政府调控和主导作用明显

（一）通过合理的采办安排避免军工企业出现大波动

2008 年金融危机爆发以来，美欧等国都实施了紧缩性的财政政策。在这种情况下，美欧等国的国防预算大幅下降。很多军工企业尤其是骨干军工企业订单大幅减少，效益急转直下。一些国防工业企业经营遇到严重困难，被迫通过出售资产、裁员等措施以降低经营成本，维持企业日常运营。

面对这种情况，美欧等国为了保证本国军工企业的稳定可持续发展，通过合理的采办制度和灵活的政策安排对军工经济进行宏观调控，避免军工企业出现大的波动。例如，通过各种途径积极促进本国军工企业获得国外订单，甚至在一些情况下，政府还会适当地在军贸市场上实施解禁，以期在国际军贸市场上取得突破，弥补国内市场有效需求不足的问题。

（二）国防基础科研国家主导

美国政府一贯关注国防科技基础科研的发展，将之作为相对独立的一类科研活动，提供稳定而专门的预算支持（近几年年投入维持在大约 120 亿美元的水平上），构筑了一个以 S&T 命名的覆盖国防基础科研活动各个领域、各个阶段、层次多、包容庞大的国防科技计划体系，统筹指导国防基础科研的长期稳定有序发展。除了广泛利用大学、工业界的力量之外，美国政府直接掌管着规模庞大的国防基础科研机构。这些机构不走市场化道路，是承担国防基础研发任务的骨干。它们的存在使美国政府在基础科研发展方面能够把握全局，实施有效的主导，又是保障美国国防基础科研得以全面、协调、持续、稳定发展的核心。

冷战结束以后，德、法等一些欧洲国家将国防基础科研纳入国家大的科技发展计划之中，并期望通过市场化的途径解决国防基础科研的问题。后来的事实表明这是当前欧洲军事科研落后于美国的重要原因。如今，德法等国开始大幅度调整其国防基础科研的政策，国家和政府开始更多地介入到国防基础科研之中，收到了良好的效果。

第五章 典型国家推动国防工业经济发展的思路与措施

第一节 典型国家发展国防工业经济的基本认识

一、在倡导竞争的同时，又不教条苛求国防工业保持竞争格局

典型国家一直将竞争作为指导武器装备采办活动的基本主张。维持武器装备市场的竞争态势，是它们关于武器装备采办和国防工业政策的核心内容。可见到的最早成文规定是美国《1947 年武装部队采购法》，它明确要求国防物品和服务要实行竞争性采购。美国、欧盟及其成员国和澳大利亚、加拿大等国家现行国防采办政策无不如此。近年来美国国防部反复强调"稳健而可信的竞争，对保证国防部采购到高质量、可承受、创新的产品至关重要"。虽然典型国家主张武器装备采办竞争并尽力实施之，但实际情况与其主张差距较大——竞争性远不是它们所期盼的那样充分。但是实际上武器系统采办中永远不可能存在一个完整的市场制度。1980 年，美国经济学家雅克·甘斯勒（曾在 20 世纪 90 年代任美国负责武器装备采办的副防长）在分析 20 世纪 70 年代美国武器装备市场数据后发现，国防部的大多数武器装备合同授予了单独一家公司，只有不到 8% 的合同是以价格竞争为基础签出的。通过分析美国国防部 2004 ~ 2009 年向国会提交的年度报告，美国武器装备通过竞争花出去钱只占到所有合同总金额的约三分之一，另外三分之二的钱不是通过竞争花出去的。显然，竞争有严重的局限性；绝大多数类型武器装备的竞争性采办合同金额占比在 50% 以下，其中飞机机身、舰船装备竞争性采办合同金额占比竟低达 13. 3% 和 17. 9% ，而电子装备和弹药的竞争性合同金额占比达到 67. 9% 和 51. 6% 。最后的结果是武器装备采办经费长期相对集中地投入为数不多几家承包商手中。美国法律在强调国防部武器

装备采办合同按照法定程序进行竞争的同时，一直为竞争豁免留着很大余地。

从美国武器竞争市场，可以得到两个结论：一是武器装备研制早期阶段易于竞争，晚期阶段难以竞争；二是新类型武器与新兴技术比成熟武器与技术的竞争机会大。成熟市场国家在发展国防工业经济的时候，倡导竞争，但又不教条地苛求国防工业保持竞争格局。

二、经济建设和国防建设融合式发展是国防科技工业发展的必然选择

世界军工100强企业基本都涉及民品生产，按照军品在收入中的比例分为以军为主型、以民为主型和军民并重型，军民结合已经成为军工企业的特征和发展方式之一。

建立军民结合的国防工业基础，是冷战后美欧国家的共同诉求。它们提倡军民结合有三个动机：首要动机，也是直接动机是，扩大国防对民用工业基础的利用，降低武器装备采办投入。面对传统国防工业基础缩小的局面，通过军民结合，维持武器装备市场的竞争态势，抑制装备研制采购投入和技术发展费用一路高扬的趋势。第二个动机是，鉴于新一轮技术变革在诸多方面（如网络技术、信息处理技术、材料技术等）改变了以往新技术发展和应用“先军后民”的模式，力图通过军民结合，吸收民用技术，加速国防科技和武器装备的创新发展。第三个动机是，避免因武器装备采办规模减小，以及随之带来的国防工业基础缩小，使本国武器装备研发制造能力的完备性受损。

美国对“军民结合”的含义，先后有四种权威解释：

一是工业实体层面上的结合。最典型的是美国国会技术评估署1994年所阐述的，把国防工业基础同更大的民用科技与工业基础结合起来，组成统一的国家科技和工业基础的过程目前，这一概念在学术界得到了比较广泛的认可，相对比较权威。

二是国家宏观层面上的军民结合。美国国防部2007年指出：“将与民用工业在技术、工艺、劳动力、设备、材料、器材、供应链、设施方面相同的国防工业基础与民用工业基础融为一体，在这些领域放弃国防专用工业能力”。

三是将军民结合作为一种过程，美国法典第10篇第2501节规定，军民结合是指，消除民用公司参与国防部项目的障碍，在承担国防项目的执行者之间创造新型商务关系，推行现有最佳做法，并推进新型商务做法的发展与应用。在采办政策上，要尽最大可能依赖能够满足国家安全需要的民用技术和工业基础，减少国防部对传统的国防技术和工业基础的依赖，降低利用民用产品、工艺和标准的联邦政府壁垒。

四是将军民结合视为一种方法，美国国防部近几年在论及军民结合时，都将

它解释为国防部为降低武器装备采购投入而采取的“推动采办民用和民用驱动的产品的一种方法”。

节约国防投入是欧洲国家追求军民结合的主要目的,兼顾扩大国防工业基础。吸引中小企业参与国防科研生产、采用民用成熟产品与技术,是它们的努力方向,也取得了较好的成效,在军工产业链向国家工业基础延伸方面一贯做得比较好。

三、倡导技术优势,重视国防科技工业研发基础

技术优势是美军的一大特点,也是国家军事战略的基础之一。美军今天享有的技术优势和军事实力是过去几十年向国防基础科技大量投入的遗产,未来几十年美国的安全和军事主宰地位将在根本上取决于它的军事技术优势,国防基础科技的投入是维持这种技术优势所必需的。美国今天部署的许多装备和系统是过去若干年有意识地向国防基础科技计划投入的结果,未来的国家安全离不开强大的研发基础;美国的军事优势得益于过去几十年的国防基础科技投入,明天的美国军事能力依靠今天向关键技术的投入。

基础性科技发展面向的是长远军事能力建设,在这样的领域,市场往往失灵,需要国家强有力的投入。基础科技对未来美国军事能力的全面协调发展是至关重要的,它是连接军事构想和作战能力的纽带。强有力的国防基础科技计划为应对宽泛的军事挑战提供选项,构成军事转型的基石。正是通过国防基础科技投资,美国构筑了军事现代化必需的技术基础,发现了形成变革性军事能力的新技术,降低了未来的不确定性。

加大技术研发力度,重视基础性科技的发展。美国一贯重视国防基础科技的发展;欧洲曾一度想依赖民用技术的发展和企业自觉的技术储备为国防服务,近年来被视为教训,开始转变;俄罗斯在改革的过程中,有意识地保留了基础性研究的国家队。

第二节　典型国家推动国防工业经济发展的主要思路

一、瞄准未来军事需求,发展信息时代的军事能力

信息时代的对抗制胜较之以往更加依赖技术优势,美欧典型国家从发展信息时代的军事能力的角度,考量现有的国防工业能力和结构的合理性,希望国防工业的能力与格局更好地与未来作战需要紧密联系在一起,利用电子设备、信息技术和软件,提高武器系统的关键功能和性能。美国国防部认为,美国的国防工

业至今还是在围绕生产20世纪的平台而兼并和收缩,这种局面需要改变。美国和欧盟及其成员国都把研究未来需要的军事能力作为引导国防工业结构调整的主要措施之一。这是美欧政府的共同认识:掌握技术优势一直是它们发展军事能力的共同取向。

二、发展“军民结合型”的国防工业基础

军民结合是美欧等典型国家发展国防工业经济的共同选择,其中既包括大型集团业务的军民结合,也包括鼓励大量中小企业进入国防领域。发展军民结合,一方面可以将国防技术应用于民用工业体系,参与商业应用竞争,提高技术成熟度;另一方面,吸收商用技术参与国防工业生产建设,可以减少国家研发投入,缩减武器装备研发成本和周期。

三、整合并保留军工核心能力

面对装备需求规模小,维持国防科研生产能力完备性的难度大的现实,美国、英国、澳大利亚等都提出本国侧重保留核心工业与技术能力,一般配套能力由国际市场提供的策略。英国开始梳理自己必保的核心能力,美国在2010年《四年防务审查报告》中指出,要“重视盟国的能力,确保它们在竞争美国国防合同时享受公平公正的待遇”。典型国家整合本国的军工核心能力既有本国国防工业核心能力整合,也有地区国防工业核心能力的跨国整合,还有横向整合与纵向方面的整合。通过本国、本地区、全球性纵、横向整合,美欧国防工业核心能力表现出如下两个基本特征:一是走向垄断。主要能力向为数不多的大集团手中高度集中,形成了美国六大公司(年度国防收入超过百亿美元,亦称为顶级公司,即洛克希德·马丁公司、波音公司、诺思罗普·格鲁曼公司、通用动力公司、雷声公司和L-3通信系统公司)和以英国BAE系统公司、法国泰勒斯公司、欧洲EADS公司、意大利芬梅卡尼卡公司(它们的国防收入超过50亿美元)为代表的一批具有高度垄断性质的特大型国防工业公司,致使在美欧两个国防市场上,大型国防系统的主承包层面上的竞争态势削弱。二是实行跨行业跨军种经营。绝大多数大型国防工业公司经营多种武器系统的研发制造,服务于多个军种,传统的工业行业界限模糊。

四、扩大本国军工企业经济来源、降低本国武器装备采办价格、保持本国国防工业的健康

在2006年《国防工业能力年度报告》中,美国国防部首次描述了对工业基础

的期盼，即希望自己所依赖的工业基础是：能够可靠、划算、充分地满足战略目标，这实质上是对未来国防工业基础图像的新的刻画。

另外，美欧俄将拓展国防企业的国际市场作为战略举措，以扩大军工企业的经济来源。特别是美国，近些年来国防部改变过去竭力主张技术控制的立场，呼吁国会放宽限制，为本国国防企业的国际竞争创造条件。现在美国正在修订出口管制政策，以减弱对本国军工企业在国际市场上竞争的束缚。英国是继美国之后第二大防务出口国，占有全球市场20%的份额，大约20%的英国国防领域雇员从事出口工作。在过去十年中，英国国防工业所获得的出口订单价值每年平均为50亿英镑，给国防工业和国防部带来了巨大的收益。

因此，政府鼓励国防工业开发高新技术并迅速地用于现役武器的改造和升级，提高防务市场的竞争力，因为出口是国防经济的一个重要部分，它可以创造比国内采购更多的利润。这种利润诱惑反过来又将刺激工业企业开展技术创新，提高武器装备性能、降低成本，提高利润，通过这些具有世界先进水平的产品竞争出口反过来支撑工业供应的基础，维系国防工业良性循环、健康发展。

五、积极支持和引导中小企业进入国防科技工业生产领域

为克服本国国防工业竞争态势不足及由此导致的创新态度不积极的问题，欧美各国将中小企业作为改变国防工业格局的重要举措，以扩大国防工业基础、维持国防工业产业链健康、激发国防科技与武器装备创新发展。

中小企业在武器装备建设中发挥了重要作用，主要体现在以下四点：在美欧国防部承包商中占据重要地位；在紧急军事行动中，发挥了灵活、快速应变的支持能力；中小企业参与国防技术创新活动的积极性日益高涨；在攻克武器装备关键技术中，中小企业的作用不可低估。此外，中小企业在国防基础技术、前沿技术领域的创新异常活跃。在网络与通信、电子元器件、传感器、模拟与仿真、材料及工艺、计算机软件、无人系统、核应用技术、电推进配套技术等国防基础技术领域中，更多新技术产品来源于中小企业。据不完全统计，在美国国防材料应用研发领域中，中小型企业占了60%。在目前已经进入实施阶段的国际热核实验堆项目中，仅英国就有多达100个中小企业参加。

但是，中小企业参与国防市场并健康成长需要政府的支持。由于国防市场的特殊性，占主导地位的是军工巨头，对中小企业形成了“天然的”壁垒。中小企业的新技术和新产品，往往难以进入国防市场。通常只有通过政府的干预，小企业方可进入，为国防市场带来活力，作为国防工业建设力量的补充。美国国防部着力加强了对“小企业创新研究”（SBIR）计划、“小企业技术转让”（STTR）计划、“小企业革新质量奖励”计划的组织管理和投入，成立了专项技术创新管理机构，

尤其对 SBIR 计划的投入大幅度走高。

第三节 典型国家推动国防工业经济发展的主要措施

一、本国国防工业核心能力整合

面向国防市场为主导业务的工业企业的整合，是美欧国防工业基础调整的特征。其中美国最为显著，它主要通过本国国防工业企业间的并购，迄今形成了包括洛克希德·马丁公司、波音公司、诺思罗普·格鲁曼公司、通用动力公司、雷神公司、L－3 通信公司在内的六个特大型国防工业公司（又常被称为顶级公司）为核心的国防工业基础格局。本国国防工业企业的并购，成为 1990 年代至今美国国防工业界层出不穷的事件，也构成美国国防工业基础调整的基本特征。1993 年至今的 20 多年中，一系列主要的二级、三级国防工业公司并入大型公司，进一步强化了美国国防工业核心能力的寡头化。

欧洲各国国防工业基础的整合也主要发生在本国国内，像 BAE 系统公司（英国）、芬梅卡尼卡公司（意大利）、泰勒斯公司（法国）这些特大型国防工业公司的崛起，要么首先是通过本国企业间的合并和收购起步的，要么本国企业间的合并和收购是主要因素。近些年来，欧洲国防工业基础调整的重要特征是欧洲范围内的整合以及大型企业向全球扩张。

二、地区国防工业核心能力的跨国整合

1990 年代中前期，当美国国防工业迅速兼并的时候，欧洲国防工业基础也开始了跨国界的整合，主要方式是，合资（如导弹产品）或组建多国财团（如欧洲战斗机）。这两种形式有一个共同的前提，即各国国防工业公司需要保持其国家独立性。由于各国政府不愿意本国公司被外国公司收购，因此大规模跨境收购受到了阻碍。到了 1990 年代后期，这种情况难以维持下去。随着美国国防工业基础寡头格局的形成，从防止在欧洲乃至全球国防市场上失去竞争力着眼，欧盟内部出现了一股制定欧洲安全与防务政策（ESDP）的推动力，并且由于欧盟内部为发展欧洲单一市场，民用领域开始实施跨国兼并，使得欧洲国防工业公司面临着政治和经济压力。这样就引发了第一次大规模的兼并，即 1999 年 1 月发生的大英宇航公司收购 GEC 公司国防装备部门（马可尼电子系统公司），形成的新实体被命名为 BAE 系统公司。经过 1990 年代末期到 21 世纪初期的发展，欧洲还形成一批具有一定规模的“泛欧国防工业集团”，例如欧洲 MBDA 导弹公司、欧洲战

斗机公司、欧洲喷气涡轮公司、欧洲直升机工业公司、空客军事公司（Airbus Military）等。

三、国防工业基础的全球延展

在跨国并购与国际竞争方面，鉴于欧洲的国防市场已经难以满足欧洲的泛欧大型防务公司的业务需要，欧洲军工企业纷纷采取了积极措施进军海外市场特别是北美市场、澳大利亚市场以及亚洲市场，以此增加海外业务的收入，推动欧洲国防工业以投资的方式走向全球。英国 BAE 系统公司是国际化扩张最典型的例子，自 1999 年并购本国的马可尼电子公司（亦即从大英航宇公司转变为 BAE 系统公司）之后，其业务扩张的主要对象定位在美国。2004 年之前重点放在收购美国公司的电子信息业务，2004 年以后重点转向收购美国的地面系统业务，先后完成了三项大宗收购，此举使其地面武器系统行业的规模就将超过美国通用动力公司，可能成为世界上最大的地面武器系统供应商。

同时，美国的大型国防工业公司也开始采取行动，逐步加大力度，向国外扩张。典型的例子是，2006 年，美国 L－3 通信公司并购了英国 TRL 电子公司；美国 Spirit 航空系统公司并购了 BAE 系统公司航空结构部，成立了名为 Spirit 航空系统（欧洲）的公司。2007 年，美国通用动力公司完成了对加拿大弹药集成商 SNC 技术公司的收购；美国通用动力公司收购了澳大利亚媒体国际公司；美国通用电气公司完成了对英国史密斯航宇公司的收购；美国西科斯基公司完成了对波兰飞机机身制造商 PZL Mielec 公司的收购。

四、力争向军民结合的方向转变

军民结合是美欧的共同选择，其中既包括大型集团业务的军民结合，也包括鼓励大量中小企业进入国防领域。建立军民结合的国防工业基础，是冷战结束后美欧政府的共同诉求。美欧推进军民结合的战略意图是，扩大国防需求对民用工业基础的利用，从而避免因武器装备采办规模的减小，以及随之带来的传统国防工业基础缩小，而使本国国防研发制造能力的完备性受损。其间接的意义则是多方面的。从近几年来美国和欧洲各国所持的态度来看，通过军民结合主要要实现两个直接的现实目的，一是面对传统国防工业基础缩小的局面，通过军民结合，尽力维持国防市场的竞争态势，由此来抑制装备研制采购投入和技术发展费用一路高扬的趋势；二是鉴于新一轮技术变革在诸多方面（如网络技术、信息处理技术、材料技术等）改变了以往新技术的发展和应用“先军后民”的模式，转而“先民后军”，力图通过军民结合，吸收民用技术，加速国防科技和武器装备的创新发展。

横向整合与纵向整合构成美欧国防工业核心能力整合的两种基本类型。通过本国、本地区、全球性的纵向与横向整合,促成为数不多的军工巨头诞生。

第四节　典型国家推动国防工业经济发展的经验教训

一、积极进行军工核心能力保护和建设

军工核心能力是武器装备总体设计、总装测试、试验验证、系统集成和关键技术研究等环节上最重要的科研生产能力,对武器装备性能具有决定性作用,具有不可替代性,无法短时期内迅速形成,一旦丧失,会对国家武器装备科研生产的独立自主造成不可承受的负面影响。由于军工核心能力对国防的影响巨大,国内外都高度关注其发展变化,想方设法予以保护。典型国家对军工核心能力进行保留和整合值得我国借鉴。

二、经济建设和国防建设融合式发展是国防工业经济健康发展的新路子

军民结合是典型国家军工企业的共同选择,虽然美国和欧洲等国家对经济建设和国防建设融合的定义和解释不完全一致,但是基本都含有军工企业从事民用工业生产,以及国防研发和采购项目中扩大对中小企业以及民用技术的利用。分析美国《Defense News》每年的百强军工统计数据可知,民用产业规模是百强军工企业经济总规模的主要贡献部分。由于各国军品业务容量有限,军品业务规模一般变动不大,因此,军工企业经济总量的变动主要因其民用产业规模而变,国防工业经济发展重点应在发展民用产业的方向,即民品兴业。经济建设和国防建设融合式发展既有利于提升国防武器装备技术水平,又有益于提高军工企业从事科研生产的积极性,因此,经济建设和国防建设融合式发展是国防工业经济健康发展的新路子。

三、多元化发展是推动国防工业经济发展的重要途径之一

国外军工企业几乎都采取了多元化发展的思路,多数企业不仅涉足多个军用领域而且充分利用军用技术向民用技术转移,发展相关民品。

在军品生产方面,国外多数企业为综合型国防工业企业,即涉及两个或两个以上武器装备科研生产专业领域。如美国洛克希德·马丁的军品范围涉及军用

运输机、战斗机、火箭、导弹和卫星，日本三菱重工生产军用船舶、坦克、装甲车和航空产品。不同的武器装备生产在某些工艺和部件上具有通用性，如动力系统和电子雷达系统，同一国防工业企业生产不同领域武器装备可节省部分研制成本和生产成本，提高产品利润率。在民品生产方面，一些企业不仅发展军工技术转民用的产品，还通过兼并重组等方式来发展民品产业，业务范围比较广泛。如，美国通用电气集团的民品业务范围涵盖航空、医疗、交通、能源、照明、金融等行业。军工企业在军品或民品方面进行多元化发展有利于企业分散行业风险、有效利用企业资源、降低企业成本，是推动国防工业经济发展的重要途径之一。

第六章 典型国家经济建设和国防建设融合发展现状

第一节 典型国家经济建设和国防建设融合的主张

建立经济建设和国防建设融合的国防工业基础，是冷战后美欧国家的共同诉求。它们提倡经济建设和国防建设融合有三个动机：首要动机，也是直接动机是，扩大国防对民用工业基础的利用，降低武器装备采办投入。面对传统国防工业基础缩小的局面，通过经济建设和国防建设融合，维持武器装备市场的竞争态势，抑制装备研制采购投入和技术发展费用一路高扬的趋势。第二个动机是，鉴于新一轮技术变革在诸多方面（如网络技术、信息处理技术、材料技术等）改变了以往新技术发展和应用“先军后民”的样式，力图通过经济建设和国防建设融合，吸收民用技术，加速国防科技和武器装备的创新发展。第三个动机是，避免因武器装备采办规模减小，以及随之带来的国防工业基础缩小，使本国武器装备研发制造能力的完备性受损。

一、美国

在美国，自 1993 年克林顿政府为消除军工能力过剩提出了经济建设和国防建设融合概念以来，美国某些政府部门、研究机构、学者开展了一些研究，并最终通过立法，纳入美国法典。美国对“经济建设和国防建设融合”含义，先后有四种权威解释：

一是工业实体层面上的结合。最典型的是美国国会技术评估署 1995 年所阐述的，即：经济建设和国防建设融合发生在工厂、公司和行业三个层面上。在工厂层面上，共用人员、设备、材料，甚至并行生产军民用产品；在公司层面上，生

产线可能是分列的,但由同一家公司进行管理,在行业层面上,可以共用研发机构、技术和工艺等。

二是国家宏观层面上的经济建设和国防建设融合。美国国防部2007年指出:"将与民用工业在技术、工艺、劳动力、设备、材料、器材、供应链、设施方面相同的国防工业基础与民用工业基础融为一体,在这些领域放弃国防专用工业能力"。

三是将经济建设和国防建设融合作为一种过程。美国法典第10篇第2501节规定,经济建设和国防建设融合是指,消除民用公司参与国防部项目的障碍,在承担国防项目的执行者之间创造新型商务关系,推行现有最佳做法,并推进新型商务做法的发展与应用。在采办政策上,要尽最大可能依赖能够满足国家安全需要的民用技术和工业基础,减少国防部对传统的国防技术和工业基础的依赖,降低利用民用产品、工艺和标准的联邦政府壁垒。

四是将经济建设和国防建设融合视为一种方法。美国国防部近几年在论及经济建设和国防建设融合时,将它解释为国防部为降低武器装备采购投入而采取的"推动采办民用和民用驱动产品的一种方法"。

美国国防部持有这样一种观点,"虽然专门针对国家安全的创新成果(指最终产品)往往出现在'纯军'的国防工业基础之中,但绝大多数能够维持技术优势的创新性和变革性部件、系统与方法存在于民用市场、小型防务公司,或美国的大学中",所以要"尽可能设置相应的需求和专门的项目,以充分利用可供利用的整个工业基础,包括传统的国防公司、纯粹的民用公司,以及越来越重要的创新型先进技术公司与研究所",以"确保国防工业基础能够不断得到巩固,确保关键技能不丧失,保护国家安全不受供应链损伤风险的影响。"

二、俄罗斯

普京在其《强大是俄罗斯国家安全的保证》文章中,对经济建设和国防建设融合给予高度重视,明确指出"国家应该寻找突破性的研发,鼓励研究和设计阶段的健康竞争,吸收年轻的爱好者中涌现的非正统的创意。国防工业的复兴能带动冶金、机器制造、化学、无线电、信息技术以及电信等部门的发展,成为火车头,并为这些部门的企业提供更新的技术和资金,为众多科研和设计单位提供保障,确保其在民用部门研发市场上的存在。当代世界中军用与民用技术之间形成了相互影响的关系。在一些部门(如电信、新材料和信息)中,民用技术推动着军事技术的快速发展,而在航空和航天等部门则是相反,军用技术推动民用技术的发展。这要求改变过去对保密的认识,重新看待信息交换的原则。要严格保守最重要的机密,但也要促进更多的科技信息交流。保证国防部门与民用部门

之间创新和技术的双向交流是很重要的。军工企业的发明应该切实地体现为价值。这种价值的体现要考虑到民用产品商业化的潜力和技术转化的前景。军工企业也可以直接生产民用产品。”

俄政府高层领导人多次表示，俄国防工业的建设要与军队武器装备建设统筹发展，到2020年国防工业综合体通过整合形成一大批有自行发展能力、经济稳定、跨多专业领域、多样化经营、具有国际竞争力的高科技军民品生产大型集团公司，国防工业综合体要形成“新的面貌”，不仅要承担供应军队武器装备的任务，同时也要成为推动各行业发展的火车头，特别是要带动机械制造、化学工业、信息技术等产业的发展。

三、日本

日本作为二战战败国，战后其国防工业的发展遵循“寓军于民”的模式。在这种模式下，日本国防工业核心能力主要集中布局在三菱重工、川崎重工、三菱电机、石川岛播磨重工、日本制钢所等20多家大型企业。1970年，日本颁布了《国防装备和生产基本政策》，为军工生产确立了基本方针，并以法律文件形式将“寓军于民”的产业模式固定下来。“寓军于民”强调民用技术对军工生产的“溢入”(Spin－on)作用。当时，日本产业界认为，发展民用技术会有更多的机遇，在某些方面，民用技术的进步速度更快。为此，日本防卫厅更加强调民用技术经过适应军事需求的改造向军工生产系统的“溢入”。这样，在政府的大力扶持下，建立了以私营企业为主的军事工业，形成了“寓军于民”的模式。

第二节　典型国家经济建设和国防建设融合管理体制

世界主要国家高度重视国防工业，均在国家顶层设有相关的决策、管理和协调领导和办事机构，推动国防工业发展和经济建设和国防建设融合等事项。

一、美国经济建设和国防建设融合管理体制

美国立法、司法、行政“三权分立”的政治制度，在其国防工业管理架构上得到了充分体现。

在立法系统中，国会是最高立法机构，负责国防预算的审核、批准与监督，以及对国防部、能源部等国防工业相关行政部门的组织与管理进行监察。

在司法系统中，由联邦法院和州法院两套法院系统，通过司法审判程序，对

司法部(属行政系统)质疑的国防工业行为进行司法裁决。两套系统分别属于联邦政府和州政府,但没有上下级关系;美国宪法规定,凡是法律没有明确授权联邦法院的司法案件,都属于州法院。

联邦法院系统由94个联邦地区法院、13个联邦上诉法院和1个最高法院组成,并在地区法院设有专门法庭。司法系统的司法范围包括了与国防工业相关的破产、兼并、赔偿、国际贸易,以及专利、商标等。特别是对司法部质疑的有违“反垄断法”的军工企业兼并、有违《美国出口管制法》的军品出口业务等,有权司法裁决制止。

表6.1　国防工业相关主要司法系统机构的职能

机构	职能
地区法院	为联邦法院系统的一审法庭。管辖几乎所有类型的应由联邦法院管辖的案件,包括国防工业相关各类案件
上诉法院	为联邦法院系统的巡回法庭,审理巡回区内地区法院裁判后的上诉案件以及对于联邦行政机构的决定的上诉请求。此外还对于某些特殊案件拥有全国管辖权,包括涉及国防专利的案件、国际贸易法院和联邦赔偿法院判决的案件
最高法院	为美国最高审判机构,初审权仅限于对涉及大使、其他使节和领事以及以州为诉讼一方的案件等;复审权主要为对州最高法院或联邦上诉法院审理的案件,有权就法律问题进行复审;有权颁发调审令,调审下级联邦法院或法院审理的案件
破产法院	为联邦法院系统的特殊一审法庭,每个联邦地区法院管辖区内至少有一个联邦破产法院,审理包括军工企业破产在内的企业活动
国际贸易法院	为联邦法院系统的特殊一审法庭,审理涉及国际贸易和海关问题的案件,包括审理不合法规的军品出口案件
国外情报监测法庭	为联邦法院系统的特殊一审法庭,审理涉及国外情报监测的案件,例如对国安局大规模国外监听的授权
武装力量上诉法院	联邦司法系统之外的文职司法机构,负责军中重大案件的复核工作

不过,鉴于其军事特殊性,很多军工企业的活动在充分考虑国防部意见和征得国会允许的情况下,可以得到司法系统的豁免。例如20世纪90年代开始,为解决工业能力过剩问题,在国防部力主下,允许军工企业不受“反垄断法”的限制,实施大规模并购,促进军工核心能力高度集中。

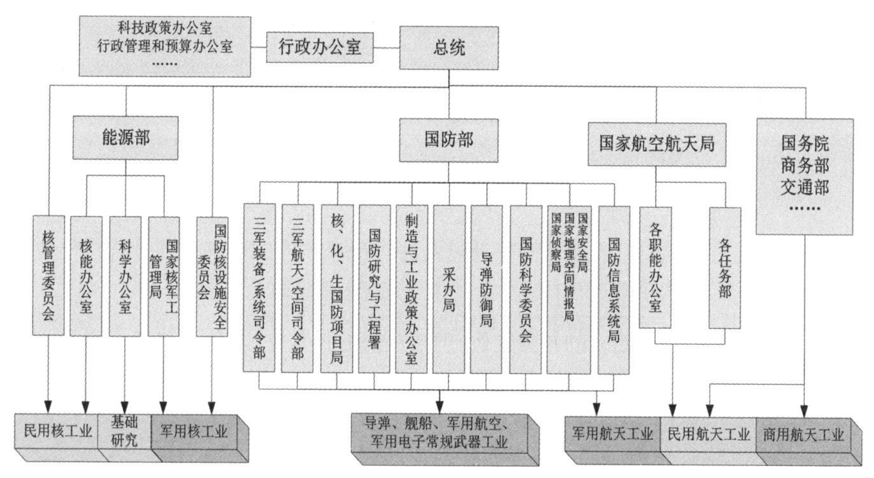

图 6.1　美国国防工业行政管理系统

美国总统既是国家元首又是政府首脑，是国防工业最高的管理决策者。

在行政系统中，国防工业相关的管理系统分为顶层决策和部门管理两个层级。顶层以总统为核心，对国防工业重大问题享有最终决策权；国防部、能源部、国家航空航天局为国防工业主要行政管理部门，根据各自的科技与装备需求，对国防工业领域的各种活动进行规划引导、采办和投资支持、行业和总体监管。

表 6.2　总统行政办公室中国防工业相关机构

机构	职能
国家科学技术委员会	属政府内阁组织，委员会主席由总统担任，成员包括副总统、科技政策办公室主任及科技相关政府部门领导，负责协调国家科学技术的发展、制定国家科技发展战略、加强国家对科技工作的领导
国家安全委员会	主要成员为各个部门高层领导，属政府内阁组织，通过行政办公室举办的会议，向总统提供国家安全和外交政策建议；在各个政府部门中协调各种安全和外交政策
科技政策办公室	把握科技预算的投资方向和重点，为总统和高层官员提供政府科技政策、计划、项目建议、分析、评判，并协同相关部门协调国家科技工作。主任为总统科技助理，直接向总统汇报

表 6.2(续)

机构	职能
总统科技咨询委	成员除科学技术政策办公室主任外,主要来自产业界、教育界、研究院所和其他非政府组织,由总统任命,从民间、私营及非政府角度,就科学、技术、创新等领域提供政策建议
行政管理和预算办公室	协助总统制定和管理包括国防预算在内的预算计划,并监督、评估联邦预算的执行。主任为总统助理,直接向总统汇报
白宫办公厅	负责白宫的整体运作,包括总统的日程安排、信息报送、沟通协调、文稿审核,协助决策等各种工作

作为国家的最高领导人,其最高决策权决定了其在涉及国防工业的任何国家层面的重大事项都有关键影响力。每年的国防采办预算、很多跨部门的项目要经过总统的审核和签署方能生效,例如作为国防工业战略领域的核工业、航天工业的重大发展计划,而涉及国防工业的国家制造创新网络计划等甚至由总统亲自提出并推动。总统行政办公室下设机构为总统和国家重大决策提供管理协助和咨询支撑,此外还有经济、环境等方面的委员会或办公室。

国防部是负责国防工业管理最主要的行政部门,分为政府管理和军事作战两大序列,其中政府管理序列主要负责航空、舰船、兵器及电子等常规武器的科研与生产,军事作战序列主要负责军事建议、作战指挥、部队部署、作战后勤保障等。

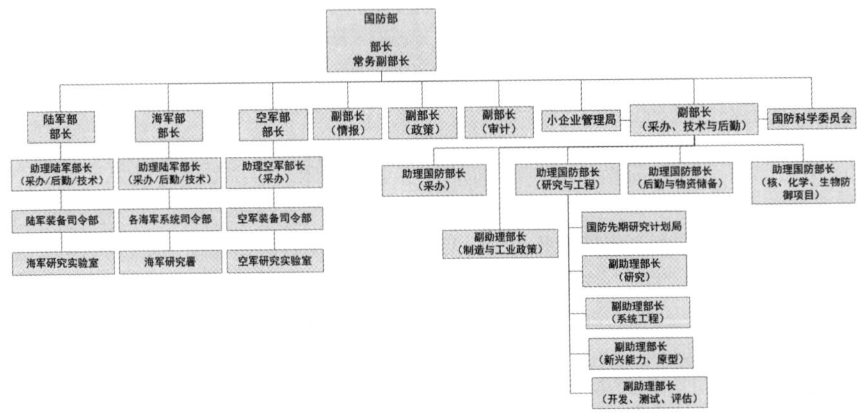

图 6.2 美国国防部国防工业主要管理部门组织框架

除国防部外,与国防工业管理密切相关的行政管理机构还包括负责核工业管理的能源部,负责民用航天和航空管理的国家航空航天局(NASA)等。

二、俄罗斯经济建设和国防建设融合管理体制

近年来,俄罗斯对其国防工业的管理架构进行了频繁地调整,进一步加强了对国防工业的集中统一领导,例如2014年,普京亲自担任军事工业委员会主席(该机构原为俄联邦政府下设机构),提升了该机构在国防工业管理架构中的地位。目前,俄罗斯对国防工业采取三层管理体系。最高层是俄联邦总统、俄联邦委员会(上院)和国家杜马(下院)。其中,总统办公厅下设俄联邦安全委员会、对外军事技术合作委员会等;上下两院主要负责审议国防工业相关政策和法律,对国防预算法案进行审核和批准,以及预算执行监督,最终由俄总统批准命令。第二层是由俄联邦政府和若干专门委员会(如军事工业委员会、出口监督委员会、高技术和创新政府委员会等)组成,其中主要负责协调和沟通联邦政府、国防部、联邦政府部门以及国防工业综合体①。第三层是俄罗斯国防部(向总统直接负责)和各俄联邦部门(如工业与贸易部、联邦航天局等,向总理负责)组成。其中,国防部主要负责制定武器装备发展政策、国防订货等,工业与贸易部主要负责制定国防工业政策,组织协调企业进行军品科研生产等,联邦航天局统一管理军用、民用以及商业航天活动。

三、日本经济建设和国防建设融合管理体制

日本对国防工业采取一元化的管理体系。日本内阁是国防工业的最高决策机构,其下设的防卫省负责武器研制、采购等。由首相任主席的安全保障会议负责国防工业发展战略审批和决策。

第三节　典型国家推进经济建设和国防建设融合的主要措施

一、美国的主要措施

(一)积极发挥政府作用,出台相关政策,指导“军民一体化”发展

经济建设和国防建设融合涉及国家的许多重要环节,波及面广、程序复杂,

① 国防工业综合体:冷战结束后,俄罗斯联邦政府将国防工业企业划分为战略性企业和非战略性企业两大类。政府对战略性企业进行直接控制,将非战略性企业推向市场。其中,由国家全资或者国家控股的战略性机构和企业统称为国防工业综合体。

美国等发达国家均把军民结合作为国家战略,并制定相关法律、政策加以推动。推进军民结合、寓军于民成为其国防工业发展战略、科技创新战略、采办政策、授权法规等一系列顶层指导性文件的重要内容。

冷战结束后,根据国际形势的变化,美国制定了以国防科技工业调整为主要内容的《国防转轨战略》,提出了建立一个既满足军事需求,又满足商业需求的、统一的"国家技术与工业基础"的战略目标。为了推动军民一体化的实施,美国在国会和国防部层面出台了一系列法律、法规。

(二)成立专门机构,促进军民两用技术的开发与应用

大力发展军民两用技术是实现军民结合的重要途径,国外在推动军民结合的过程中十分重视军民两用技术的发展及军民技术的相互转化,分别成立专门机构,以便有效推进军民结合的进程。

美国在1991年就成立了技术转移办公室(OTT),为国内军事工业与民用工业之间的技术转移提供联络和协调服务,主要负责监督国防部支持的R&D活动;界定在非国防的商业领域具有应用潜力的R&D活动,并与能源部和商务部协商和协调,积极促进这类技术向私营部门转让;协助私人公司解决有关技术转让问题。自成立以来,该机构负责集中管理了多项两用技术开发与应用及促进军民一体化的相关计划。如:两用科学技术计划(DUS&T)、独立研究与开发计划(IR&D)、北美技术与工业基础组织计划(NATIBO)、制造技术计划(ManTech)、技术转移倡议(TTI)、国防生产法案第三篇计划(Defense Production Act Title III)、小企业创新研究计划(SBIR)等。目前,除两用科学技术计划外,其他五项计划仍在执行中。这些计划在军品采办的全寿命周期中的不同阶段,针对不同部门实施。

(三)统一军用、民用标准,打破军民双向转移壁垒

在发达国家的传统国防采办过程中,国防承包商是由一系列采办法规控制的,并严格按照国防惯例、规范和标准组织武器装备的研究、发展和生产。这种状况在很大程度上阻碍了军民结合。因此,许多国家都纷纷对军用标准进行了改革,在装备采办过程中大力倡导利用民用标准和商业规范。

冷战结束之后,美国为推进"军民一体化",积极改革国防采办体系,建立了高效、精干的采办系统。与此同时,美国对军用标准的使用进行了限制,用民用规范和标准取代大部分军用规范和标准,采用商业惯例,扩大民品采购。美国还不断推行军事标准改革,在对过去所有军用标准和规范进行全面清理、审查的基础上,废止了4 000余项军用规范和300余项军用标准,采纳了1 700多项民用标

准,大大提高了民用标准、性能规范在国防部标准化文件中的比例。在装备采办过程中,鼓励承包商最大限度地采用满足军事需求的民用标准和性能规范,限制使用军事规范和标准,只有在确实没有民用标准可用,或现有民用标准不能满足军事要求时才考虑使用军用标准,而且使用军用标准必须经过批准。

(四)培育和扶植中小企业,提升国防工业竞争活力

随着民用技术的迅猛发展,许多国家纷纷意识到,充分利用民用领域的成果和资源为国防建设服务,是提高资源利用效率的重要途径,是大势所趋,因此各国纷纷采取各种措施,积极扶持积极支持和鼓励民用企业参与装备科研生产,特别是扶持中小企业的发展。

扶持民用中小企业为军方开发产品,已成为美军方的指导方针。2003 年出台的《国防工业转型路线图》强调,必须改变主承包商控制国防市场的局面,引导和鼓励掌握创新技术的中小型企业进入国防领域,从而形成大小兼备、供应商众多的新型国防市场格局。美国在鼓励中小企业参与国防工业方面,通过采取改革采办政策,建立通畅的沟通渠道等手段,为小中企业提供进入国防市场的便利条件和良好环境。此外,在资金方面,设立多项计划,加大面向中小企业的采办与科研投入。美国国防部执行的这些鼓励和吸引中小企业参与国防科研生产的计划中,最主要的两项计划是由联邦政府统一推行的“小企业创新研究计划”(SBIR)、“小企业技术转移计划”(STTR)专项,而且,近十几年来美国国防部对 SBIR/ STTR 计划的投资也呈现迅速增长趋势。

(五)促进军民需求对接

1. 通过会议公开发布需求

美国国防部和各军种都可通过召集工业部门开会的形式向非传统军工发布军事需求,如,美国海军每年都会召开由军方多个部门、企业家参加的“机会论坛”,企业介绍相关产品和技术的研发进展情况,军方介绍需求方向和相关项目安排情况。

2. 通过网站发布需求

美国国防部和各军种也通过网站公开发布招标书,或在装备技术研发管理机构网站上公开有关主管的联系方式等,对外公布武器装备和军事技术研发需求或需求线索。如美国国防部、DARPA、ONR 等都在各自的官方网站上专门设置栏目介绍重点研究方向。又如,任何人都能访问美国国防部小企业预研招标网站,可浏览电子招标书、常见问题、投标书样本、合同范本、正在进行中的小企业预研计划概要、小企业预研项目的最近更新情况、商业资助和筹资的超链接等

信息，方便各类非传统军工中小企业了解国防部的需求。

此外，还有其他一些网站发布国防需求，如由美国防部负责维护的 TechMatch 网站，主要用来为工业界和学术界在遍布全美近 120 个国防实验室中寻找研发机遇、许可专利及相关信息提供一个沟通平台；由国防部和 NASA 提供资助的 TechLink Center 网站，为企业提供同联邦实验室开展技术许可、研发、技术转移和技术转化等合作的沟通平台；由国防部技术转移办公室、空军研究实验室等单位联合资助的 FirstLink 网站，主要是帮助美国国防部与私营公司和企业家建立沟通的渠道，以获取所需技术。

3. 其他措施

美国还采取其他措施，帮助非传统军工企业了解需求，或主动了解具有潜在军事用途的产品和技术。如，美国公开有关项目负责人的联系方式，方便潜在供应商了解需求；定期召开"关于新技术的国防科技研讨会"，以促进军方领导和科技工业及学术界之间就有军事应用潜力技术的对话和交流等。国防科技研讨会的特点是，每次会议都有杰出的研究人员以深刻的洞察力对某一技术领域的重大军事应用价值做简明扼要的介绍。除此之外，美国还有许多种不同层次和不同方式的交流平台，大大促进了军方同科技工业界的沟通，为美国国防部利用军民两方面的智慧，不断形成合理的、有重大价值的武器装备创新思路提供了重要平台。

4. 美国在需求对接过程中的保密措施

美国一方面最大限度地保证需求对接的开放性，另一方面采取严密措施，防止需求对接过程中可能的泄密隐患。美国政府和军方对涉密和非密信息做出严格界定，对通过会议、互联网或其他途径发布的需求对接信息制定了严密的脱密处理程序，并对参加需求对接会议的企业实行严格的保密审查。

（六）促进非传统军工企业进入国防科研生产领域的措施研究

1. 资格认证

美国国防部对非传统军工企业参与国防业务的资格认证有着较为成熟的做法。如，对参加武器装备或军工产品研制活动的企业，应进入合格竞标商列表、合格供应商列表或合格制造商列表，但并非强制条件，美国采办政策明文规定，只要企业能证明其产品能够满足认证标准或能够在合同签订前满足认证标准，企业也应被作为潜在的承包商看待。

2. 准入门槛设置

美国为促进非传统军工企业进入国防市场，在国防工业供应链中尽可能多地利用国家工业基础，采取了多种措施降低准入、军用标准等方面的壁垒。如，

为了减少军用标准对非传统军工企业进入国防市场的阻碍作用，美国不断削减军用标准的数量，尽可能采用现成的民用标准。

3. 吸引小企业进入国防领域

一直以来，美国国防部和各军种采取一系列措施吸引小企业进入国防领域。例如，美国国防部设小企业项目办公室，在网站上公布了详细的办事指南，为小企业提供国防部采购项目、承包流程等相关链接以及国防采购项目主承包商的联系方式，帮助小企业取得国防部的承包或分包合同。同时，小企业项目办公室的官员和专家还为小企业提供咨询服务，帮助小企业明确其进入国防采购的领域，并为小企业参加市场、财政以及承包事务等方面的培训提供优惠服务。此外，为促进大量非传统军工的小企业进入国防市场，美国国防部只要求小企业在投标前，在国防部电子标书提交系统中注册，然后就可直接提交电子版标书，在保密方面，仅要求在标书中说明参与项目的直接雇员、分包商及顾问中外国人的国籍及签证类型等情况，在管理部门的合同谈判中再审核外国人是否具有参与项目的资格，而无须烦琐的保密资质认证。

4. 开放供应链，并要求直接采取民用现成产品

2003 年拉姆斯菲尔德任国防部长后，强制要求主承包商分包合同，并要求在签主承包合同时明确分包任务和分承包商单位，在主承包合同签署完毕后将受到监督，最糟糕的情况下，国防部将直接扣除分包经费，直接向原定的分包商采购设备配送给主承包商。在这样的政策下，美国军工供应链现已比较开放，与国家工业基础之间的差异已经显著缩小。

美国已经认识到了民用成熟产品在军用领域的巨大潜力，它们不仅技术更新速度快，能够降低装备的采办费用，还能够大幅降低武器装备的使用和保障费用。为了推动民用产品在武器装备领域的应用，美国国防部在 5000.2 采办指南文件的 3.5.3 节中规定，“为取得最好的可能系统方案，应强调创新和竞争，来自各种大小企业的现成的民用产品（COTS）功能和方案都应仔细考虑”。该指南文件还要求在武器装备中重新设计系统保障的方法，提高效率并最大程度利用民用产品。如，在“海麻雀”防空导弹升级项目中，项目小组对系统和部件设计进行了重新思考，大量采用了民用产品，这种做法使整个项目共节省了超过 1.46 亿美元的资金，不仅如此，“海麻雀”导弹每年的维护支出也大幅降低，整个北约“海麻雀”导弹系统平均每年大约节约 39% 的维护费用，这主要归功于新采购的民用产品更加可靠，更加易于维护，拥有内置的故障检测和隔离电路等。

二、俄罗斯的主要措施

(一)将“经济建设和国防建设融合”上升至俄罗斯的国家战略高度

因为国防科技工业具有典型的国家属性,要实现发展模式的转变,单靠军工企业自身改制是无法实现的。着眼于将苏联时期积累的强大国防工业实力有效地转为民用,1990 年起俄政府多次制定出台专项的国防工业“军转民”纲要和计划。1998 年俄罗斯国家杜马通过了《俄罗斯国防工业“军转民”法》,使国防工业“军转民”工作以法律形式确定下来。国家杜马随后还通过了“国防工业企业无偿债能力的认定”的反破产法草案,旨在使军工企业在“军转民”过程中免遭破产,以保留军工生产能力和生产线。在《1998 至 2000 年国防工业“军转民”和改组专项规划》中,俄政府对军转民经费和军民两用技术应用等提出新的要求。2001 年 7 月,普京政府批准了《2001 年至 2006 年俄罗斯国防工业改革和发展规划》,要求在经济转型过程中,不仅要关注两用技术的开发与应用,向美国及西方发达国家看齐,而且要确保高技术武器装备的研制生产能力。此外,还出台了军转民经费、两用技术应用等方面支持的具体举措。目前,俄罗斯国防科技工业的产品结构已发生了明显变化,70% 以上的军工企业实现了“一盘棋”,既能生产军工产品也能生产民用产品。

俄罗斯从国家安全战略、军事学说、军事战略等方面,均明确提出加强经济建设和国防建设融合发展。首先,从国家战略层面明确提出要统筹国防与经济等领域建设。2009 年发布的《俄罗斯联邦 2020 年前国家安全战略》明确了需要通过制定战略性文件并颁布相关法律法规,统一协调国家政府机构、国防资源、经济领域各企业乃至网络和交通等重要基础设施的活动,以确保国家安全战略目标的实现。2010 年,《俄联邦军事学说》指出,为保障国防利益,在某些领域要实行军民科研生产一体化发展。其次,以总统令形式明确提出要积极推进经济建设和国防建设融合工作。2012 年,普京再任总统当日,即签署了《关于实现俄联邦武装力量、其他军事组织建设与发展以及国防工业现代化规划》总统令,明确提出保障高风险和基础科研工作的可持续发展,吸纳俄罗斯科学院、国家科学中心和大专院校从事国防建设;创建统一的科研和设计工作信息数据库,将军用和民用资源共享和军民技术双向转移工作。三是在重要领域的战略性文件中明确提出经济建设和国防建设融合的原则及要求。为落实军事学说和总统令,《俄联邦空天防御构想》将“建立军民协作机制,共享情报资源,共建空天防御系统”作为首要原则。《俄联邦 2020 年前北极国家政策原则》主张对北极资源行使主权,强势推进军民并重的北极战略。

(二)组建军民协调机构

为保证俄罗斯经济建设和国防建设融合顺利推进,根据普京“筹备建立若干有效的组织协调机构,在军事、工业、科技和政界之间实现有效沟通”的要求,2012 年起,俄罗斯先后组建和完善若干军民统筹协调机构。

1. 建立协调经济建设和国防建设融合的最高机构

俄罗斯十分重视发挥民用企业和私营公司在推动国防工业发展中的作用,俄罗斯成立“联邦安全委员会”,作为协调国防建设与经济发展的最高机构。该委员会由总统任主席,总理任副主席。2013 年,俄政府修改并颁布《俄联邦军事工业委员会条例》,赋予俄军事工业委员会协调和仲裁军民两大领域相关重大决策活动的职能。同时,俄工业与贸易部组织成立跨部门军民两用高新技术创新与转换中心。该中心负责搜集、保存和共享高新技术创新信息,对完成军民两用科研试验效果进行评估,以减少浪费、提高军民两用高新技术创新与转换的透明度与效率。

2013 年,俄政府决定成立军事工业委员会直属的“国家 - 私营合作委员会”,在国防订货范围内扩大实行公开竞争和竞标,并实施国家 - 私人伙伴关系的机制,以推动私营企业参与国防工业,达到打破垄断,引进先进技术,吸引外资,减少国防预算负担的目的。2013 年 2 月,俄罗斯副总理罗戈津称,俄罗斯政府目前正在起草一项立法,目的是支持私有企业积极参与国内国防市场。俄罗斯军工联合体目前均为国有性质或由国家控股。尽管俄分析家们质疑罗戈津提出的这些措施是否能够实现切实可行的改革,但这些措施有望能够鼓励新的力量进入市场,可能会采取公有 - 私有合作关系,扩大私有企业参与采办过程。

俄政府提出“国营和私营合伙原则”。俄政府试图通过创建若干个能够从事民用、两用和军用产品的研发和生产的控股公司,尤其是合资综合控股公司,来探索新的吸引和利用私人资金及外资发展国防工业企业的机遇。

普京总统在其国情咨文报告中表明了政府制定的国防领域计划的总轮廓。重申了在重建国家工业和改革国防工业综合体的过程中,通过引入国营私营合伙原则,把比较牢固的国家控制与国内投资机会自由化相结合、把国家投资与商业进取精神相结合,以此来快速复兴国家工业和国防工业综合体。

2. 建设军民联合集团

建立既能够履行承担武器研制计划、生产科技含量高的军品任务,又能在国内外市场上开展两用技术产品的竞争、加速科技成果产业化、最终实现军用产品与民用产品的双向互惠互利的军民联合集团,是俄罗斯促进经济建设和国防建设融合的又一举措。为此,俄罗斯政府在组织机构、生产和管理等方面进行一系

列"军转民"的改革,将数个相关设计局、研究所、工厂、企业联合起来再加上金融、贸易等集团,成立集科研、设计、试验、生产、销售和融资等紧密结合为一体的金融—工业集团。这类集团自筹资金、自负盈亏、自主经营、独立核算,实行专业化生产。2006 年 11 月,俄罗斯整合了一些大型航空企业资产,成立了俄罗斯联合飞机制造集团。集团所属企业包括:苏霍伊公司、伊尔库特公司、伊留申航空综合体、图波列夫设计局、米高扬设计局及其他一些企业。2007 年则创建了俄罗斯技术公司(2014 年后改为俄罗斯技术国家公司)。2015 年 1 月,俄罗斯总统普京在同意了俄罗斯联邦航天局(Roscosmos)与俄罗斯联合火箭 - 航天集团(URSC)合并,成立"俄罗斯国家航天集团公司"的提案,新公司仍沿用"俄罗斯联邦航天局"这一名称,进一步集中国家力量,系统解决航天企业面临的问题,谋求壮大航天企业国内外竞争实力。目前,已建立的这类集团有:莫斯科航空生产组织—军事工业综合体、"伊柳辛"和"雅克夫列夫"航空综合体、"苏霍伊设计局"科研生产联合体等,并且专门成立了"军事工业进出口银行"和"生产、科研、商业及改革风险保险公司",调配 8 个专业银行为建立金融—工业集团筹集资金。莫斯科航空军工综合体是这类金融—工业集团的典型,其核心是米高扬设计局、莫斯科航空生产组织等 10 家军工科研、生产、维修单位,共有员工 10 万人。该集团实行军品为主、多种经营的方针,在确保武器装备研制生产满足俄军需要和外贸出口的前提下,扩大民品生产,制定民品开发计划,如开发食品加工机械、医疗设备等多种民用产品。俄罗斯最先进的苏 - 33、苏 - 35 战机的生产企业联合飞机制造集团,就是典型的军民联合集团。这种集团既能够履行承担武器研制计划、生产科技含量高的军品任务,又能在国内外市场上开展两用技术产品的竞争。

(三)编制持续滚动的战略规划 - 计划体系推动军工发展

俄罗斯国防工业及武器装备发展战略规划计划文件基本形成体系,由综合性规划计划、行业性规划计划和专项发展计划等构成,并在许多情况下按近期、中期、远期编制。

综合性战略与规划计划。该计划包括武器装备建设和国防工业发展方面跨领域跨行业的重大国家计划。如,俄国防部牵头实施的《2011—2020 年国家武备计划》是俄军武器装备建设的最重要的综合计划,计划经费约 19.4 万亿卢布,通过该计划实施,完成俄武装力量新型号研制和现役装备升级改造,使军队武器系统现代化比率在 2020 年达到 70% 以上;《2011—2020 年发展国防工业综合体计划》是配合国家武备计划实施全面促进国防工业发展的重大国家计划,计划经费约 3 万亿卢布,旨在推动科研生产设施现代化升级改造,提升武器装备研制生产

能力。

行业性战略与规划计划。该计划是涉及国防工业某一行业范围的发展战略与规划计划，即包括国防工业领域科研生产、工程建设及相关活动的规划计划，也包括基础设施建设和技术改造以及产业发展的规划计划。如《发展原子能工业综合体国家计划》《2013—2020 年俄罗斯航天活动计划》《2015 年前俄罗斯航空工业发展战略》《2013—2015 年电子元器件和无线电电子发展战略》等。以《2013—2020 年俄罗斯航天活动计划》为例，该计划确定了民用航天发展目标和优先发展方向（军事航天发展纳入《国家武备计划》），确定了六个重点任务领域，提出分阶段实施策略，明确了发展目标和实现目标的主要措施，该计划总经费 2.1 万亿卢布。

专项计划。主要涉及某一领域重大专门计划，包括国防工业领域重大科研生产和工程建设互动，如具有跨行业特征的《2009—2011 年及 2015 年前战略材料计划》，促进机械制造、能源、先进发动机等基础工业技术发展的《2007—2011 国家技术基础计划》，提供机床工艺的《2011—2016 年国内机床制造和工具工业发展计划》等。

此外，国防工业领域的“国家公司”“一体化”公司等大都制定自己的发展战略和计划，指导企业发展，如《2030 年前联合造船公司发展计划》等。

（四）国防企业和国防科研机构分类改革

俄罗斯的国防工业分为战略性企业和非战略性企业两大类，政府对战略性企业进行直接控制，将非战略性企业推向市场。在此过程中推行股份制（包括私有化）改造。按照俄联邦政府国防企业重组与所有制改革计划，国防工业核心力量，即从事武器装备设计和生产的机构与企业，将全部是国家全资或国家控股的股份公司（国防工业综合体）；配套企业可以是多种所有制企业。

俄罗斯的国防科研机构主要分为独立的国防科研机构、企业内部的科研机构和其他机构（含大学院校的科研机构）三大类。独立的国防科研机构又分为国有国防科研机构（国家级）、国家参股的国防科研机构和私有的国防科研机构三类。独立的国有国防科研机构常以“国家研究中心”相称，是国防科研各领域的主要力量，所需经费约 3/4 由国家拨款，其余的靠自筹解决。主要职责是：承担前瞻性强、国防基础科研、国防科技重大项目研究，对归属工业企业的设计局提出的设计方案进行国家级鉴定，对武器装备的性能、安全性做出权威性的最终结论，编制国家国防科技发展大纲、制订标准和其他一些国家规定性文件等。

一是核心大型军工集团受总统或总理直接监管。对于国防领域少数处于垄断性的核心大型军工集团，如联合飞机制造集团、联合造船集团、战术导弹武器

集团等,俄政府专门制定由总统或总理特批的清单,对公司包括人事任免等重要事项和活动进行监管。受总统特别监管的企业由“俄联邦总统关于同意战略股份公司管理机构候选人资格指令”清单确定,受总理特别监管的企业由“关于俄联邦政府、政府总理或其委托副总理确定股东地位的开放式股份公司清单”政府令确定。进入清单的企业管理层成员、总经理任命须经总统或总理批准;一些重要的公司活动,如提出股东大会议事日程的问题、推荐参加进入管理机构的候选人、召集非例行股东大会、分配总经理权力等要受到监管。

二是国家单一制企业由行业主管机构直接管理。联邦国家单一制企业属于营利性的商业机构,企业通过参与公开竞标获得国家订货任务。这种企业既有科研机构,包括著名的全俄试验物理研究院、全俄工程物理研究院、库尔恰托夫研究院、中央机械制造研究院、凯尔迪什研究中心、如科夫斯基中央气动流体力学研究院、巴拉诺夫航空发动机研究院等,也包括研制生产企业。根据俄联邦政府决议《关于联邦权力执行机构行使国家单一制企业联邦财产所有者权力》,联邦权力执行机构被赋予管理国有企业一系列重要权力,如批准企业章程及对章程进行修改,批准企业发展战略和 5 年计划,任免和考核企业领导人,批准大宗交易,批准与债务、银行担保、置换债务等有关的业务等。此外,国家公司下属的国家单一制企业则由国家公司依法管理。

三是设立联邦国库企业并由政府提供运行保障。对于一些特殊领域,俄政府设立了一类特殊的企业——“联邦国库企业”,以保护对国家安全具有战略意义的工业能力。联邦国库企业全部是国有企业,其运行由国家负责,运营经费来自联邦预算,不把市场收入和赚取利润作为衡量企业运行的主要标准。2015 年,俄国防工业领域共 25 家联邦国库企业,其中有 19 家市弹药企业。以弹药企业为例,其特点是和平时期产品需求量小,战争时期产品需求量大,需要有足够的工业能力储备;国家几乎是唯一用户,难以通过市场化运行维持满足国家所需的工业能力储备,因而需要国家的稳定投入维持企业运行和工业能力保持。这种情况在弹药和特种化学行业领域尤其提出。

四是政府通过派驻国家代表对国家持股公司进行管理。国家代表是国家持股企业中国家利益的代表,其职责主要是监督企业依法经营、防止舞弊、防止公司到不,维护国家权益,对上传递有关企业的信息。依照企业及国家持股的具体情况,国家代表分别由总统、联邦政府、联邦权力执行机构等有关部门任命,在一家股份公司中派驻的国家代表可以是一人或多人。国家代表要进入公司董事会和股东大会,代表政府就公司决策和管理提出议案或对他人议案进行表决。在涉及修改公司章程、改变法定资本额、任命或选举公司管理机构和财务监督部门人员、获得公司净资产 10% 以上的贷款、向他人出售不动产或用不动产做抵押、

设立子企业等问题时，以及在其他事项规定的重大问题上，国家代表须请示国有产权管理机构意见后，根据政府指示进行表决。国家代表每年两次向其任命和派出机构以报表形式报告公司经营管理活动和决议情况、公司财务状况、公司违法活动以及国家代表在各类问题上的意见，向国有资产管理部门和行业主管部门报告公司股权分配、产品结构、基本建设、外国投资参与的经济技术活动等情况。

五是采取金股制度对保障国防和国家安全有特殊意义的企业实施管理。根据俄罗斯法律，金股为“含金量”很高的特权股，仅由政府持有，持有金股可获得如下权利：第一，有权派代表进入公司董事会和监事会，且无须经过股东选举；第二，政府代表有权将政府建议列入股东大会议程，有权要求召集非常股东大会，有权对股东大会的决议行使否决权；第三，政府代表有权了解公司所有文件并负责保守机密，有权获得股东情况资料；第四，在公司董事、经理的错误行为给公司造成亏损的情况下，政府代表有权直接向法院起诉有关责任人并要求赔偿损失，无需按股份公司法的规定征得至少持1%普通股地股东同意；第五，在涉及变更公司章程、公司改组或终止、设立子公司、兼并或参与其他企业、抵押、出租、出售或以其他方式转让公司不动产，超过公司资产10%的重大交易等重大问题，金股持有者在股东大会上拥有一票否决权，且股东大会在金股持有者缺席时作出的决议无效。设立金股制度，一方面使政府在进行军工企业所有制改革后既可将企业资产以股票形式出售，又保持对重要企业的控制权；但另一方面，金股对企业的控制力逊于国家控股，同时在吸引投资者注资激进型时有负面影响。因此，俄政府对重要企业更多地采用国家控股方式进行控制。

（五）大力推进军事技术转民用，发展军民两用技术

1. 重点推进军转民

俄罗斯军工企业的地区分布在苏联时期就极不平衡，至今仍没有多大改变，大部分军工企业主要处于国家的内陆地区。俄罗斯军事技术试验场和与之相关的军事科研机关则位于离边境很近的地区，而一些战略性的研究都在封闭的城市和科研中心。因此，苏联解体后，俄罗斯国防工业改革之路也是军民技术转移之路，主要任务是“军转民”。如何开发和利用军民两用技术，加速国民经济的结构改造，摆脱经济困境，增强国家经济实力，是俄罗斯“军转民”领域中的一个关键问题，而在军工企业之间建立有效的军转民协调机制就显得十分重要。1992年俄罗斯建立了军转民问题委员会；在乌拉尔和伏尔加河流域，大多数州及行政机关甚至某些城市建立了军转民和科技政策委员会，负责研制和开发军转民技术。但仅靠各地区分散的努力显然不够，为协调激励军转民的积极性，联邦中央

政府从政策上支持进一步打破军工自成体系、封闭垄断和军民分割入手，破除体制机制方面的障碍，完善国防科技创新体系，努力促进从基础研究、应用研究、军民两用技术研究、产品设计制造到技术和产品采购的有机结合，建立起军民互动机制，形成军民高技术共享和相互转化的良好格局。

(1)制定各种鼓励措施推进"军转民"

俄罗斯认为，改变经济军事化格局的途径是军转民。尽管由于资金缺乏、管理不善、各部门意见分歧，使军转民工作遇到重重阻力，但政府不懈采取各种措施促进军民一体化建设，先后制定了"军转民法"等若干法律、法规和法令，确定了军转民原则、方向、重点及相关法规。1991 年制定的《1991—1995 年国防工业"军转民"计划》和 1996 年颁布的《1995—1997 年俄联邦国防工业"军转民"专项计划》是前两个时期的基本计划。

1992 年初政府开始建立军转民管理体制，集中出台了大量法律文件和规章命令，主要有 1993 年 3 月 20 日最高苏维埃通过的《俄罗斯联邦国防工业转轨法》，这是最基本的一部法律文件。它规定了军转民的原则及其组织、计划和资金保障、社会保障措施，对转轨企业的补偿和优惠政策，规定了转轨企业进行对外经济活动的权力等。

1993 年 6 月 3 日政府颁布了《1993—1995 年俄联邦国防工业"军转民"计划》，建议最大限度地保留国防企业员工和科技潜力，保证国家整体经济的发展。该计划包含了民用航空技术发展计划、俄罗斯舰队复兴计划等 14 个目标计划。这些法律及政府文件的制定意味着军转民管理实施制度初步建立起来。1993 年 11 月 6 日颁布了《关于稳定国防工业企事业单位经济状态和国家国防订货的措施》的 1850 号总统令，要求有关部门在 1993 年 12 月 1 日前对以前制定的所有军转民计划进行修订，按其经济效益提供专项贷款，命令俄罗斯联邦政府和中央银行一定要保证军转民计划进行的直接拨款。为了进一步推动军转民工作，俄罗斯政府在策略和政策方面也做了根本调整。

1997 年俄罗斯政府对国防工业军转民政策进行了调整，将"全面军转民"调整为"以武器出口促进军转民"。此次调整的主要目的是发挥俄国防科研的技术优势，以此来弥补国防工作订货不足，提高国防工业的科研生产能力。1997 年取消了国防工业部，将其职能转由经济部的国防司来承担。这一时期，联邦政府与部分联邦主体之间签署了关于军转民进程管理及国防企业管辖的分权协议，分别就国防工业的管辖权、运营权以及武器和装备的研制与生产、军品出售等问题签署了分权协议，军转民开始向联邦主体深度渗透。1998 年 6 月 24 日俄罗斯政府制定了《1998—2000 年国防工业"军转民"和改组专项规划》要求对军工企业实现优化改组，对非重点军工企业实行私有化股份制改造。选择出生产军品和

军用技术的基本骨干企业，使军工企业数量缩减2/3，到2005年再缩减35%。

2001年7月，普京要求在经济转型过程中，不仅要关注两用技术的开发与应用，向美国及西方国家看齐，而且要确保高技术武器装备的研制生产能力。财政资金投入较大的联邦科技专项计划主要有“民用技术重点领域的研发计划”“国防工业改组和军转民计划”“国际热核反应堆及其研发支持计划”等①。当前俄罗斯推动“军转民”的工作重点是推动军事工业联合体的大规模改革，规定军转民原则、方向、重点和相关法规，在民航、动力、原子能等部门内增加民品的比重，继续推动航空、动力、能源等部门的技术转移工作。

(2)军工企业向民用企业转换的政策支持

俄罗斯特别强调军工对民用领域的带动作用。普京在其《强大是俄罗斯国家安全的保证》文章中，对军民结合给予高度重视，明确指出“国家应该寻找突破性的研发，鼓励研究和设计阶段的健康竞争，吸收年轻的爱好者中涌现的非正统的创意。国防工业的复兴能带动冶金、机器制造、化学、无线电、信息技术以及电信等部门的发展，成为火车头，并为这些部门的企业提供更新的技术和资金，为众多科研和设计单位提供保障，确保其在民用部门研发市场上的存在。当代世界中军用与民用技术之间形成了相互影响的关系。在一些部门(电信、新材料和信息)中，民用技术推动着军事技术的快速发展，而在航空和航天等部门则是相反，军用技术推动民用技术的发展。这要求我们改变过去对保密的认识，重新看待信息交换的原则。我们要严格保守最重要的机密，但也要促进更多的科技信息交流。保证国防部门与民用部门之间创新和技术的双向交流是很重要的。军工企业的发明应该切实地体现为价值。这种价值的体现要考虑到民用产品商业化的潜力和技术转化的前景。军工企业也可以直接生产民用产品。”

俄罗斯政府考虑让军工企业开拓民用产品生产，并出台若干政策和计划，如《俄罗斯联邦国防工业军转民法》《1998—2000年国防工业军转民和改组专项规划》②《俄联邦国防工业转产专项计划》等；还制定了“关键国防技术计划”“两用技术计划”等③，特别优先采用军民两用技术，并关注军民两用技术的开发和应用，支持军民两用技术发展，确定了军转民原则、方向、重点及相关法规。1990年起俄政府多次出台专项国防工业军转民纲要的计划，提出在民航、动力、原子能等8个部门内增加民品的比重。同时，制定国家指导计划，对有战略意义的技术进行直接的国家干预。1993年俄罗斯制定了在军工企业中推行军转民的政策，希望在相对稳定的和平时期利用军事工业科研机构、生产企业和实验基地等优

① 范肇臻.俄罗斯国防工业“寓军于民”实践及对我国的启示[J].东北亚论坛.2011(1):84-91

② 阮汝祥.中国特色经济建设和国防建设融合理论与实践[M].北京:中国宇航出版社,2009,pp.82.

③ 侯光明.国防科技工业经济建设和国防建设融合发展研究[M].北京:科学出版社,2009,pp.127.

势开发和研制高科技民品。为进一步推动军转民工作,1994 年 7 月 8 日,俄政府下达了“关于再压缩动员能力和动员储备”的总统令,把军工动员准备限制在一个更小的核心军工企业范围之内,许多军工企业都可以随意利用原动员储备的军工设施生产民品。俄政府通过《俄罗斯联邦国防工业转产专项计划》进一步确立了军转民工作的目标、任务和组织实施一系列重大两用技术计划。其中包括:技术再投资计划、两用技术应用计划、高科技计划,涉及民航、动力、医疗、电子、通信和信息、原子能、建筑、化工与轻工等领域的民品发展。1997 年,国防工业的民品比重由 1994 年的 78.3% 提高到 87.0%。目前,在俄罗斯国防高科技领域中,70% 以上的技术成为军民两用技术 8。由于俄罗斯高级工业技术基础仅仅存在于军事工业中,在“军转民”的过程中遇到的困难远远超过预期,国防工业仍处于转型中。

(3)注重国防科研与民用科研的相互渗透

能军能民是俄罗斯国防工业的发展方向,在改革国家科技管理体制的同时,俄政府在各国防工业部门设立科技协会,收集民用有关部门的建议。制定与军事有关的科研规划时,由军事工业委员会协调国家科学技术委员会与军工部门之间的关系,注意吸收科研机构和高等院校的基础研究成果,将有军事价值的科研项目及时转为军用。俄罗斯国防工业企业通过联合与合并,从体制上解决了科研与生产脱节的问题,加速了科技成果的转化,实现了技术上的优势互补,降低了开发、研制与生产成本,提高了产品性价比和市场竞争力。另外,也有助于解决资金短缺、开工不足、重复劳动和资源浪费等问题。

随着实力的增强,俄罗斯军工企业集团在融资和吸收投资上都较以往更具有吸引力,更容易找到国内外合作伙伴。俄政府对军转民经费和军民两用技术等提出新的要求。不仅要关注两用技术的开发与应用,向美国及西方国家看齐,而且要确保高技术武器装备的研制生产能力。

2. 重视民参军

在航空航天、电子、通信设备等工业部门,要特别优先采用军民两用技术,并关注军民两用技术的开发与应用,加速推进“民技军用”战略。

(1)军民品分开,军品集中

为更好地提高高科技两用、民用产品的市场竞争力,确保国家武器装备研制生产的核心能力,国防工业的企业集团需要将军品业务和民品业务分开,从组织管理、人员分配和经费使用上分别管理。军品或集中在若干家分公司,或集中在 1 家分公司(有的国家称为军品事业部),以集中管理,降低成本。尤其在原子能工业、造船工业、航天工业等领域,采取军民分离的政策。例如,俄政府制定的核工业改革方针包括:保存完整的核工业体系,作为其军事力量的支柱;坚持军转

民政策，实行军民结合，大力发展民用核电。

（2）发挥民用企业和私营公司的作用

俄政府决定成立军事工业委员会直属的“国家－私营合作委员会”，在国防订货范围内扩大实行公开竞争和竞标，并实施国家－私人伙伴关系的机制，以推动私营企业参与国防工业，达到打破垄断，引进先进技术，吸引外资，减少国防预算负担的目的。2013 年 2 月，俄罗斯副总理罗戈津称，俄罗斯政府目前正在起草一项立法，目的是支持私有企业积极参与国内国防市场。俄罗斯军工联合体目前均为国有性质或由国家控股。尽管俄分析家们质疑罗戈津提出的这些措施是否能够实现切实可行的改革，但这些措施有望能够鼓励新的力量进入市场，可能会采取公有－私有合作关系，扩大私有企业参与采办过程。

俄政府提出“国营和私营合伙原则”。俄政府试图通过创建若干个能够从事民用、两用和军用产品的研发和生产的控股公司，尤其是合资综合控股公司，来探索新的吸引和利用私人资金及外资发展国防工业企业的机遇。普京总统在其国情咨文报告中表明了政府制定的国防领域计划的总轮廓。重申了在重建国家工业和改革国防工业综合体的过程中，通过引入国营私营合伙原则，把比较牢固的国家控制与国内投资机会自由化相结合、把国家投资与商业进取精神相结合，以此来快速复兴国家工业和国防工业综合体。

（3）借助国家－私人伙伴关系发展国防工业

2015 年 7 月，俄政府颁布了俄联邦《国家－私人伙伴关系、市政－私人伙伴关系法》，该法允许联邦和地方政府与私营企业、本国或外国法人合作建设公共基础设施，并适用于国防工业。同时，俄政府还正在研究制定专门针对国防工业领域的国家－私人伙伴关系法。为推进国家－私人伙伴关系的实施，俄军事工业委员会成立了由 100 多名国企与私企代表组成的国家－私人伙伴关系委员会，帮助企业及时掌握军队对新产品的需求，探索适用于国防工业的最佳公司伙伴关系模式。该委员会针对不同问题设立了 10 个工作小组，如完善立法和标准保障组、试验设计组等。在实际操作方面，俄罗斯国家与私人的合作尝试，如国有坦波夫火炸药长租用私人公司设施设备成功进行了子弹的销毁和再利用，2015 年利用了 3.8 亿发子弹，俄国防部计划到 2020 年再利用 30 亿发子弹；在射击武器市场也出现多家生产高技术产品的私人企业，其产品不仅参与民品市场竞争，对俄罗斯强力部门给出有吸引力的报价。

（六）继续推进国防工业综合体股份制改造

为了完成俄国防工业的战略发展任务，激活国防工业综合体企业的活力，提高国防企业在国内外高科技产品市场的竞争力；使国防工业综合体的高科技行

业对国内外投资者更加具有吸引力；恢复国防工业综合体在俄罗斯国防和经济范围内作为创新主动力的角色；俄政府在 2007 年初提出在深化股份制改造的基础上，要继续建立一体化结构/大型控股公司；正在建立和已经建立的国防工业综合体的控股公司要具有现代化的经营结构；国家作为工业资产极大部分的主要股东应该积极地影响工业新环境的形成，以期建立具有现代化治理结构、军民业务兼容的大型控股公司。

（七）组建先期研究基金会发展未来有重大影响的前沿技术

为满足俄武装力量现代化改造、开发和研制创新技术、生产高技术军事装备和军民两用品，俄罗斯通过《先期研究基金会法》，于 2013 年成立了专门负责科研管理的机构——俄罗斯先期研究基金会。该机构仿照美国 DARPA 设立，其使命是针对未来国家安全面临的威胁开展突破性、高风险项目的研发，为军事装备和工艺制造发展提供先进技术。当前，先期研究基金会重点支持物理技术，信息技术，生物、化学和医学技术等三大领域的前沿技术研究。在物理技术领域，主要研发高速杀伤性武器和载具、数字化生产技术、先进水下技术和智能武器；在信息技术领域，主要研发信息处理与传输系统、人工智能、计算机安全、探测技术等；在生物、化学和医学技术领域，主要研发前沿医学、新型材料、未来能源和仿生学等。

（八）寻求国际合作增值军民两用技术

俄罗斯认为军民两用技术在国防工业中大约占 70% 以上比重，具备独一无二的生产和科研潜力，可以大量生产品质优良和富有竞争力的民用品，利用军工系统以先进的两用技术进行跨国间的合作，可以实现军事效益和经济效益双丰收。因此，俄政府将许多关键性的军民两用技术列为可以实现国际合作的技术，这些技术包括微电子技术、光电器件、人工智能系统、空气动力系统等。1995 年 11 月，俄罗斯同意大利达成联合研制新的中型直升机协议，还准备在卫星通信、雷达、光电探测器等领域开展合作。此外，俄罗斯还同法国开始联合研制世界上第一台推力可调的超音速燃烧冲压喷气发动机。到 20 世纪 90 年代末，俄军工系统就有 100 多家企业与外国建立了合作关系，利用军工系统以先进的两用技术进行跨国间的合作，实现了军事效益和经济效益的有机结合。2014 年，俄罗斯联合发动机制造集团与哈尔滨广瀚燃气轮机有限公司在俄 2014 年国防展览会上签署了关于航空发动机军转民领域展开合作的协议。双方商定合作将伊尔－76/78 系列军用运输机以及伊尔－62m 等民航客机所使用的 d－30ku/kp 飞机发动机转化为 gtd－6rm 和 gtd－6rm 型工业用燃气涡轮机，将飞机发动机转为电

力、石油及天然气行业所使用的地面动力装置方面，并寻求在华出售的可能性。此外，普京上台后，俄罗斯的国防工业军转民工作政策从原来的"全面军转民"转向"以武器出口促军转民"的方向，积极开拓国际合作市场。目前，俄罗斯已经为军工企业找到了多个合作项目，例如合作生产直升机和飞机、赛艇和汽艇、有偿提供空间发射和为外国机构进行空间研究、出租军用飞机和航天器、将一些武器和零部件改为民用设备或直接作为废旧物资在世界市场上销售等。

三、日本的主要措施

（一）促进非传统企业参与武器装备研制生产

日本防卫省通过签订委托合同，所得技术成果的专利权归国家所有，政府出资支持的科研活动所得专利归民间企业所属。政府委托的科研项目所得科研成果的专利权也可以归受委托方企业所属。

（二）发展军民两用技术

日本防卫省指出，发展军民两用技术能够减少国家投资的风险、降低武器装备的成本并有利于军工企业自身的稳定发展。得益日本高度经济建设和国防建设融合的模式，其军事工业一直保持了较强的创新能力，储备了先进的军事技术、生产潜力和极强的战时军工转产能力，同时也为汽车、造船、钢铁、航空等民用基础工业奠定了雄厚的基础。一旦需要，日本的武器装备生产能力将会迅速地以几倍、甚至十几倍的速度增长。据日本一家研究机构测算，日本一旦介入国际军品贸易，日本军工厂商将控制军用电子市场的40%、军用车辆市场的46%、舰艇市场的60%。

（三）十分重视军民之间的合作和协调，各种民间协会在这一过程中起到了很好的桥梁纽带作用

日本民间协会在军民一体化建设中扮演了更为重要的角色，不仅是具体装备和技术研制生产的实体，而且对日本国防建设和武器发展的方针政策也发挥着重要的作用。日本经济团体联合会（以下简称"经团联"）防卫生产委员会是负责政府与民间团体、企业之间的联系，调查研究军工生产中各种问题的联合军工组织，参加"经团联"的有百余家从事军工生产的大型企业，其订货合同占军工合同总数的70%以上。在发展决策过程中，作为民间防卫产业界代表的防卫生产委员会等民间组织通过恳谈会、联谊会等形式同日本政府和决策人员进行协商面谈，并以建议书等形式提出决策咨询建议。因此，"经团联"对防卫厅制定武

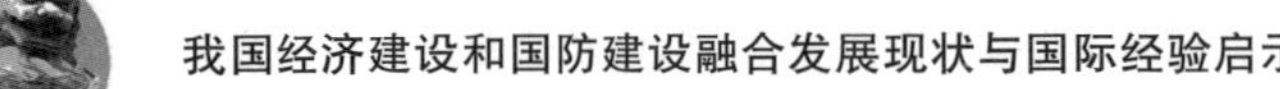

器采购计划起着举足轻重的作用。此外，由100多家大型军工成员组成的日本防卫装备工业会、日本航空宇宙工业会、日本造船工业会，在军工生产上也发挥着重要作用。

（四）扶持非传统国防企业特别是中小企业发展

日本高度重视扶持中小企业发展，出台了许多优惠政策，激励这些企业积极承担和拓展军品科研生产项目。如根据《中小企业开拓新领域协调法》对这些企业在补助费和税制上实行优惠政策，按照每年度内阁会议决定的《关于中小企业国家合同方针》，在防卫厅设置协商窗口，向中小企业提供每年度需求项目订货信息，还对军品产值在企业销售额中占比重较大、拥有自行研制的独特技术或诀窍的中小企业尽量做到分散订货，让中小企业有更多的机会获得军品订货，以使众多的中小企业形成一种合理有序的竞争局面，避免企业因国家削减装备采购费而陷入困境。

（五）统一军用、民用标准，打破军民双向转移壁垒

日本现行的军工体系，为防卫省广泛采用民间先进技术和产品提供了很大便利，而对日本武力规模和武器销售的限制促进了产品和技术一开始就为两用而设计。目前，日本防卫省已经着手研究用廉价的军民两用产品替代标准军用设备的可行性；计划在海军率先试点，将军用舰只的船体、动力装置、计算机等部件改为采用民品，并决定效仿美国，尽量采用民用标准代替军用标准。利用国防合同促进先进技术特别是具有民用或两用用途的先进技术的发展。如日本防卫省曾对海上装备进行评估审查，以确定哪些军用标准设备可被民品替代，包括船体、柴油机、计算机等被确认可从军用标准中清除。

（六）通过财团体制促进国防工业企业军民业务之间的快速转换

20世纪70年代初期，日本经团联认为，商业技术发展将会比军事系统能够提供更加有利可图的机遇，商业发展周期是2～3年，而军事发展周期是5～10年，商业技术比军事系统进步的速度更快。因此，日本政府和财团更加强调，民用技术经过适应军事需求的改造，向军工生产系统的“溢入”。日本将“国防工业”定义得非常宽泛，产业链被极大地延长了，而日本独特的财团机制在整合产业链方面具有独特的优势。财团企业之间紧密的协作和配合，使得武器系统的兼容性、稳定性大幅提高，生产成本大大降低，自主化率不断提高，最终体现在产品竞争力上。随着军用民用之间界限越来越模糊，军用技术很容易应用于民用技术，军品质量提高的同时，主营业务的民品质量也大大提高。

同一财团的公司之间,能够进行较为紧密的合作,各个公司在自己分工负责的领域内,可以为其他兄弟公司提供配套产品或较低的价格。如日本邮船就是三菱重工船舶部门的订货大户,三菱电机则为三菱重工提供机电产品,三菱制钢、三菱伸铜、三菱铝业和三菱材料等,则可为三菱的船舶和航空航天部门提供可靠的原材料。三菱银行和东京海上保险等金融机构提供贷款和特殊保险服务(如航天发射保险)。尼康负责的光学产品、三菱树脂负责的新材料等,对高科技武器而言,均是必不可少的组成部分。

第四节　国外经验对我国的启示

一、经济建设和国防建设融合发展需要重视法制建设

加强经济建设和国防建设融合的法制建设是世界主要军事强国实施经济建设和国防建设融合战略的共同经验,这既是现代法治精神在经济建设和国防建设融合领域的具体体现,也是经济建设和国防建设融合战略实施的客观要求。经济建设和国防建设融合作为一项国家战略事关本国军事实力的消长和国民经济的发展前途,因而必须坚持法治。另外,经济建设和国防建设融合战略的实施势必遇到各种阻碍,固有体制的束缚,落后思想观念的影响,甚至是既得利益的抵制,克服这些困难最根本且最有效的对策就是完善经济建设和国防建设融合的法制建设。一方面法律使经济建设和国防建设融合战略获得合法性地位,另一方面以国家机器为后盾保障经济建设和国防建设融合战略的贯彻实施。我国是社会主义法治国家,坚持依法治国方略,因此我国经济建设和国防建设融合发展需要重视法制建设,将经济建设和国防建设融合战略纳入法治轨道。

二、经济建设和国防建设融合发展需要强化领导体制

纵观世界主要军事强国推进经济建设和国防建设融合战略的主要做法,都是由一个强有力的组织领导体制进行推进的。这个体制涵盖国家立法机关、行政机关、司法机关甚至民间的行业协会,融合了决策权、执行权和协商权。一方面,为现有的组织机构赋予负责经济建设和国防建设融合战略的相关职权和责任;另一方面,设立新的组织机构具体负责经济建设和国防建设融合相关事宜的协调和执行。我国正处于经济社会的重要转型期,行政机构改革还未取得明显成效,旧的领导体制对经济建设和国防建设融合战略的贯彻实施形成了较大的阻力。因此,对于我国而言,经济建设和国防建设融合发展需要强化领导体制。

一方面,需要改革、合并或撤销不适应经济建设和国防建设融合要求的旧的领导机构,为推进经济建设和国防建设融合战略扫清机构障碍;另一方面,需要根据实际需求设立新的领导机构或执行机构,这些机构应当具备跨领域的人员结构,同时具备跨领域的组织协调能力和执行权力。

三、经济建设和国防建设融合发展需要体现中国特色

各国实施经济建设和国防建设融合战略的具体做法虽有共同之处,但是都体现了各自国家的特色,而非照搬照抄其他国家的做法。美国民用企业和技术非常发达,因而可以推进民用技术标准应用于军事领域;俄罗斯的民用技术明显落后于军用技术,因而俄罗斯的经济建设和国防建设融合更多的是将军事技术应用于民品生产解决生活必需品的供应问题。欧盟的做法则体现了欧洲一体化的显著特色。我国要走中国特色经济建设和国防建设融合之路,推进中国特色军事变革。我国的综合国力已显著增强,能够在更多国际事务中发挥举足轻重的作用,因此必须要坚定“道路自信、理论自信、制度自信”,在经济建设和国防建设融合发展过程中结合中国国情,体现中国特色。

第七章 典型国家军民技术双向转移的主要做法

本章研究梳理了美国、英国、俄罗斯、日本、德国等国外典型国家，在开展军民技术双向转移工作的成功做法和经验，为开展相关问题研究提供参考和支撑。

第一节 美 国

冷战结束后，美国全面调整了其军事战略，将发展经济确定为国家新的安全战略的重要内容，并强调要充分利用科学技术对经济发展的促进和带动作用。这一战略转变，导致国防采购和预算开始削减，这对传统军工企业来讲是不利的消息。同时，为保持美国军事高技术优势和国防强国的地位，美国提出发展“军民两用技术”来推动本国军民两用高技术产业发展。以美国国家航空航天局(NASA)为例，为转移军用技术到私人部门，州和地方政府积极寻求持牌。根据NASA的Spinoff Magazine杂志统计，过去数年，有超过1 600项技术成功实现转移，应用在医疗、健康、交通运输、公共安全、消费品、农业、环境资源、计算机技术、制造业和能源节约等方面。尽管单个技术应用领域比较狭窄，但所有牌照发放都是在逐案协商的。目前，美国正在尝试政府持有专利牌照发放的新方式，并在2008年和Ocean Tomo公司达成一项协议，使得联邦政府资助的技术经过现场拍卖会成功进行商业化。

纵观美国促进军民两用技术发展历史，其主要做法可以从以下几个方面归纳：

一、制定和完善法律体系

美国政府认为“军民两用技术”是事关国家和军队的大事，涉及面广、程序复杂，必须有一整套法律法规作保障。立法明确要求每一个联邦政府机构都要有正式的技术转移方案。以 NASA 为例，立法（例如 1980 年的拜杜法案）既赋予了 NASA 转让技术的权利，也赋予其保护国家发明的权利。NASA 通过各种会议、贸易展览、牌照拍卖和印刷出版物等方式努力使公众意识到利用他们技术的机会。1992 年美国公布了《国防转轨、再投资和转移法》；1994 年的《联邦采办精简法案》提出了许多促进军民结合的条款；1995 年 9 月的《国家安全科学技术战略》强调美国应该逐渐构建，一个平时能生产军品和民品，战时能转产军品的军民结合的新工业基础，并提出了一些相应的政策；1995 年美国国防部发表了《两用技术，旨在获取经济可承受的前沿技术的国防战略》的报告，认为加强军民两用技术的研究和开发是建设经济可承受的国防科技工业的关键，广泛依靠商业界开发军民两用技术、工艺和产品，是美国国防科技发展战略的重点；1998 年美国国防部颁布了《国防授权法》，对两用技术的研发政策做了进一步细化。同时，对组织管理机构做了相应的调整与重组，将原国防部高级研究计划局改名为高级研究计划局（ARPA），主管军民两用技术的研究与开发，使其成为推动新的国防战略转化的首要执行机构，并成立国防技术转移委员会以及办公室、中心等机构，以此全面推进军民结合，促进国防高技术发展。

二、实施技术再投资和军民两用应用计划

美国于 1993 年开始执行“技术再投资计划”（TRP），该计划的目的在于鼓励军火企业研究使它们的军事技术用于民用部门的多种手段和措施，即旨在“军转民”。该计划由政府多部门组成的国防技术转移委员会领导，国防部高级研究计划局局长任委员会主席，陆军、海军、空军、商务部、能源部、运输部、国家航空航天局（NASA）以及国家科学基金会（NSF）等单位派人参加，其重点是发展两用技术。该计划是美国当时计划投资 241 亿美元的国防再投资和转轨计划的重要组成部分，执行五年投资约 167 亿美元，占总投资的 70% 左右。其经费除政府拨款外，一般情况下，要求承担项目的私人企业出资不少于 50%。美国政府按计划投资 52 亿美元，组建了 6 个研究开发联合体，并分技术开发、技术推广、生产教育与培训三部分，9 项分计划，发展 11 个课题。“技术再投资计划”通过这 9 项法定计划进行管理，分配经费。“技术再投资计划”很受企业欢迎，不到一年的时间就有 1.2 万多家企业参与申请承担“技术再投资计划”的研究与开发项目。计划最初拟定拨款 6 亿美元，但后来因为竞争该项资金的军工企业太多，每一笔军转民项目资金有 5 ~ 10 个军工企业申请，这使得后来的款项大大增加。总结“技术再投资计划”执行的经验教训，既有成绩——发展了一批军民两用高技术，政府与企业建立了一定的合作伙伴关系；也有未尽人意的地方——军方并不满意，计划中一大批项目未取得预期的军事效益或未优先注重军事目的，也未达到建立单

一工业体系的目的,美国军方认为该计划在打破国防工业与民用工业之间的壁垒上收效甚微。该计划的两用技术开发涵盖了11个科技重点领域,在1997财年终止。

美国国防部吸取经验教训,在“技术再投资计划”终止后,立即制订并于1997年开始实施新的两用技术计划,称作“两用应用计划”(DUAP)。新计划有两个实施方案,一个是“利用民用技术节约作战与保障费用计划”(COSSI),另一个是“两用科学技术计划”(DUS&T)。COSSI的目的是探索采用民用商业产品或工艺技术,降低军事系统作战保障费用的途径;DUS&T的目的仍然是开发各军种精选出的既有军事用途又可在商业领域应用的两用技术。新计划与“技术再投资计划”的相似之处是各企业分摊投资,不同之处是更加紧密围绕军事用途。DUS&T重点项目领域主要包括:可承受的传感器技术,先进的推进、动力和燃料效率技术,信息和通信技术,医疗和生物技术,分布式任务训练系统武器系统保养,先进材料和制造技术环境监控技术。为了更好地执行“两用科学技术计划”,美国国防部长办公室制订了两用项目选择最低要求指导手册,包括技术必须满足的两用性非联邦投资比例要求及投资质量判定标准,技术的军事利益,技术潜在的商业价值等。军事部门已经看到两用技术的利益,他们正在与工业部门合作,扩大两用技术研究范围,额外启动了一些未列入DUS&T之内的项目,尤其是空军。除“两用科学技术计划”外,美国政府先后还推行了一些其他方面的技术研发与利用计划,包括:“小企业革新研究计划”“两用技术核心计划”“合作研究和开发计划”“联邦实验室多种经营计划”“NASA技术利用计划”等,这些计划对高技术转移起到了有益的推动作用。

三、政府研发经费的分配军民并用

长期以来,美国政府的研发经费中军事部分总是占大多数,达60%。随着“军民两用技术”的不断推进,政府增加了民用研发经费,使军事研发和民用研发经费大体相当。1995年,政府增加的科研经费预算主要用于国防部的两用技术和制造技术、国家基础设施、国家标准和技术研究院的开发计划。1995财年的投资重点集中在信息化、先进材料、先进制造和仿真技术等领域;在两用技术研究和发展上投资额为20.6亿美元,约占该年度美国国防部科技预算的25%。

四、国立实验室在军转民中主动作为

美国鼓励国立实验室与企业联合开发军民两用技术,实现军事技术的民用化和商品化。美国的实验机构是科学研究和技术开发的负责机构,1993年,美国政府决定改革国立实验室的管理体制,将一部分国立实验室委托给私人管理,同时鼓励所有国立实验室与企业联合开发两用技术。据统计,1993 年仅能源部下属的国立实验室就与企业签订了 170 个“合作研究与开发协议”,其技术领域包括信息与通信、先进材料和仪器、生物和环境机械制造以及能源、航天与交通等。

五、积极从民用技术中获得最新技术

美国陆军建立了两个庞大的技术中心,负责开发两用技术。一个是国家汽车中心。它的重点是将军民两用技术应用于地面车辆领域里。重要的技术转让是在协议的范围内,同通用动力公司、福特公司和克莱斯勒公司之间进行。国家汽车中心对性能更加优良、污染小的发动机特别关注。陆军建立的第二个技术中心是国家旋翼机技术中心。面对直升机领域市场减小和出口竞争增加的局面,政府和工业界已将力量集中在国家旋翼机技术中心,其已公布的目标是保持美国在军用和民用领域的优势。国家旋翼机技术中心将力量集中在工业界和高等院校提出的研究和技术计划上,该计划满足了由政府、工业界和大专院校的代表组成的委员会所确定的战略目标的需求。而且,陆军还成立两用技术联合办公室,负责商业活动和节支措施的落实,采取这些措施的目的是研究通过采用商用产品,降低作战和支援费用的办法。

六、充分利用国外先进科技成果

军民两用技术正在成为维系日美同盟的纽带。二战后,日本积极与美国军方开展合作,使日本民间企业得以利用美国先进的军事科技成果,并迅速发展成为民用高技术最发达的国家。美国军方首先发现日本的民用高技术具有很大的潜在军事价值。1983 年 8 月、1984 年 7 月和 1985 年 4 月美国国防部三次派遣军事专家小组赴日考察,提出了几十项美国军方“表示关心”的日本技术。在美国看来,“日本的巨大的工业生产能力,在满足自由世界的兵战的需要方面有着重要作用”“日本拥有作为 SDI 的主要技术供应国的技术基础”“日本的技术发展有其独到的特色与美国相互取长补短的余地很大”。

奎奈蒂克集团公司是 2001 年 7 月从英国国防部原评估与研究局分出来的一部分组成的,是欧洲最大的科学与研究企业和世界领先的国防技术与安全公司之一,也是世界国有国营国防科研机构向私有企业转变的首例。该公司主要从事航空、航天、电子、金融、舰船等领域的技术开发,其大部分业务仍来自国防部。2006 财年,奎奈蒂克集团公司总营业额高达 19. 8 亿美元,军品业务占 76. 3% ,达 15 亿美元。2005 财年,奎奈蒂克集团公司对经营结构进行了重大调整,将原来的业务分类简化成三大核心业务:国防与技术业务、安全与两用技术业务、北美业务。奎奈蒂克集团公司三大核心业务的总体经济状况详见下表 7. 1。

表 7.1　2004 财年、2005 财年奎奈蒂克集团公司三大核心业务经济指标

三大核心业务	营业额/百万英镑		营业利润/百万英镑		从业人员	
	2004 财年	2005 财年	2004 财年	2005 财年	2004 财年/人	2005 财年/人
国防与技术业务	657.7	664.9	43.5	48	6 899	6 931
安全与两用业务	137.4	137.4	9.2	12.4	1 628	1 806
北美业务	0.3	70.1	0.6	5.1	22	1 320

七、基于项目的保密管理制度①

（一）国防部委托的项目在基础和应用研究一般可公开与共享

美国国防部的国家安全决定指南（NSDD）第一百八十九款规定，国防部委托的基本研究除因国家安全原因被定密的以外，一律公开。该条款还对基本研究进行了明确界定：基本研究是指科学和工程领域的基础和应用研究，其研究结果一般可以在科学界公开与共享，与专利研究以及工业开发、设计、生产、产品应用研究因专利和国家安全原因限制公开不同。根据这一规定，外籍留学生和访问学者一般可以参与大学自行确定的研究项目以及国防部委托的基本研究项目。

（二）基于项目的安全许可审查制度

根据美国第 12968 号总统行政命令，任何联邦政府雇员不得仅凭工作关系就接触秘密信息，在接触秘密信息之前必须接受接触资格审查。这里的“雇员”是指：除了总统和副总统之外，得到某个部门雇佣、委派或指定的人员，包括武装力量的成员、某个部门的专家或顾问、某个部门的工业或商业承包商或其他被授权者等。大学教师、研究人员和学生参与委托涉密研究项目主要由国防工业安全审查办公室负责安全审查，一旦通过安全审查，就可获得相应级别的安全许可证书，凭该证书才有可能访问相应级别的国家秘密信息。

八、从新兴国防供应商和最佳计划中获取的教训

以美国 24 家新兴国防供应商为代表，笔者深入了解了它们如何经营民用产品以及如何与国防部做业务。这些公司平均拥有 621 名雇员，岁入 1.6 亿美元，成立时间 13 年。不过这些公司众几乎一半的岁入低于 1 千万美元。这些新兴

① 李杰. 美国关于外籍留学生、访问学者的保密管理。保密工作. 2013 年 8 期.

供应商涉足国防市场的所有方面。它们的岁入中与国防相关的部分从零(上年刚刚进入国防市场或力图挤入国防市场的民用公司)到100%(以前为民用供应商,现在只从事国防业务并成为某类国防产品的唯一制造商)不等①。

表7.2　24个新兴国防供应商案例

公司名称	年营销		地点	关键技术
	总额/百万美元	国防[1]/%		
作战保障				
伊路锡斯医疗公司	2.0	100	新泽西州派恩布鲁克	炭疽疫苗
i机器人公司	无	无	马萨诸塞萨州默维尔	智能机器人
诺马迪克公司	7.0	80	俄克拉荷马州斯蒂尔	先进传感器
欧克利公司	476.9	无	加州富特希尔兰奇	人类形体部件
萨康微系统	0.0	0	田纳西州诺克斯维尔	红外传感器
力量投送				
空间环境公司	50.0	50	加州蒙罗维亚	能量系统与无人机
安普泰克公司	7.0	5	马萨诸塞州贝德福德	航空航天仪器
i2技术公司	986.0	15[2]	得克萨斯州达拉斯	后勤软件
精确交战				
C-CAT公司	2.0	50	得克萨斯州沃思堡	碳-碳部件
泡沫体公司	4.0	100	加州英格尔伍德	网状结构
本土与基地防御				
相干技术公司	19.2	52	科罗拉多州拉斐特	激光雷达技术
里普技术公司	45.2	10	弗州亚历山德里亚	管理安全服务
RSA安全公司	282.7	10	马萨诸塞州贝德福德	网络安全产品
系统研究与发展公司	7.5	50	内华达州拉斯维加斯	防伪软件
西蒙技术公司	1160.0	无	加州丘珀蒂诺	网络安全产品
维萨技术公司	30.5	10	马萨诸塞利特尔顿	生物统计技术
一体化作战空间				
现实系统公司	1.0	65	马萨诸塞州伯灵顿	3D虚拟技术
空中光缆公司	无	无	加州圣迭戈	无线设备

① 来源:中船重工经济建设和国防建设融合与国防动员发展研究中心。

表 7.2(续)

公司名称	年营销		地点	关键技术
	总额/百万美元	国防[1]/%		
三角洲信息系统公司	7.0	40	宾夕法尼亚州霍舍姆	通信设备
萨布斯光子公司	2.0	0	加州查茨沃思	传感器技术
SRA 国际公司	361.0	95	弗州费尔法克斯	IT 系统和咨询
英思图集团	2.0	65	华盛顿州宾根	远航程无人机
范鲁公司	无	50	马萨诸塞州剑桥	软件无线电
扎普莱特公司	1.0	67	加州雷德伍德肖斯	协作软件

[1]军方和文职政府部门营销额合计在一起,统计了大多数政府营销的数字。

[2]下一年度新的收益目标

无:表示未得到相关数据

说明:列出的公司是具有代表性的,该列表并非全面。表中包括或不包括的公司并不表示这些公司将来有国防部提供的商机和得到国防部的保证。

来源:走访新兴国防供应商

与我们讨论期间,这些供应商就如何改进国防部与新兴供应商基地关系,以增强其获得尖端和革命性技术的能力方面提出了建议。最为共同和最主要的建议集中在产品全寿期的各个阶段,具体建议见表 7.3。

表 7.3　新兴国防供应商对最佳商务做法

新兴国防供应商对最佳商务做法的建议	
市场识别	更有效地沟通军事需求 帮助创新的公司了解军事指挥结构 促进用户和供应商之间的互动 减少军品销售中的繁文缛节
研发资金的分配	进行以应用为目的的研究以满足用户的需求 让最终用户参与研究过程
概念开发	减少烦琐的系统设计要求 接受高风险的创新的概念

表 7.3(续)

合同谈判	为技术寿期的各个阶段提供资金 增加国防部与第二和第三层供应商的直接接触 集中和简化合同,以加跨研发速度 减少系统束缚
产品开发	采办过程中,加强开发者与用户的直接联系
产品测试	使技术要求标准化
产品交付	增加国防部与第二层和第三层供应商的直接接触 鼓励主承包商更经常地和发明人员一起合作
全寿期保障	提供可以让供应商直接保障他们所提供的技术的渠道
合同管理	理顺和简化初始合同和后续合同签约程序,以加速研发速度 使用多个小型长期合同 集中技术链条上的决策能力 促进机构间的协作
知识产权	在确保军事使用权的同时保护公司的知识产权
外销	监督出口规定的执行,防止不必要的出口限制

来源:走访新兴国防供应商

第二节　英　　国

英国的国防管理机构改革与欧洲许多国家具有相似性。为了促进军民两用技术转移,国防采购改革是国防部的一个重大重组变革活动。国防部通常被认为是国防领域的一个关键部门,具有多重角色,包括规制、武器项目管理、顾客、产品生产和研发等。这些功能被多个不同机构履行,多年来,采购改革与国防部机构改革一直同步进行。这些改革构成了大多数 80 年代蓬勃发展的国家新自由主义政府政策的一部分。

一、成立军民两用技术协调管理机构

为促进军民两用技术转移,英国设立了军民两用技术协调管理专门机构。如,国防部下设国防评估与研究局(Defense Evaluation and Research Agency),一方面负责促进军用技术向民用领域转移,其中部分技术转移是通过与私营单位

合作完成的;另一方面负责采取商业运作模式,通过发展民用技术和参加商业活动,保障其经济利益和国际竞争力①。国防评估与研究局按照专业领域,设有一些军民两用技术中心(Dual Use Technology Centres),如结构材料中心、超级计算中心、海洋技术中心、电信与信息中心、图像工程与软件工程中心等②,这些中心重点关注具有民用功能的国防技术研究领域③。此外,国防评估与研究局下也设有国防科技多元化推广局(Defense Diversification Agency),鼓励国防科技在民用领域中更广泛应用,将适合的民用技术向军用领域转移等。国防科技多元化推广局建立了一个包括未来军事装备需求、技术发展趋势、中介机构组织以及相关市场评估等信息的数据库,并向民用企业开放,使企业能发现其产品的军事应用潜力。贸易与工业部(Department of Trade and Industry)把发展军民两用技术作为促进其政策发展来改善英国工业研究能力的一种方式。英国议会科技办公室(Parliamentary Office of Science and Technology)也积极参与国家战略性的科学技术活动,并开展了一系列军民两用技术转化活动④。

二、设立军民两用技术中介机构

为了推动军民两用技术顺利转移,英国还设立了技术经济人制度。技术经纪人是一种独立的组织机构,在技术提供者和潜在客户间起中介的作用。在军民两用技术领域, 技术经纪人通常先确认军事科研技术的民用价值,并将其推广到商业客户。技术经纪人可能是独立的专职"盈利"性公司,或者是由政府支持的机构。例如,"国防技术企业"(DTE),是一家由英国金融与投资协会设立的公司,成立于1984年,受到英国国防部(MOD) 的支持,主要从事 MOD 研究成果的技术转移工作。与 MOD 签订的合作规定,DTE 人员可以随时了解新的国防开发工作。DTE 还建立一个"会员"系统,每位会员要付适当的年费,这样就可不断获得具有商业化应用潜力的国防科研成果信息。

英国还制定了一些专项计划,以促进军民两用技术转移。如国防部与工业界通过加强合作,开展了"开拓者军民两用技术计划""非国防部门科技研究支持计划""民用企业科技研究资助计划"等一系列军民两用技术发展项目。

---

① Kulve H T, Smit W A. Civilian-military co – operation strategies in developing new technologies [J]. Research Policy, 2003, 32:955 –970.

② Molas – GALLART J, SINCLAIR T. From technology generation to technology transfer: the concept and reality of the "Dual – Use Technology Centres" [J]. Technovation, 1999, 19: 661 –671.

③ MILNE T. Conversion of R&D: the UK case [A]. In: Reppy J. (Editor), Conversion of Military R&D [C]. London: Macmillan, 1998.

④ Perani, G. Military technologies and commercial applications: Public policies in NATO countries [R]. Rome, Centro Studi di Politica Internazionale, 1997.

第三节 俄 罗 斯

苏联解体后,俄罗斯国防工业改革之路也是军民技术转移之路,主要任务是"军转民"。如何开发和利用军民两用技术,加速国民经济的结构改造,摆脱经济困境,增强国家经济实力,是俄罗斯"军转民"领域中的一个关键问题。俄罗斯政府逐渐考虑让军工企业开拓民用产品生产,并出台若干政策和计划,如《俄罗斯联邦国防工业军转民法》《1998 ~2000 年国防工业军转民和改组专项规划》[①]《俄联邦国防工业转产专项计划》等;还制定了"关键国防技术计划""两用技术计划"等[②],特别优先采用军民两用技术,并关注军民两用技术的开发和应用,支持军民两用技术发展。2001 年 7 月,普京要求在经济转型过程中,不仅要关注两用技术的开发与应用,向美国及西方国家看齐,而且要确保高技术武器装备的研制生产能力。财政资金投入较大的联邦科技专项计划主要有"民用技术重点领域的研发计划""国防工业改组和军转民计划""国际热核反应堆及其研发支持计划"等[③]。

目前,在俄罗斯国防高科技领域中,70% 以上的技术成为军民两用技术。由于俄罗斯高级工业技术基础仅仅存在于军事工业中,在"军转民"的过程中遇到的困难远远超过预期,国防工业仍处于转型中。

第四节 日 本

日本是由经济产业省(即原通产省)负责促进民用技术向军用领域转移。经济产业省负责监管着多个实验室,服务于技术创新,并管理原创性研究项目。这些实验室开展私营企业无法完成的先进技术研发活动,相关研究成果既促进了高端民用产品技术的发展,又能够应用到武器装备研制中[④]。

日本军队科研部门与民间企业合作开发武器装备与军民两用技术,通常由防卫省(即原防卫厅)以合同委托的方式促进先进技术特别是具有军民两用属性

---

① 阮汝祥. 中国特色经济建设和国防建设融合理论与实践[M]. 北京:中国宇航出版社,2009, pp. 82.

② 侯光明. 国防科技工业经济建设和国防建设融合发展研究[M]. 北京:科学出版社,2009, pp. 127.

③ 范肇臻. 俄罗斯国防工业"寓军于民"实践及对我国的启示[J]. 东北亚论坛. 2011(1):84 -91

④ Ishida R. An Analysis Of Political And Economic Factors That Impact Sustainment Of The Japanese Defense Industry [D]. Naval Postgraduate School, Monterey, California, 2002.

的技术研发。防卫省技术研究本部和采购实施本部为合同委托方和武器装备计划、方案的制定者,通过军方科研部门与民间企业相结合的方式研制武器和开发技术,并由民间企业承担武器装备研制生产任务。其中,有可能转为民用的项目主要由民间企业研究开发,军方的主要任务是确定发展目标,制定规划计划,签订合同,实施监督等。防卫省下设的技术研究本部成立了一个专门部门,负责收集军民两用技术信息,并协调将这些技术转为军用。

第五节　德　　国

一、发展军民两用技术,加大国防工业资金支持

德国很少有单纯生产军品的企业,较大的公司都是既生产军品又生产民品,并且把军品的科研与生产完全纳入市场体系之中。这并不是不重视军工生产能力,而是注重发展军工生产的潜力。正如德国的防卫白皮书说:出于军事、后勤、技术、经济等原因,不能放弃本国土地上的军工生产能力①。

德国政府和军工企业强调发展军民两用技术,重视军民两用技术的相互转换和利用,并给予资金支持。德国政府认为大力发展军民两用技术,是大量节省研制生产费用、弥补国防科研经费日益短缺的重要途径。目的是使武器装备的发展植根于整个国民经济和科研基础之中,充分调动各行各业的积极性、主动性、创造性,充分发挥全社会的科技和生产优势,加快新技术在军品开发和生产中的运用,缩短武器装备的研制周期,促进国防产业的蓬勃发展。

二、研究方向上更加重视军民两用因素

德国联邦国防部总装备署署长认为,德国军事与民用研究分离的传统已经被一种现代的国防研究方法所取代,这些措施将充分利用其他研究领域的发现、进展以及创新型的(军民)两用成果。国防研究机构的任务之一就是要充分利用国际与民用研究成果用于国防技术②。

① 中船重工第七一四所.美欧国防工业转型与调整深化研究.

② 中船重工第七一四所.美欧国防工业转型与调整深化研究.

第六节　法　　国

一、优先发展军民两用技术

法国的 2003～2008 年军事计划法是“9·11”事件后发布的军事计划法，该计划法确定 2015 年军事力量由以下八大力量系统构成：威慑系统、C3R（指挥、通信、控制和侦察）系统、远征和机动系统、纵深打击系统、夺取空－地优势系统、夺取空－海优势系统、夺取空－天优势系统以及准备与保持作战能力系统[①]。

该计划法时期的研究与开发有 3 个优先：①在准备未来和研究与技术开发（R&T）方面扩大欧洲合作优先；②军民两用优先；③技术和作战验证机优先。

二、国家航空航天研究院[②]

法国航空航天研究院是国家航空航天科学与技术研究机构，是一家公共机构，由国防部监管。法国航空航天研究院人员有 2000 多人，其中科学家超过 1500 多人。该机构年度预算为 1.88 亿欧元，60% 资金来自外部合同，其余 40% 来自政府补贴，政府补贴主要用于长期研究。

航空航天研究院拥有 8 家研究机构，分别为沙蒂永中心（总部、主要实验室）、沙莱—默东中心（风洞和电子设备）、帕莱索中心（涡轮发动机和冲压发动机试验台、发动机试验激光检测设备）、图卢兹研究中心（多学科研究活动）、福加－莫扎克中心（推进试验中心、新型大型试验设备）、莫达讷－阿弗里厄中心（大型工业试验风洞）、701 空军基地研究实验室（与空军学校共用）、里尔流体力学院（飞行力学与结构力学研究）。

航空航天研究院的研究类型以应用研究为主，其中三分之一是民用、三分之一为国防、三分之一为两用技术。该机构包括 4 大研究领域，16 个分支领域，分别是材料与结构（空气弹性变形与结构动力学、金属材料与结构、复合材料与结构、微观结构研究实验室）、流体力学与热力学（应用空气动力学、基础与实验空气动力学、基础与应用热力学、空气动力学与热力学仿真、计算流体动力学与空气声学）、物理学（电磁学与雷达、空间环境、理论与应用光学、物理/机械与传感）、信息处理与系统（系统控制与飞行动力、长期设计与系统集成、仿真与信息处理）。

---

① 中船重工第七一四所. 美欧国防工业转型与调整深化研究.

② 中船重工第七一四所. 国外国防工业基础转型与调整改革综合研究.

第八章 我国国防科研生产能力发展与典型国家的对比分析

第一节 国防科研生产能力内涵及体系的对比

一、美国国防科研生产能力的内涵及重点

美国国防部指令 5 000.60 h“评估国防工业能力”中，从保证采办执行的角度，将能力按类型分为技能（skill）、知识（knowledge）、设备设施（facilities and equipment）、工艺（process）、技术（Technology），认为能力表现在（即能力支持的活动）系统、子系统或零部件设计、开发、生产、维护、修理中，并单独提到“产能”（amount of capacity）。

在对国防工业进行评估时，比如美国国防部每年发布的年度工业能力报告，评价的对象包括某个行业的工业能力、某种/型装备的工业能力、某种/型配套的工业能力，以及技术研发的能力；关注的方面，可以是能力的特性，如竞争性、安全性、充分性、先进性、经济性，也可以是构成或影响能力的要素，如人员、设施、管理、政策、投入。

在5000.60h 指令中还提出了“国防工业特有能力”（unique industrial capability）的说法，用以下三个判据来认定：是否只有一条（个）或很少生产线（供应商）能够提供；是否没有替代品，或无法用其他工业能力生产；产品是否任务必需。

2003 年，美国出台《国防部国防工业基础转型路线图》，力图打造“可靠、充分、划算”的国防工业基础。直至当前，这一目标仍然有效：

“可靠”是指供应商能够按时交付签约的产品和服务，可靠的公司是能够长期存在的公司。

"划算"是指供应商能够在成本目标范围内交付签约产品和服务。

"充分"是指供应商所提供的签约产品和服务能满足国防部对性能的要求。

近两年,受到国防预算趋紧的冲击,美国更加重视维护国防工业基础,政府和工业部门采取了若干措施,例如,除了年度例行的国防部"工业能力评估",美国国防部还启动了"逐层级、逐行业"的工业能力审查;国防部将适度竞争、促进出口、稳定研发作为维持国防工业基础的三大手段;美国国防工业协会、航宇工业协会、专业服务委员会这三个主要的军工行业机构组成团队,调查研究了预算削减对国防工业发展的影响,并提出应对措施(以下简称"工业界评估")。

综合分析这些重要举动,可以看出美国当前对于国防工业的关注重点,从而探究美国军工核心能力的范畴,主要包括以下方面。

(1)强大而稳定的研发能力

美国2010年《四年防务审查》报告指出,"国防部要研制、部署和维护高品质的设备,必须依赖强大精良的国防工业基础。事实上,美国的工业规模和能力使二战胜利成为可能,保持了优于苏联的技术优势,并在今天确保置身险境的军人拥有世界上最好的设备、得到现代化后勤和信息系统的保障。因此,我们的技术优势必须受到密切的监测和培育。"

技术优势是美国保持绝对军事优势的保证,而技术优势来源于持续、高强度的国防研发投入。美国目前是世界上国防研发(RDT&E)投入最多的国家,近五年来均超过700亿美元,占世界总投入的2/3。

尤其是,美国高度重视国防基础科研,这是美国长期保持军事能力绝对优势的根本原因。2009财年,国防部、能源部、航空航天局的基础科技投入高达216.5亿美元,是欧盟的近8倍。政府还供养了一支庞大的科研队伍,当前规模超过13万人,仅国防部直辖的工程技术中心和研究实验室,其研究人员总数就达7万余人。

即使在预算趋紧时,美国仍然坚持稳定的研发投入。20世纪70年代越南战争后,美国国防经费急剧下降,但是国防部仍然保持了研发经费。面对当前再一次的国防预算削减,美国政府仍将持续稳定的国防研发视为维护国防工业基础的三大手段之一,国防部官员反复强调要维持研发预算的稳定。2013财年,在国防预算总体下滑的情况下,美国国防部依然确保对国防基础技术研究(S&T)的稳定拨款,预算申请额为119亿美元,与2012财年基本持平,国防研发预算下降2.8%,小于总预算6.4%的降幅。其中,基础研究费为21亿美元;应用研究费为45亿美元;先期技术开发费为53亿美元。国防部给国防高级研究计划局的预算申请额为28亿美元,同比减少不到0.5%,下降幅度远远低于其他国防机构。国防高级研究计划局将继续进行下一代制造技术、赛博空间安全等前沿技术开发

项目，同时也将启动一些新的前瞻性技术开发项目，如云计算技术、5 倍音速高超声速飞行器研发项目等，其中的重点新兴能力赛博的研发预算还大涨 50%。

在“工业界评估”中，三大协会重点关注了企业因利润减少而降低研发投入，提议政府安排多年度预算，支持长期研发计划，保持企业研发开支的稳定。为了推动企业投资研发活动，国防部也颁布新规，调整了对企业申报独立研发项目的要求，为企业提供更明确的需求和资金补助等。

（2）持续、稳定的劳动力队伍，尤其是高水平科研人才

在美国对国防工业能力的评估中，劳动力被视为构成能力的要素，如兰德公司在评价美国海军船厂能力时，重点关注了劳动力队伍的规模和素质。美国国防部 2007 年完成的《全球造船工业基础对标研究——第二部分：中级船厂》报告认为，中级船厂的造船能力主要是受熟练劳动力短缺的影响，而不是受限于生产设施。“工业界评估”认为大规模裁员不利于工业基础的稳定。

其中，高水平科研人才尤其受到关注。美国政府将科研人才队伍建设与国防基础科技发展紧密联系起来。如，国防部 2000 年《国防科学技术战略》指出，实施国防基础科技计划的目的之一是，“聘用和保持顶级的科学家和工程师队伍”；国防部国防研究与工程局 2007 年《战略计划》指出，它的使命就是发现科学领域的人才及其理念，明确将“能够产生成果并吸引高素质人才的科技计划”作为衡量基础科技成功的目标之一。美国还设立了“大学研究计划”“青年人才发现计划”“总统早期职业奖”等资助计划，吸引美国社会上更多有潜力的人才投入到国防基础科技研究中，帮助他们成才。

2007 年的“国防部年度工业能力报告”指出：“软件开发行业的劳动力问题是国防部所有系统都面临的挑战，其中包括 C4ISR 系统。……顶层软件开发和管理骨干人员存在供需不平衡问题，并且由于这类专业人才的不可替代性，问题显得更严重。”“工业界评估”在评估裁员时，特别指出由于缺乏资金和长期研究项目支持，军工企业将难以吸引或留住高素质科研人才，也无法为新一代科研人员的成长提供良好环境。而且，老一代设计师和专家临近退休，一旦人才队伍流失，则需要付出巨大的成本和相当的时间才能重建。

（3）安全的供应链

美国国防部指出，很长时期以来，国防工业被看作是一个完整的经济部门，其主要角色是少数几家选定的军工供应商，这是完全不正确的。国防部所需的产品和服务十分深入的延伸到美国的整个经济体系中。虽然有些东西是专为国防部生产的，但这些东西本身往往依赖于产品供应商的复杂和完整的供应链，如果供应链的第二、第三甚至第四层吃紧，即使是纯粹的军工供应商，也会危害到我们部队的支撑能力。国防工业的许多需要有不可替代技能的工作，在非主要

供应商手中。许多这样的小型、高度专业化的公司依赖于主供应商及其特有的需求来维持生存。要更好地搞清楚国防部在整体计划层面所做出的决策对他们的传递效应,以确保关键的底层供应商能够响应这些决策,确保国防工业基础能够不断得到关键的组成成员,确保关键的技能不会丧失,保护我们的国家安全不受供应链损伤风险的影响。

美国国防工业供应链,从数量上看,从顶层承包商到底层供货商的合理供应链布局应该呈金字塔形,即:大系统集成商数量少,能力强;零部件供应商数量多,分工细。供应链的安全主要关注底层供货商,包括两方面:

一是规模充分。在“工业界评估”中,三大协会认为:武器装备研制生产供应链的底层大多是中小企业,它们通常难以承受订单的急剧减少。武器装备采购数量减少和利润缩水,迫使一些二、三级供应商开始退出国防部相关业务,最终可能导致供应链各环节企业大量退出,主承包商将不得不承担过去分包出去的任务,现有供应链被打破,专业分工退化,竞争性下降,整体成本提高。工业界建议政府精简程序,降低中小企业参与国防业务的成本,增加底层供应商的利润,吸引其留在国防业务领域,维持美国本土供应链的稳定。

二是货源安全。这主要是市场全球化造成的,尤其在电子领域。2007 年的“国防部年度工业能力报告”指出:“全球化供应链也存在风险,如被篡改的风险和维持过时民用部件可靠供应的风险。例如,随着国防部的承包商出于经济利益原因,将软件开发工作移到国外,恶意代码(如,特洛伊木马、后门病毒、定时炸弹病毒)等潜在安全风险就增大。”美国商务部在“2010 年国防工业基础评估”中指出,伪冒芯片导致武器系统的可靠性每年下降 5% ~15%,政府问责署也于 2011 年 7 月称国防供应链的 40% 已受到伪冒芯片的影响,参议院军事委员会更是在 11 月举证百万件伪冒芯片已进入陆海空军八大现役装备。“工业界评估”认为,中小企业出于利润目的,将工厂从美国转移出去,“这将加重美国对全球供应链的依赖,增加安全风险。”美国已采取多项措施,如:加强供应链安全审查;开展可信代工项目,在境内维持完整的国防关键系统用集成电路供应链;通过“可信集成电路”等项目开展可信技术研究,重点提高对硬件木马、人为工艺缺陷等恶意芯片的检测能力。

(4)充足的产能,尤其是应急产能

充足的产能是保障武器装备规模发展的基础,也是生产某些大型武器系统的必需,比如建造航母必须有足够大的船坞、足够能力的龙门吊。“工业界评估”认为预算削减的重要影响之一是“导致资金向军工行业外转移,或迫使大公司剥离军工业务,国防工业规模萎缩”。

而对于产能的关注,在产生紧急需求时表现得尤为明显,这种“紧急需求”可

以是战时动员生产，也可以是突然出现的特定新需求。美国国防部对“充分”工业基础的要求是：“要能灵活而主动、迅速地对国防部的需求与重点的变化做出反应，尤其是在冲突发生期间，最能表现出其生产线和技术的自适应性。……顺畅应对需求高峰和需求低谷。……总是存在一些在和平时期需求量很低、生产范围很窄的国防专用产品，其工业能力有限。当在国防部需要加速生产这些产品时，这类问题凸现出来。”

为了维持产能的充分性，工业界提议政府加快实施出口管制改革，促进军品出口，利用国际军火市场，维持美国国防工业的产能；慎重衡量削减军工特有、与民用产业相关度不大的行业的项目。

(5)尖端、紧缺或存在风险的技术能力

美国一贯重视国防尖端技术，庞大的国防研发投资和研发队伍支撑其在大部分国防科技领域领先世界，引领着世界武器装备的发展方向，在当前新兴技术领域，如赛博、空间对抗、水下对抗，美国都明显超出其他国家。而且，对于一些非常重要，但企业没有足够能力或动力推动进步的公共基础技术，由政府承担。如美国设立国防制造与加工中心，不但研究先进加工技术，而且允许企业使用其先进且昂贵的加工设备设施。

此外，美国持续监视本国技术能力的发展状态，当某种技术能力出现紧缺或面临风险时，则适时发出警告，并由政府采取相应措施进行引导和加强。例如，奥巴马执政时美国关注到本国先进制造能力的流失，认为：制造业对经济的贡献率相对下降，高技术工业产品出口占全球市场的份额由20世纪90年代末的20%下降到2008年的11%；国内先进制造能力下降，已基本丧失了发光二极管等一批先进技术产品的生产能力；制造业相关研发活动向海外转移，在国外投入研发费用的增长速度比在本国快3倍，制造业研发投入占GDP的比例仅列世界第七，低于韩国、日本、瑞士、以色列等国。为此，美国总统科技咨询委向奥巴马总统提交了《确保美国先进制造业的领导地位》报告，要求政府在重振先进制造业中发挥关键作用。据此，奥巴马总统启动了“先进制造伙伴”计划，由政府部门联合工业界、学术界共同推动先进制造能力发展。

(6)适当的竞争

美国国防工业走市场化道路，一贯强调竞争的作用。2007年“国防部年度工业能力评估”指出：“在所需产品和服务领域维持竞争的市场态势，通常可以最大程度的满足国防部的利益。在核心国防市场拥有数量足够且具备资格的供应商，可以促进竞争和创新，这对满足国防部未来作战需求而言非常重要。”《2009年武器系统采办改革法》规定，在每一个重大采办项目全寿期的“主包和分包层面上，必须要有竞争或竞争选项”。近年来美国国防部反复强调“稳健而可信的

竞争,对保证国防部采购到高质量、可承受、创新性的产品至关重要”。

但实际上,由于高度的寡头化,美国国防工业的竞争并不充分,例如,在国防专用市场上,子系统/零部件层面上有时几乎不存在竞争,国防部必须利用许多孤源供应商提供产品;2003~2008 年国防部 5700 多亿美元的合同中,竞争性合同金额只占 33.7%,尤其是大宗合同(合同金额高)的竞争性要远低于非竞争合同,这是美国国防部一直关注的问题,也是每年的“国防部年度工业能力报告”论述的重要内容。如 2012 年国防部向国会提交的工业能力报告指出:“一般而言,国防部认为市场竞争是营造支持国家防御策略的工业环境的最佳工具。因此,国防部只在必要时才干预市场,以保持适当的竞争并发展维持国防的必要工业能力和技术能力。国防部评估了各提议交易在个体市场情况下及动态的市场变化情况下的独特优点。国防部必须建立、维持和加强工业关系来确保未来的国防工业基础健全、富有生命力。在此过程中,国防部关注鼓励竞争力量创新的必要性,同时承认各企业有必要通过扩大规模或与其他企业联合来创造未来作战需求必不可少的新工业能力。此外,国防部力求确保中小型企业中出现的具竞争性、创新性的尖端技术支持不会因为被大型企业收购而受到制约和牵制。”

面对预算削减对国防工业的冲击,美国国防部将保持适度竞争作为维持国防工业基础的三大手段之一。国防部长林恩表示,在 20 世纪 90 年代美国 50 家主要的防务公司被合并为 6 家后,面对当前的预算削减,“我们不会再进一步对国防工业基础的大型承包商进行合并。主要国防承包商数量减少不会进一步加强国防工业力量,也不会使政府受益。”

此外,美国于 2011 年下半年启动的评估国防工业能力的新做法,即“逐行业逐层级”(S2T2)评估,对其所关注的国防工业能力进行了更为细致的阐述。“逐行业逐层级”评估的主要目的,一是系统梳理对国家安全至关重要的国防工业现有行业和新兴行业;二是识别从原材料到最终产品的整个供应链中,对军事需求至关重要的关键工业能力;三是明晰国防相关工业能力的整体结构、竞争性以及不同项目、不同军种工业能力的相关性和通用性;四是研究提出对工业能力,尤其是低层次供应商的早期风险预警指标,包括具体能力预警、过度依赖国外预警、竞争不足预警;五是建立对国防工业整体评价监管的基准,实施对关键工业能力的风险评估,发现严重影响军事使命的供应链断裂问题;六是为编制预算、安排采办计划、制定工业政策提供依据。美国国防部规定,评估工作以系统识别供应链中关键和薄弱环节为重点。这些关键和薄弱环节体现了其军工核心能力的关注重点。10 个方面的关键环节,包括国防专用能力、满足未来特定需求能力、跨平台共性能力、依赖特殊材料、技术娴熟的劳动力、来自非同盟国家且来源单一、特有的设计团队能力、重构成本较高的能力、技术不可替代能力、需长期积

累的能力;5个方面的薄弱环节,包括供应商财务状况脆弱、产量接近维持能力底线、供应商数量过少、供应商完全或主要依赖国防业务、无法从国外获得资源。

二、英国国防科研生产能力的内涵及重点

英国自20世纪90年代中期开始推行国防工业基础私有化的进程,除少量作为国有能力外,大多数以私人产权的形式存在,在一定程度上造成了国防工业能力相对分散、能力水平较弱的局面。为此,如何对国防工业进行有效管理,维持国防工业核心能力成为近年来英国政府十分关心的重大问题,力图采取多种措施引导,国防工业基础为适应未来需求而主动调整能力结构,发展国防部所需要的工业技术和能力,以求保持一个可持续发展的国防工业能力基础,形成新的能力格局。综合分析其近年来发布的国防工业重大战略与政策以及采取的相关举措,可以分析,英国对其军工核心能力的关注重点主要集中在基础技术、关键基础设施、关键技术以及技术使用等几个方面。2012年2月,英国发布的《防务与安全政策白皮书》明确了其能力的各方面,“有必要采取行动保护英国的作战优势或行动自由时,我们希望通过获得供应安全来保护专项能力:关键系统和子系统的设计、开发、评估、保障和维护所需的基本技术和知识,以及该系统进行测试、评估、支持和升级所需的基本技术和知识。科学、技术、工程和数学(STEM)技术对此特别重要;支持以上工作的设备和基础设施,包括专业制造和生产设备、设计系统、支持基础设施、测试和集成台架;关键系统和子系统设计开发的关键技术;技术使用(包括知识产权)上获得适当的法律自由,促使英国和其供应商对关键系统和子系统进行维护、升级和操作。”

同时也在供应商层面提出,“我们也需要对可信赖供应者提供的一项或多项独特服务进行保护,因为这些服务对作战响应非常重要”,“有些供应商是实现和维护我们某些自主能力需求的基础,因此我们要对这些方面的能力采取保护行动。”

(一)保护本土供应商

英国十分看重本土国防供应商,强调在“鼓励科技创新和维持英国科技基础、创造可满足国防和安全能力需求的知识产权,并进行商业开发创造更多经济价值;创建和维护先进工程技能和知识,包括在某区域内的强技能群;提供高品质就业;通过税收方式等促进更普遍的增长”等方面“具有重大影响”。据统计,与国防相关业务使整个供应链中数以千计的英国公司得以生存和发展。国防部的开支和国防产品出口支持了155 000个工作岗位,其中许多是高技术岗位,而且其中 145 000名员工间接受雇于供应链 。100 多家英国公司成为美国联合攻

击战斗机(JSF)军用飞机项目供应商。该领域的公司位于英国各地,带动了整个国家的经济繁荣,且国防供应商所从事的研发活动对于一些先进制造业也具有很强的带动作用。2010 年,国防相关的研发工作占到电气和机械行业工作的一半以上,占航空航天部门的三分之一左右,结果常常是让民用部门受益。例如,“台风”战斗机的碳纤维和发动机技术被应用于民用飞机和汽车工业。同时,国防领域从民用领域得到好处,例如先进的电子设备。实际上英国对于本土供应商的保护体现了在整个制造业中布局国防工业核心能力的一种思路。

(二)促进基础技术和关键技术发展

英国提出“技术是大部分装备和保障的基础”“实现对潜在对手的作战优势取决于技术投资。技术对我们世界产生的影响源于消费需求增加和制造技术更新。为了掌握、对抗、防范这种威胁,我们要能够利用在国防和安全科技上的有效投资,获得或提供未来系统和设备所需要的技术来提供作战优势。”近年来,英国制定了一系列支持技术发展和创新的计划,如英国国防装备与保障局公布《国防创新战略》,提出英国政府、工业界和学术界加强合作鼓励创新的目标和重点。国防装备与保障局局长表示,“英国防部通过鼓励奇思妙想、创新思维,来为军队提供能够克敌制胜的最新技术和装备”,“希望与工业界共同构建激励创新、迅速开发并形成作战能力的良好环境”。2008 年 3 月 21 日,英国防装备与保障局宣布建立新的“国防企业中心”(CDE),鼓励发明家、科学家、学者与私人投资者共同研究探索新的国防技术。该中心将积极寻求创新思维和建议,并组织相关研究课题。该局负责人表示:“要尽力消除障碍,转变思想。学术界、投资人、发明家、企业家、工程师都可以为下一代国防科技的发展尽职尽责。中心将为此提供良好的发展空间”。2009 年 2 月,英国防部公布《国防技术计划》,首次提出国防部满足未来军事需求的长期研究计划和目标,分为系统、新兴技术、能力愿景三部分,系统部分包括舰船、地面装备、航空航天、武器、C4ISTAR 与核生化、交叉学科、联合供应链七大系统,新兴技术包括 13 个技术领域,能力愿景包括 5 个项目领域。2012 年 2 月的防务与安全政策白皮书,更是提出国防科技投资将最低维持在国防预算投资的 1.2%,通过重点投资实现六个方面的关键成果:

支持当前的国防和安全行动:促进开发技术方案,解决迫切的和当前的作战问题;

规划未来长期需要的能力:研究新科技,特别致力于开发当前能力的下一代技术,确保 2020 年及以后未来军力需求能得到满足;

降低成本和面向未来的系统:利用科技为防务与安全能力提供解决方案和方法,确保能降低这种能力的长期成本,从而保证我们国防和安全能力的发展途

径适于未来需求和技术发展；

支持重要科技能力/设施：确保关键基础设施的建设，使我们在关键领域能保持明智用户状态，在重要技术领域保持自主；

向部长和政府提供及时和有效的建议：确保以科学和技术为基础的证据和分析可用于支持部长和政府的防务及安全能力方面的决策、方针的制定和防务及安全能力评估；

特别关注(国防和安全)能力的人类和社会学特征：在武装部队和安全人员的培训、辅导、精神风貌、领导能力和医疗等方面提供以科技为基础的解决方案；在军事和安全行动的影响、人文科学、心理方法方面提供科技为基础的解决方案。

此外，英国在技术开发方面，对于政府科研机构也给出了明确的定位，指出"虽然我们需要改造和使用更多的民用技术来满足我们的国防和安全需要，但是仍然存在技术开发的领域，这些领域的市场较弱，包括化学和生物防御(CBD)及反恐(例如，电子监控)。这些领域技术超越了民用或商业市场所能提供的科学与技术，将继续需要科技重点投资。政府只在工业界不愿意或不能进行技术研发的领域进行技术研发"。政府科研机构只在对国家安全至关重要的防务与安全领域进行研究和开发，尤其是在敏感国际合作中需要特殊专业的领域(例如，破除临时爆炸装置(IED)的技术要求)；私营机构不能满足市场需求的领域(如化学、生物、放射性和核保护)；政府拥有风险和责任管理权的领域(如核威慑)；需对商用现成技术进行关键修改的领域(即把商用成品改成安全领域用品)。

(三)加强基础设施管理

英国十分重视国防基础设施的发展，专门成立国防基础设施管理机构，提高基础设施利用效率。2011 年 4 月，为将国防部所有的固定资产和基础设施整合到一个统一的机构管理，英国国防部新成立了国防基础设施局，主要负责国防部所有资产和基础设施的管理和运营。组建国防基础设施局是英国国防部国防改革进程中具有里程碑意义的第一步，新机构将为英国军队提供资产和基础设施的"一站式"服务，具体职责包括：降低固定资产运营成本；确保更有效地使用国防资产；向基础设施的用户提供更好的服务；创建更快速反应的工作模式；确保更有效地使用国防资源。国防基础设施局将监管和维护建筑物、设备设施以及保障服务设施。国防部官员表示，该局与工业界以及最终用户之间的信任、透明、密切沟通与合作关系是确保国防部的基础设施投资用到最需要的地方的关键保证。

(四)培养和提高人才技能

英国认为有技能的英国劳动力大军是提供国防和安全所需能力的基础,“我们需要及时获得专业技术技能,用于关键系统和子系统的设计、开发、评估、支持、维护和升级,特别是来自更广泛的科学、技术、工程基础的技术技能”,“如果不能获得专业化知识,我们就会失去快速反应能力,也不可能成为明智消费者,在正确解析复杂科学和技术数据的基础上,做出可靠的明智决策。因此,发展和保持我们人民的技能是确保武装部队和国家安全机构不断获得所需技术、设备、保障的基础”。2010 年 10 月,商业、创新和技能部国务大臣成立了技能与就业保留小组,帮助那些受《战略防务与安全审查》决定影响的技术熟练员工在不断增长的先进工程与制造领域找到另外的职位。这是工业界领导的小组,得到先进制造业各行业的大力支持。它已经制定了行动计划和“人才保留解决方案”网络化系统,协助受影响员工就业。英国政府已经采取一系列行动,打造一支教育程度更高、在欧洲更具灵活性的劳动力大军,如投资提供 100000 个额外工作职位帮助青年人积累经验;扩大大学技术学院项目,建立 24 个新学院。学徒制是各年龄层人们获得技能的重要方式,可让员工获得在全球市场上发展和竞争所必需的技能。正在为青年人创造新的机遇,使他们获得并达到高级水平和更高级别的学徒资格。2011 年 8 月起,年龄段在 16 - 24 岁、13 周 NEET(未在业、正在受教育或培训),或经历其他挫折的年轻人都可参加“学徒资格准入”(Access to Apprenticeships)计划。这种途径预计每年约有 10000 人受益。2011 年 7 月首相宣布了 2500 万英镑的新基金详情,支持多达 10000 个高级水平和较高级别的学徒资格。该基金将支持发展学徒制,满足公司尤其是中小型企业的需要,特别要满足那些还未拥有更高层次技能的企业需求。另外,英国国防部向英格兰高等教育拨款委员会表示,具有重要战略意义和敏感科目,包括许多与“科学、技术、工程和数学”(STEM)相关的科目,在大学教学补助分配中保持部长级优先权。英国政府还推出了一个可持续发展的资金制度,以确保大学能够保持一定的学生人数,并保证所有接受高等教育的学生有高质量的经验。未来学生们将享受更多大学拨款。政府承诺退役人员通过“转业人员”项目进行“第一次”深造或接受高等教育(在 3 级水平和第一学位之间),从皇家海军、陆军、皇家空军退役的人员需要注册成为武装部队增强学习信用卡(ELC)项目的会员,政府会为其支付学费。

(五)充分发挥中小企业的创新作用

英国防部称“中小企业是提供英国创新性国防和安全解决方案的排头兵”,

“中小企业的创新性和灵活性是满足国防和安全需求的重要源泉”。根据商业、创新与技能部统计数据,2010年初,英国员工人数少于250人的私营中小企业有450万家,占英国企业总量的99.9%,就业人数占私营部门的一半以上(59.1%),营业额几乎占所有私营部门的一半(48.6%)。英国政府在2005年《国防工业战略》中指出“注重推动中小型企业的发展”,《英国防务与安全装备、保障与技术(讨论稿)》再次论述了对中小企业的支持。2011年1月,英国国防大臣彼得·鲁夫表示:创新能力对军事技术开发十分重要,而中小型企业在国防技术创新研究领域发挥着巨大作用,尤其是在网络攻防领域,它们可为英国的国防提供具备创新性和灵活性的解决方案。

英国国防部采取了一系列措施帮助中小企业成长,如,增加中小企业在公共采购中的份额,目标是在整个费用审查期使中小企业的政府合同额占到25%,包括供应链。据英国国防部统计,2011年有42%的国防部合同直接与中小企业签订,合同额9.53亿英镑,占13.2%。大量的额外工作是由国防部合同供应链中的中小企业承担的。政府为中小企业指定“荣誉代表”,建立更具战略性的对话机制,并推出中小企业“产品外科手术”,使选定的公司“提出”创新产品和服务,确保一个公平竞争的领域,为中小企业提供公平的机会,既不优待、也不设置歧视性障碍。在新的国防供应商论坛,创建一个由国防部部长领导的专门中小企业组,为小供应商提供更好的通话渠道;为解决中小企业没有途径与关键决策者对话,采购更倚重主要承包商的问题,英国国防部还提出:把“中小企业意识”作为新主题增加到国防部项目团队中高层采办决策者主要采购培训计划中;鼓励小公司组团参加项目,这样比单个中小企业能提供更好的解决方案;维持和扩大国防部内国防供应商服务的角色,为潜在供应商,特别是中小企业,提供电话和电子邮件帮助服务台和更多样的服务;确保尽可能针对能力和产出提出国防和安全要求,让工业界提出潜在的技术解决方案。这将使创新型供应商(往往是中小企业)有更大的空间提出有更划算的“非传统”解决方案;要求主承包商就增加中小型企业参加政府合同供应链的措施提出建议,或是通过直接参与或是通过技术转让,从而使得中小型企业在技术使用费/许可费用上赚取收益;对价值超过100万英镑的投标者,要求其确定计划分包给中小型企业的工作量;保护中小企业知识产权等。

(六)提高国际竞争力与影响力

英国国防白皮书,提出“承诺开放市场”,确保英国继续为国防工业提供一个独特的环境:相比于其他主要国家,整个行业的开放比率更大;对高新产品有巨大的需求,使这些产品不断做大、主动创新;有一个开放市场和多元化的供应商

体系,鼓励改革创新、新进入者以及外来投资。英国认为,在国防预算紧缩时期,英国本土工业成功的关键不在于国防部,而在于赢得海外新业务。通过要求国内供应商精简和更具竞争力,将提升其在国际市场上的竞争力;支持国内供应商进入国际市场。因此,英国国防部大力支持出口。白皮书指出,“出口在英国国防和安全政策和目标中作用重大。帮助英国最具活力和最成功的行业开展出口业务是国家的利益,这是政府重视负责任的国防和安全产品出口的原因。国防和安全产品出口有利于我们与主要盟国发展、建立和加强双边关系和防务合作,通过帮助其他志同道合的国家建立他们自己的国防和安全能力,可促进区域安全,有助于化解靠近其资源、关系到英国国家安全的威胁。国防和安全产品出口有利于促进我们与盟国的双边关系,其作用胜过其他领域的商贸。国防出口也会提高我们部队的互操作性,如维和行动。”“产品成功出口也可提高供应商的长期生存能力,有助于减少国内需求波动或需求少的影响,并可持续保有国家安全必不可少的工业能力”。

三、俄罗斯国防科研生产能力的内涵及重点

在恢复和重建国防实力的战略指导下,俄罗斯近年来不断加强国防工业调整与改革。在 2012 年,俄罗斯第七届总统选举前夕,普京发表《强大是俄罗斯国家安全的保证》,其中强调了对俄罗斯军工综合体的新要求,指出:“我们要尽快解决几个相互联系的问题。成倍增加现代化技术装备的供应,建立先进的生产基础,研发有竞争力的军用产品所需的核心技术,依靠新技术生产新型武器和军备等”。其国防工业能力建设的重点主要体现在以下几个方面:一是强化对战略性企业的改革与控制;二是重视对外技术合作,提升军贸实力;三是加强先期技术储备;四是注重军民结合以及军工对民用领域的带动能力;五是强调人才发展。

(一)结构布局优化的战略性企业

2001 年,俄罗斯政府明确了以保持国防工业能力和关键技术为宗旨,在行业核心机构和企业的基础上进行重组的方针。此阶段结构改造的总体构想是,以具有战略性的国家企业和国家控股股份公司为基础组建国防工业综合体的“核心”。俄政府计划通过对国防工业企业实行大规模的结构改造,最终建立起数量有限、具有完整生产流程、超大型的、纵向管理的、行业内及跨行业的、军民生产联营的联合公司,以满足国家对现代化武器装备以及军民两用产品的需求。

从 2002 年起,俄联邦连续出台了一系列有关战略企业和机构问题的法律、政府决议和总统令,规定了严格限制外国公司在俄国防工业公司中的所有权份

额，总统还下令确定了对国家利益和安全有重大意义的国家“核心”部门——战略企业和公司的名单，其中包括国防工业中禁止私有化的战略企业和股份公司，并对生产战略性产品的股份公司制定了国家掌握控股权的机制，即国家至少保持51%的所有权股份。

俄罗斯现有的国防工业科研生产体系是多种所有制形式并存的混合型体系。俄罗斯的国防科研机构和企业分为国有国防科研机构和企业、国家参股的国防科研机构和企业以及私有国防科研机构和企业三类。由于国防科研机构和企业对国家安全的重要意义，使得俄政府在国防科研机构和企业的所有制改革方面比较谨慎，禁止核心科研机构和企业私有化。目前俄罗斯国防科技工业国有化程度仍然较高，大部分设计研究机构和生产企业仍由国家行政部门领导和管理。国有国防科研机构和企业大多以军品研制生产为主。

2004 年，俄联邦政府开始对国防工业综合体的结构进行大幅度改革。为保证国家的管理作用、凝聚国防工业综合体企业的资产、合理化资金流量、提高竞争优势，俄政府于2005 年制定了相关的改革政策、法律和方针。在国防工业综合体内进行了所有制改造和企业重组，组建了 55 家“一体化结构”，凝聚了资源，保持了国防工业的核心力量。

当前俄国防工业综合体的改革与发展仍已步入了第二阶段。总统普京下达总统令“实施建设和发展俄联邦武装力量以及现代化国防工业综合体的计划”的命令，命令提出，为实现 2020 年俄联邦武装力量的武器装备现代化率达到 70%的目标，将继续大力发展俄国防工业综合体，俄政府将统筹解决武装力量的现代化与国防工业的现代化问题。俄政府审议并批准了新制定的“2011－2020 年发展俄国防工业综合体”联邦专项计划，以及“2020 年前现代化国防工业综合体”联邦专项计划，明确提出继续推进国防工业综合体的结构重组，到 2020 年前将建立约 40 个有自主发展和高效工作能力的巨型集团公司；开发工业关键基础性技术，形成先进的科技储备；培养和教育专业化人才。

（二）国家“垄断”的军贸能力

普京指出，军工企业的活动应该集中在成批次生产高质量、技术性能优越并符合未来国防需要的武器。只有最新的武器和军事装备才能巩固和提高俄罗斯在世界军火市场的地位。只有提供先进产品，才能在军火市场取胜。国防工业综合体不能不紧不慢地追赶，我们要促成飞跃，成为主要的发明者和生产者。

为了长期从国外向本国的投入中获益，俄罗斯近年来出台了《俄罗斯对外军事技术合作法》等有关政策。与许多西方发达国家以及一些发展中国家建立了合作关系，为国防企业找到了多个合作项目。俄罗斯政府积极鼓励国防科技工

业企业走出国门，与其他国家进行国防技术交流，联合研制和生产高新技术武器装备。俄罗斯还认为，通过国际军贸可以保持国防科研生产的相对稳定，解决部分就业问题，平衡外汇收支。俄罗斯政府改变了苏联时期以政治关系为原则的军火交易方针，突出经济利益，扩大军品出口国范围，增加现代化武器装备的出口，采取赊账、出售许可证、债务抵押等多种灵活方式推销军火。同时，还着手对阻碍军贸发展的体制进行调整，将原有的多家国有军品、军事技术进出口公司合并，适度放宽企业出口自主权。

在对外军事技术合作（军贸）的管理体系方面，俄罗斯历经了集中到放权，又逐步走向集中与放权相结合的改革调整过程。2000 年，普京政府将对外军事技术合作的职能划归国防部承担，组建了俄罗斯国防部下属的国有独资企业“俄罗斯国防出口公司”。为了有效促进俄罗斯工业（包括国防工业）的发展和高科技产品在国际上的竞争力，2007 年底，根据俄联邦政府批准的法律和总统令，成立了国有独资公司——“俄罗斯技术”国家集团，用于促进民用和军用高技术产品的研究、生产和出口。2008 年底，政府将“俄罗斯国防出口公司”改造为 100% 的开放股份公司，并由“俄罗斯技术”国家集团接管其所有业务和全部资产。“俄罗斯技术”国家集团由 600 多家机构构成，包括 17 家控股公司（12 家属国防工业领域，5 家属于民用工业领域）和 22 家直属机构。“俄罗斯技术”公司产品出口到世界 70 多个国家。

2008 年 4 月，俄政府通过了在“俄罗斯技术”国家集团公司下的所有国防控股公司中，国家将持有“金股”的决定，即俄政府作为控股体制的股东，在“俄罗斯技术”国家集团的所有战略决定上拥有否决权。这表明俄政府意欲加强在军贸上的管理作用，而不是全部由国防部包揽。由此形成了“总统 - 政府 -‘俄罗斯技术’国家集团 - 国防工业管理机构 - 国防工业的企业与机构”的纵向管理体系。至此，俄罗斯军品贸易自由化的趋势最终完全被国家“垄断”所代替。2012 年俄罗斯又提出针对出口对象的具体需求定制合作方案。

作为俄罗斯军贸的核心企业，“俄罗斯技术”公司不断加强科技投入，提升创新水平。2012 年 9 月 26 日，该公司宣布 2011 年创新发展计划投入 620 多亿卢布，其中 368 亿卢布用于科研和试验设计，159 亿卢布用于技术升级。2020 年前，该公司将开展 1 000 多个项目，总额约 1 万亿卢布，使创新产品比例从 5% 增加到 15%。

（三）技术储备和技术优势

普京指出，“现在俄罗斯已经完全融入世界经济，愿意同所有伙伴国进行对话，进行国防和军事技术方面的合作。研究其他国家的经验和发展趋势，并不意

味着俄罗斯要引入其模式和不再依靠本国的力量。相反，稳定的社会经济发展和保证国家安全，必须采用所有优秀的成果，培养和支持本国的军事技术和科技独立。要提高国家的防御能力，我们必须有世界上最先进的技术，不能让军队成为过时武器销售市场，而且还是花国家的钱。”充分强调了强化技术储备，保持和提升技术优势对俄罗斯国防建设的重要性。但冷战结束后，俄罗斯的国防科技发展并不顺利，因此当前技术发展成为俄罗斯军工核心能力建设的重中之重。

冷战结束后，国家政治、经济衰退等负面因素给俄罗斯国防科技发展造成严重冲击。俄罗斯虽然继承了苏联大部分科研力量，但在组织管理和经费支持上存在严重问题。例如，军方经常出台先进武器装备发展设想与规划，工业口每年向政府提出先期技术研究的方向，但双方缺乏沟通协调机制，使工业口的研究缺乏切实的需求导向；军方的技术研究大多紧密围绕装备研制，前瞻性不足；双方的科研力量和资源欠缺统筹调配；由于国防经费短缺，重点用于型号，先期技术研究资金不足，尤其是科学院、基础性研究机构、大学经费不足，人员收入低下，导致人才大量流失，科研队伍严重萎缩。梅德韦杰夫指出，俄罗斯当前“各种机构未能有效地开展国防和安全突破性技术研究，包括先期研究。”

尽管俄罗斯针对国防技术发展，制订了一系列国防工业科技和武器装备发展计划，如“关键国防技术计划”“两用技术计划”，重点发展微电子技术，光电器件，人工智能系统，近实时导航系统，空气动力系统，计算机、雷达、核技术、新型火炸药和燃料等领域，在一定程度上推动了俄罗斯国防科技的发展，但受上述问题影响，使得近20年时间里，俄罗斯国防领域鲜有新技术突破，苏联时期很多领先世界的技术领域逐渐被其他国家超越，优势不再。早在2008年，负责国防工业的前第一副总理伊万诺夫就指出，苏联时期的技术储备已基本耗尽。技术储备枯竭严重制约了新一代装备的研制。例如，苏联解体后俄罗斯自行设计建造的首批22350型护卫舰，因新型无线电电子设备和防空导弹的研制以及舰上系统集成遇到技术难题，出现严重的拖进度、涨费用问题：2006年签订合同时，计划首舰于2009年交付，价格约为70亿卢布；目前交货期限已拖至2012年后，价格涨到180亿卢布。装备第四代“北风”级核潜艇的“布拉瓦”洲际弹道导弹屡次试射失败，归根结底也是因为关键技术不成熟。俄罗斯一些专家甚至认为，目前俄罗斯国防技术水平落后美国至少10~15年。

2012年5月，普京签署了关于“俄罗斯联邦武装部队、其他部队、军事机构发展和建设纲要，以及实施国防工业改革”的总统令，指出，2020年俄罗斯军队武器装备现代化率要达到70%。要实现这一目标，必须大力发展先进技术，支撑新一代尖端武器装备研制。俄罗斯国防工业改革已进入第二阶段，其中一项重要任务就是“形成先进技术储备”。2012年10月16日，俄罗斯总统普京批准《“国家

安全和发展”先期研究基金会》法案，正式决定成立先期研究基金会，围绕巩固国防和保障国家安全的目标，选定技术发展方向，形成项目清单，调动和资助各种科研力量开展基础和应用技术领域突破性、高风险项目，大量产出创新技术和尖端技术，缩小与西方国家的差距，支撑未来武器装备研制。

虽然也强调技术或理念上的创新，但相比美国国防高级研究计划局，先期研究基金会更注重项目的实用性。法案强调基金会的责任是“为研制生产高技术军用、专用和两用产品，开发和验证创新技术理念、先进设计和技术解决方案”，检验技术“实际应用的可能性和可行性”。罗戈津特别指出，基金会要“首先弥补先进技术领域落后于西方强国的地方，涉及电子元器件、金属、装甲、特殊化学品和弹药”。先期研究基金会将根据政府授权，对研究成果行使支配权，将其分配至相关机构，确保成果在武器装备研制和国民经济领域的实际应用。

先期研究基金会由总统直接领导，超脱于军方和工业部门，独立于俄罗斯现有国防科研管理体系，可站在国家层面上，兼顾军事需求和技术发展，面向所有科研生产机构，为其国防相关先期科研活动提供资金支持。这一举措力图避开当前体制的制约，以及改变体制的阻力，采取了一种新的管理方式。

（四）军民结合以及军工对民用领域的带动能力

普京在其《强大是俄罗斯国家安全的保证》文章中，对军民结合给予高度重视，明确指出“国家应该寻找突破性的研发，鼓励研究和设计阶段的健康竞争，吸收年轻的爱好者中涌现的非正统的创意。国防工业的复兴能带动冶金、机器制造、化学、无线电、信息技术以及电信等部门的发展，成为火车头，并为这些部门的企业提供更新的技术和资金，为众多科研和设计单位提供保障，确保其在民用部门研发市场上的存在。当代世界中军用与民用技术之间形成了相互影响的关系。在一些部门（电信、新材料和信息）中，民用技术推动着军事技术的快速发展，而在航空和航天等部门则是相反，军用技术推动民用技术的发展。这要求我们改变过去对保密的认识，重新看待信息交换的原则。我们要严格保守最重要的机密，但也要促进更多的科技信息交流。保证国防部门与民用部门之间创新和技术的双向交流是很重要的。军工企业的发明应该切实地体现为价值。这种价值的体现要考虑到民用产品商业化的潜力和技术转化的前景。军工企业也可以直接生产民用产品。”

此外，文章还特别明确了发挥民用企业和私营公司的作用，要参与到国防科研生产中来。文章指出，“我们要吸收民用企业和私营公司参与军事设备的生产和国防研发的工作中。只依靠国家的力量发展国防企业，现在效果不太好，中期看来在经济上更不大现实。军工领域中国有企业与私营企业的关系发展非常重

要，建立新军工企业的手续也要简化。私营企业愿意给军工企业投入更多的资金和技术。希望我们会出现更多的'杰米多夫'和'普洛夫'家族企业。美欧的主要军火商都不是国有企业。我们应该从一种新的角度看军工部门，从商业的角度看生产如何激发新的活力，提升俄罗斯武器在世界的竞争力。当然，对私营企业要有特殊的规定，包括在保密方面。但这不能妨碍这种公司的建立和发展，不能阻碍其参与国防采购。新的私营企业应该成为技术突破的源泉，促进军工行业发生重大变化。"

作为俄罗斯国防工业改革第二阶段的重要举措，俄政府决定成立军事工业委员会直属的"国家－私营合作委员会"，在国防订货范围内扩大实行公开竞争和竞标，并实施国家－私人伙伴关系的机制，以推动私营企业参与国防工业，达到打破垄断、引进先进技术、吸引外资，减少国防预算负担的目的。

2013 年 2 月，俄罗斯副总理罗戈津称，俄罗斯政府目前正在起草一项立法，目的是支持私有企业积极参与国内国防市场。俄罗斯军工联合体目前均为国有性质或由国家控股。尽管俄分析家们质疑罗戈津提出的这些措施是否能够实现切实可行的改革，但这些措施有望能够鼓励新的力量进入市场，可能会采取公有－私有合作关系，扩大私有企业参与采办过程。

（五）培养高技能人才

近年来，俄罗斯将人才的培养，特别是年轻工作人员的培养摆在国防工业能力建设的突出位置，特别是世界经济危机后，俄罗斯更是将国防工业高技术人才作为"在经济危机中俄罗斯对国防工业采取的措施使俄得以挽救和保护国家的重要力量"。早在 2010 年 4 月 29 日，时任俄罗斯总统梅德韦杰夫，在总统经济现代化与技术发展委员会上宣布了《关于对俄罗斯联邦国防工业年轻工作人员提供国家支持措施》总统令。总统令规定：从 2010 年 1 月 1 日起，俄罗斯对国防工业所属单位 35 岁以下、工作满两年的年轻工作人员（工程技术人员、专家和高技能工人）进行评选，之后总统将依据政府的提议，对获胜者每人每月提供 2 万卢布（约合 700 美元）的津贴，以奖励其在科技工作中的突出贡献。津贴设立期限为 3 年，一人可多次获得。每年获得津贴人数不超过 1 000 人。虽然受世界经济危机的影响，俄罗斯经济出现困难，但俄国防工业发展良好，在应对经济危机计划框架下，俄国防工业 2009 年工业产品总量比 2008 年提高了 4.1%，军事产品提高近 13%。

普京在其发表的《强大是俄罗斯国家安全的保证》文章中，指出"尤其要关注在生产过程中教育和培养新的干部。许多企业现在都遇到了这种情况，非常缺乏技术员和熟练工人，这会妨碍执行国家采购，更别说提高生产能力了。专业性

大学和技术学校在这方面要起到关键作用。我认为,高校、国防类企业与大学生之间可以签订三方合约安排就业。在上学期间就算是企业工作,要进行专门的生产实践和进修。对学生来说,除了经验,这也会给他们一定的收入和认真掌握技能的动力。自然,这样的工作应该成为学习计划的一部分。技术类专业的声望逐渐提高。军工企业要能吸引优秀青年,就像苏联时期一样,提供更多的机会实现个人在研发和科研上的进取心。我们应该考虑派国防企业的年轻工作人员和技术学校的大学生到国外的先进实验室、研究所和工厂去实习。控制现代技术设备需要很高的技术、丰富的知识和不断的学习。所以一定要支持他们直接在生产中提高技能。"

2012 年 9 月,俄副总理德米特里·罗戈津指出,俄政府计划制定和通过一项计划,该计划将鼓励青年人才投身国防工业综合体企业。罗戈津在莫斯科国立鲍曼技术大学召开的会议上表示,"昨日我刚同教育与科学部部长德米特里·利瓦诺夫举行了工作会议。我们决定拟定一项旨在鼓励青年专家投身国防工业的计划。"在该计划框架内,将为青年干部提供一系列特惠和福利,包括购房优惠政策和高额奖学金。"我们愿意接受其他措施,只要有能力的青年干部愿意投身我们的工业"。罗戈津指出,目前俄工业领域专家平均年龄在 48 岁。罗戈津特别提到航天业领导人平均年龄是 62 岁。同时,俄罗斯总统普京在参加武器制造者纪念日时称,发展和改造国防工业系统是国家的首要任务,"这方面的关键任务包括培养专业人才、在该领域企业开发和推广先进技术。我相信,依靠我们前辈最丰富的经验、学者、工程师和专家的高技能,你们能实现所提出的目标,俄罗斯军队和舰队能获得最现代化的武器保障,而我们国家能巩固在国际军事技术设备市场上的地位。"

第二节　国防科研生产能力监管模式及体制机制的对比

一、监管体制的对比

前文中三个典型国家,国家元首或政府首脑都是国防工业的最高决策者,国会负责立法和重大事项监督,中央政府具体部门按职能分工管理。

在政府管理部门设置上,国外主要国家将核、航天与其他国防工业分开管理:核工业由能源或原子能政府管理部门主管;航天工业由航天部(局)主管;美英法德四国国防工业管理职能主要由国防部承担,国防部属政府序列,国防工业

管理部门为文职。俄罗斯国防部是总统直接领导下的军事指挥部门，主管军队建设，常规武器工业由工贸部按军工行业实施垂直管理；核与航天工业分别由原子能国家集团和航天局管理。内阁设军事工业委员会，协调国防同业管理中政府部门间及政府部门与军队之间的事务。美国军事航天工业由国防部管理，航空航天局只管民用航天工业；巴西核工业与航天工业由科技部统一管理；英国行业工业由商务/创新与技能部管理，核工业由国防部、商务/创新与技能部、能源与气候变化部三部门按职能分别管理不同事务。下面，重点介绍美国、俄罗斯和英国管理体制架构。

（一）美国

美国三权分立的政治体制决定了对国防科技工业的管理来自立法、行政、司法三个不同方面。行政系统管理的最多，立法次之，司法最少。美国政府对国防科技工业实施宏观调控和间接管理，不设专门的工业管理部门，不实行统一领导和全面的行业规划，更不干涉企业的具体经营行为。

美国国防科技工业的宏观管理体系具有集中决策、分散实施的特点，主要是通过国会、总统、国防部和三军来决策和实施（图 8.1）。

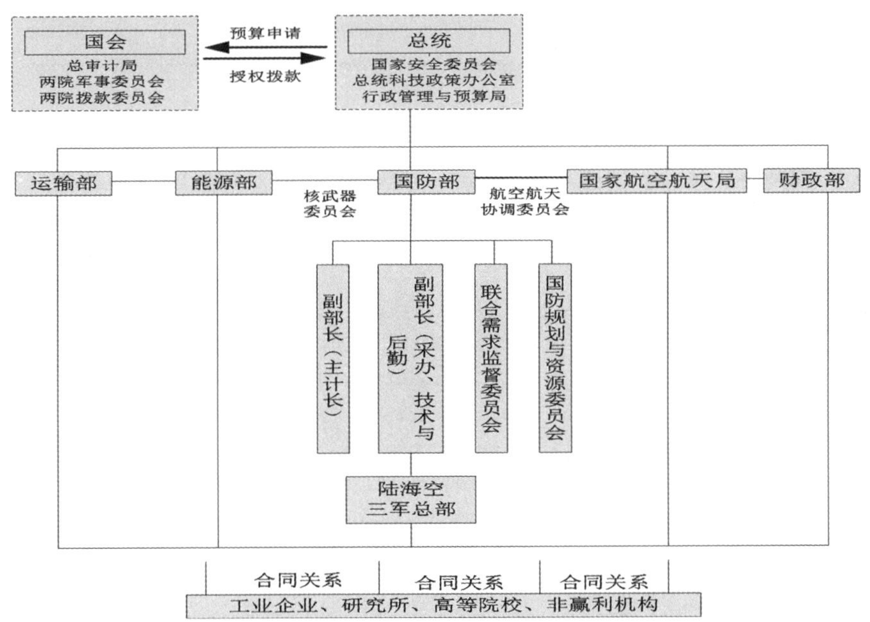

图 8.1　美国国防科技工业管理体制

(二)俄罗斯

俄罗斯国防科技工业的最高决策层包括总统、俄罗斯联邦安全会议和联邦议会。具体承担国防科技工业的管理或国防科技工业管理有关的部门主要为国防部下属的联邦军事技术合作部、武器力量装备部和联邦国防订货局。

国防科研和生产的规划和费用管理权以及军工产品的出口权逐步向国防部集中;国防科技工业管理体制由多个国防科技工业部门的设置向国家综合部门融合。逐步形成了总统、政府、军贸公司组成的三级纵向管理体制。

(三)英国

英国国会、首相及首相领导下的国防与海外政策委员会是国防科技工业管理的最高决策机构。国防科技工业管理职能主要由国防部和贸工部分别从不同角度进行管理,但两者在国防科技工业管理方面有着明确分工。国防部侧重于国防建设和确保武器装备研制生产供应,贸工部则侧重于国防科技工业对国民经济建设的作用。

二、监管职能与模式的对比

(一)战略规划与政策

俄、英、巴政府均出台国防工业整体战略规划与政策,俄政府还制定各军工行业发展规划。美、法、印政府不制定专门针对国防工业的整体战略规划。美国国防部主要通过技术研发与装备采购规划、计划引导国防工业发展,国会审查政府上报的武器装备采办计划、预算时,充分考虑国防工业能力的维持和发展。法国通过国防部规划计划,如远景规划、长期规划、中期计划等间接指导国防工业发展。印度国防部通过发布装备技术规划的方式引导国防工业发展。在航天、核领域,各国政府均出台相关的法律、政策、战略规划,直接或间接引导相关工业的发展。

(二)科研管理

美英法印巴五国国防科研计划由国防部的文职管理部门主导和组织实施。各国政府均高度重视国防科研,并建立了一批国有科研机构,通过直接或委托的方式管理。美国拥有世界上最庞大的政府国防科研力量,包括国防部 67 个联邦实验室、国家航空航天局 10 大研究中心、能源部 21 家联邦实验室和研究中心,总计约 20 万人,国防部、航空航天局的科研机构政府直接管理,能源部科研机构委

托大学和非营利机构管理，政府直接指导和控制。俄罗斯政府直接管理着近 40 家国防基础科研机构，并禁止核心机构私有化，法国、英国政府国防科研机构较少，由政府直接管理，其余科研机构已走向市场。印度政府直接管理着 52 家国防科研核心机构，国防部下属国防研发组织获得的研发经费占国防部研发总经费的 90% 。各国政府都通过科技计划、科研任务对大学、企业等社会科研力量进行引导和调控。

（三）企业管理

美国国防企业以私有企业为主，政府通过政策法规、采办制度和采办项目等进行管理；对难以市场化生存的企业，如主要弹药企业、装备维修厂均为国有，由政府直接投资和管理；涉及国防业务的并购、剥离由国会审查批准，外国资本收购国防业务由商务部会同国防部审查。英国国防企业也以私有为主，但对关键国防企业采用“金股”方式进行控制，以确保对公司重大决策长期保留最有决定权。法国骨干国防企业，特别是总装集成的主承包商，政府控股或占有较大股份。俄罗斯和印度的国防企业以国有企业为主体，政府进行直接领导。

（四）条件建设

美国国防相关的科研条件主要通过国防部、能源部以及航空航天局投入。目前，美国科研设施已比较完善和先进，针对固定资产的投资额在整个研发费用中的比例很小，如国防部的该比例不到 0.2% 。对企业生产中的重大薄弱环节（如战略材料），通过“《国防生产法》第三章”预算直接投入。对于政府投资形成的国有资产，政府直接监管，依法禁止改变国有属性，重大国有资产产权变更和处置须经国会批准。俄罗斯和印度由政府对国有军工企业进行直接技术改造投资。俄政府计划在 2020 年前为国防工业技术改造拨款约1 000亿美元。

（五）国防工业评估

美国将国防工业评估作为管理国防工业的重要手段。国防部、能源部、航空航天局的评估主要包括三类：一是依据法律按年度评估，并向国会提交报告；二是进行横贯各军工行业或重大领域评估；三是针对专项计划、专门技术领域的评估。美国国会和商务部也针对重大问题和供应链开展评估。英国国防部也开始对工业能力进行系统评估，帮助确定本国必须保留的关键工业能力。

（六）装备研制管理

美国国防部装备研制采购部门由文职官员领导；能源部负责核武器、核动力装备的研制管理;民用航天由航空航天局负责。俄罗斯航天与导弹、核武器、核动力以外的装备研制采购由国防部负责,联邦政府设国防订货局进行监督;航天与导弹装备采办由航天局负责;核武器与核动力装备采购由原子能国家集团负责。其他国家均由政府负责装备研制采购。

(七)军品出口管制

美国军品出口管制采用清单制,国务院和商务部分别管理军品出口清单和两用品出口清单,与国防部、能源部、国家航空航天局以及情报部门协同,分别负责发放军品和两用品出口许可。俄罗斯军民出口依据由总统批准的“国家清单”和“设备清单”,实行许可制度。国防部负责军品出口管理,由行政性的俄罗斯技术国家集团实施军贸活动,其承担的军贸业务占全俄军贸业务总量的90%以上。英国由国防部负责武器装备对外出口管理和控制,商务/创新与技能部对航空航天和防务相关产品实行出口许可管理。法国由总统、总理、国防部长、财政部长等组成武器出口领导小组,国防部长领导部级军品出口委员会,国防部武器装备总署负责促进武器出口,协调并支持装备领域的军售活动。

(八)资质认证

美国国防部(政府序列)负责武器装备科研生产资格认证,对项目投标方的技术能力、财力、管理水平、资信度等进行审查。俄罗斯对军品市场准入实行许可管理,以国防部(军队序列)为主实施。英国国防部(政府序列)对于大型合同竞标者进行资格审查,包括其业绩、技术水平、财务等情况。法国由国防部(政府序列)武器装备总署负责资格审查,颁发研制生产许可证。

(九)安全保密

美国国防部、能源部、航空航天局依法对自己的乙方实施保密和安全管理。俄罗斯工贸部、航天局、国家原子能集团、联邦国防订货局等部门均设置专门机构负责科研生产机构的安全生产和保密工作。印度电子与信息技术部与国防部共同管理国防工业的保密问题。

第三节　与国外相比我国存在的不足及问题

一、效率较低

国防科研生产能力的投资和建设方式单一，对国家财政依赖偏高。目前生产能力投资多采取国家直接投资或投资注入的形式，建设方式采取任务单位自建的形式，代建、租赁、补偿、调配等方式尚未发挥应有的作用。规模化集约化能力差，军工资源利用效率低。武器装备产品主要按照“谁研制、谁生产”的投资建设方式，导致科研生产能力完全由军品型号研制任务布局来决定，生产任务的安排随着研制任务确定，导致任务不饱满、生产线闲置现象发生，生产能力布局分散，同类设备或生产线重复投资，浪费人力物力资金，增加了生产线建成后的维护费用。

二、经费投入不足

国防科研生产能力的形成、维持、提升需要一个长期的过程，需要建立在不断积累的基础之上，因而需要持续每年进行大量经费投入。过去几十年里，相对国外发达国家，我国的国防经费总量，以及占国民 GDP 的比例长期偏低。同时，在投入的国防费用中，行政费用的比例较高，装备费用占比偏低。更进一步，在装备费用中，维修费用比例较高，用于国防科研生产能力的经费比例较低，近年虽有增加，但是受限于国防经费总量及支出结构，我国国防科研生产能力经费投入仍然受到很大限制，导致科研生产能力潜力受到很大限制。

三、国家总体科技水平较低

国防科技工业作为国家经济的重要组成部分，其科研生产能力在很大程度上受到国家总体科研水平的制约。新中国成立以来，虽然我国已经在生物、航空航天等领域取得了世界高科技的一席之地。但是与国外发达国家的总体科研实力相比，仍然处于相对较低水平。在集成电路设计、数字技术、先进设计制造工艺等领域还有很大差距。这些不仅影响国防武器装备的性能和可靠性，而且影响武器装备的生命周期、生产模式，对于国防科技工业的科研生产能力形成了很大的制约。

四、管理体制滞后

为提升国防科研生产的效能、各类要素资源的利用效率，近年来，我国已经开展了国防科技管理体制的改革。当前，国防科研生产管理体制仍然是基于指令性计划指导的合同制度，适应社会主义市场经济特点的竞争机制仍未建立起来，武器装备科研生产领域市场主体多元化的体制障碍尚未突破。

五、人才激励不足

当前我国国防科研生产领域还未建立对于人才有效激励的机制，导致人才流失现象严重。国防科技工业人才流失是制约科研生产能力提升的关键因素。培养和造就高素质、高水平、高稳定性的人才队伍是国防工业科研生产能力稳步提升的关键。当前，随着社会的价值观、利益观与以往发生了很大的变化，我国原有的国防科技人才管理机制已经越来越不适应市场经济的需要，缺乏有效的激励机制，不能调动科研人才的积极性和创造性，使得人才流失严重，特别是高层次的人才。

第九章
推进经济建设和国防建设融合深度发展的方向与政策

第一节　我国经济建设和国防建设融合深度发展的制度、政策、法规体系

一、完善相关法律法规体系

一是由中央经济建设和国防建设融合发展委员会办公室牵头，组织相关领域和部门有重点地对经济建设和国防建设融合发展立法的有关问题进行研究，从理论上进一步弄清有关领域经济建设和国防建设融合发展法律规范的现状，论证各领域还需要新制定哪些单项法律，明确每项法律规范的事项或内容，并确定制定的先后顺序。当前，可以参照我国已经公布的《就业促进法》《循环经济促进法》《中小企业促进法》《科学技术进步法》等法律的立法模式，对经济建设和国防建设融合式发展领域的综合性立法进行调研，着重对立法的必要性、基本架构和内容、基本制度、重点章节的布局等方面进行专门研究，积极推动相关立法工作。

二是制定出台经济建设和国防建设融合基本法律《经济建设和国防建设融合发展法》。以法律形式明确经济建设和国防建设融合的组织领导，详细规范经济建设和国防建设融合顶层设计，统筹经济建设与国防建设协调发展。在此基础上，还可专门就经济建设和国防建设融合发展制定《国防科技工业经济建设和国防建设融合发展法》，从法律层面对“军转民”“民参军”做出权威的规定。

三是针对立法层次不高、有较多法律空白的现实问题，制定相应法律。应制订《国防科研生产法》《军事订货法》以及与《武器装备科研生产许可实施办法》相配套的具体标准、具体规范等，如武器装备研制合同、生产合同、质量监督及管

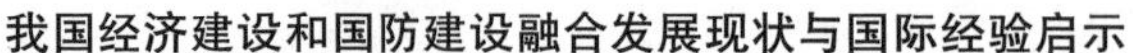

理程序。结合国防科技工业的实际,建立和完善国防科技工业成果和技术实施转化的法规体系。如研究制定《国防科技工业成果与技术实施转化条例》以及“利用民用高技术提升国防科技工业基础能力”的相关法规,其主要内容包括国防科技工业成果与技术实施转化方式、权属及利益分享、保密及解密的法律责任,使国防科技工业成果与技术实施转化过程中各方关系的调整有法可依。

四是建立统一的实体法平台,采用现代信息技术和语义识别技术,同时借助专家力量,完善经济建设和国防建设融合法律法规体系,做到军地法律法规的衔接。

五是修订完善形成成熟的相关法规。首先,适时推进经济建设和国防建设融合相关政策上升到法规规章层次,加快制定出台《武器装备采购供应法》等,为经济建设和国防建设融合式发展提供强有力的制度保障。其次,规范统一武器装备科研生产许可目录,动态调整武器装备科研生产许可目录,原则为减少压缩许可范围,把重点放在涉及国家安全的核武器、武器装备的总装总承总测以及军用航空动力等关键核心行业,取消对一般军品配套企业的许可,加快民营企业进入军品市场的步伐。

六是清理现行法律法规中与经济建设和国防建设融合发展相冲突的地方。现行法律中有些对民用企业进入军品生产领域有许多限制性规定,已经不合时宜,对经济建设和国防建设融合构成了障碍,必须及时清理或作出明确的司法解释。要依据《宪法》《国防法》《国防教育法》等,抓紧制定关于经济建设和国防建设融合的法律法规,对现有法律法规进行认真审查,所有不利于经济建设和国防建设融合式发展、军地一体化建设的,都要及时修订或废除,为经济建设和国防建设融合式发展扫清政策法规障碍。

七是加快完善国防知识产权保护法规,明确国防科技工业成果与技术转化方式、权属及利益分享、保密及解密等方面的权利义务。有步骤地开放军品以及军品研制市场,实行统一的军品研制招投标法规制度,完善计量标准化法律制度、产品认证法律制度、军代表验收法律制度,以及技术状态、产品定型、生产定型等法律制度。

二、加快推进国防科技工业经济建设和国防建设融合发展政策体系建设

一是梳理现行的政策文件。在中央统筹协调下,根据经济建设和国防建设融合发展政策体系框架,开展集中论证和研究设计国防科技工业领域政策体系,明确国防科技工业经济建设和国防建设融合发展各相关者的任务分工,强化顶层政策制定的统筹力,加强政策文本前期论证推演和监督力度,通过备案审查制

从源头上规范政策制定流程。

二是健全军民科技协同创新政策体系。制定军民科技协同创新基本指导政策《关于军民科技协同创新指导意见》。尽快出台鼓励民口单位和企业承担国防科技项目方面的相关政策，填补军民科技协同创新的政策空白。及时修订或废止不具备时效性的政策，删除陈旧过时的内容，填补空白缺失的内容，修订相互矛盾的内容，合并交叉重叠的内容。具体而言：首先，抓紧制定新政，填补现有政策体系中的空白地带。就国防科技工业经济建设和国防建设融合发展而言，主要包括制定引导经济建设和国防建设融合发展的投资政策、国防科技工业投资体制改革配套政策、军地一致的税收征管程序、军地信息共享的政策、信息动员机制、市场监督等问题，同时要着手制定政策解决经济建设和国防建设融合发展中军品特殊性与市场普适性差异问题；其次，修订完善现有政策。主要包括：解决许可证管理制度中准入门槛高、限制条款多和进入程序复杂的问题，注重解决民营企业配套军工的政策，着重解决一些政策体系中配套性低和可操作性不强、上市监管等方面问题；第三，重视军民两用技术方面的政策制度建设。通过政策建设积极引导军民两用技术发展，既服务于经济建设，又服务于国防，而且也能“省去”军转民或民参军复杂的程序。

三是强化政策的导向性、衔接性和实操性。首先，树立国防科技工业经济建设和国防建设融合发展的政策导向。要统一军地校企等对经济建设和国防建设融合发展的认识，强调强军思想导向，统一对军民科技协同创新领域和国防科技工业领域中“军事优先、军为首要”的认识和要求，避免政策制定执行中出现经济为主的导向偏差。突出经济建设和国防建设融合深度发展导向，按照全要素、多领域、高效益的深度发展要求，为科技创新从初步融合到深度融合提供政策保障。其次，加强军地和部门间的政策衔接，在中央经济建设和国防建设融合办的统筹下加强科技部主管的五大类国家科技计划、军委科技委主管的五大类国防科技计划、军委装备发展部主管的装备预先研究计划、国防科工局主管的有关科技计划等科技计划的衔接。三是出台系列具有针对性和可操作性的配套政策。实验室、设施和仪器等基础资源开放共享方面，摸清军队和军工的基础资源底数，针对分级保密、共享对象、收益分配、激励措施方面等出台配套细则。对中央重视、社会关注度高、影响面广的重点政策，建议军地部门建立政策落实会商和沟通协调工作机制，定期沟通政策执行进展，研究解决政策落实中的问题和困难，适时对相关配套政策进行补充完善。区域层面，省、自治区、直辖市应在财政、税收、金融等方面，根据各自情况出台鼓励参与国防科技创新的配套政策。

四是优化宣贯、督导的政策环境。首先，加强政策公开透明和知晓度。明确制定政策文件应秉持公开透明的原则，原则上不得设立密级；确需保密的，可分

为对外公开版和内部或密级版,对外公共版对外全面公布,内部或密级版按照密级和政策受众对象定向发布;超出保密年限应当及时解密,以打破经济建设和国防建设融合政策信息壁垒。政策宣贯的内容上,改变破碎化的宣贯方式,建议中央经济建设和国防建设融合办选取公众广泛关注的政策领域,组织专题政策宣讲团进行系统化的解读。宣贯的形式上,在过去会议和网站宣贯基础上,增加公众号推送、政策培训、政策宣讲多种方式。建议依托国家经济建设和国防建设融合公共服务平台等互联网载体,开辟经济建设和国防建设融合发展政策综合宣传通道,为公众提供获取政策的"一站式窗口"。政策宣贯的广度上,要覆盖政策的所有受众对象,突破军地二元化障碍,全面提升政策受众的知晓度。其次,营造公平有序的政策环境。针对民营企业,通过增加信息渠道、降低门槛、简化程序、参军税收减免、公平竞争等政策手段,鼓励更多民营企业和单位参与协同创新为军服务。针对军工企业,在高端人才引进、收益股权分配、企业管理等方面给予军工企业更大的政策自主权,以适应越来越激烈的市场和技术竞争。

五是加强军地规划计划统筹工作。加强国防科技工业和国家工业在发展规划、计划、重大项目等方面的规划协调与衔接,重视短期规划与长远规划的衔接配合,结合军口与民口需求,统筹部署各类军民科技计划、项目的论证、立项、实施。

六是推动标准化经济建设和国防建设融合建设。国防科技工业和武器装备研制是基于大量基础、共用性零部件和关键专业化子系统的系统集成终端产品。国防科技工业作为军民一体化战略体系和能力的承载者和先锋军,担负着横向技术一体化任务,要推进科研基础设施军民通用性和兼容性。一是系统梳理军工行业标准,提出"立改废"清单、强制性标准清单和建议上升为国家标准的清单;二是统筹军地科研专家,规划、研究和科学制定军工行业内部、行业间和军地科研生产的通用性、共用性技术标准,建立国防科技工业新型标准体系;三是实施军民标准通用化工程,在保障国防装备产品质量和科研生产能力的前提下,协调军用标准和民用标准两个体系,对民用技术已经领先的领域要尽可能地多采用国家标准和行业标准,同时,对于军用标准已经规范应用的产业方向,民用领域不要另起炉灶单独制定标准,逐步实现标准体系的经济建设和国防建设融合;四是建立经济建设和国防建设融合标准资源共享服务平台,降低企业社会交易成本,实现军民基础技术统筹利用。

三、健全相关制度机制

(一)建立健全政策法规建设的评估、反馈和监督机制

按照习近平总书记关于“要着眼提高经济建设和国防建设融合发展整体质量效益,强化督导评估,形成经济建设和国防建设融合发展的鲜明导向和评价标准规范”的讲话精神,建立健全国防科技工业经济建设和国防建设融合的政策规划监督评估工作机制和动态调整机制,建立政策制定论证机制、政策实施的评估反馈机制。聚焦国防科技工业经济建设和国防建设融合发展遇到的主要矛盾与问题,建议以国防科技工业主管部门为牵头单位,统筹协调有权制定国防科技工业经济建设和国防建设融合发展政策法规的主体单位,建立政策法规的审查和纠偏机制,定期开展针对政策执行实施效果的第三方评估工作,梳理情况,查找根源,对于执行不力甚至违反政策的部门和行为采取必要的惩戒措施,对正在执行的却难以操作的政策法规予以定期分析原因并建立反馈渠道,在研究机构评估、反馈报告基础上,结合实际调研情况,把政策法规执行中的问题反馈至相关主体单位,提出修改完善意见,履行监督职能,从而促进系统完备、衔接配套、有效激励的政策制度体系建立。此外,建立健全政策法规监督员制度和定期检查工作制度,结合经济建设和国防建设融合发展中的新情况、新问题,建立常态化的执行监督评估机制,督促法律政策的落实情况。

(二)推动形成“立、改、废”机制

建立政策法规的“立、改、废”的工作机制,对不符合时宜的文件要及时清理废除,对发布时间久的政策法规适时修订,对部分政策难以落地的予以细化,形成工作指南等配套措施。例如,明确国有股权管理部门和职责,简化项目申请和审批程序等。

(三)进一步优化武器装备研制的公平制度

国防市场准入和退出制度,实行统一的军品研制招投标法规制度;完善国防科研生产投资法规制度,为军工企业实现投资主体多元化提供法律保障。例如调整完善军品税收政策,对承担武器装备科研生产、维修保障的各类军工企业和民口单位采用同样的增值税税收政策,对符合条件的军工高新技术企业实行与民口高新技术企业同等的企业所得税优惠政策。

四、监督引导公平公正

一是完善决策落实的组织、检查、监督等配套机制。一方面，要建立监督评价组织，对经济建设和国防建设融合项目的决策执行情况、建设效果等进行跟踪调查和评价。另一方面，要完善检查监督机制。要建立严格的项目审计制度，发挥行政、审计、纪检和社会监督作用，对竞争性装备采购工作实施全程监督，对重要环节进行严格把关，确保竞争性装备采购工作的健康发展。要建立质疑、投诉、仲裁和监督检查制度，明确职责，界定受理范围和条件，规范受理程序，维护公平竞争，保护竞争者合法权益。

二是建立竞争风险防范和效益评估制度。科学确定竞争性装备采购项目管理的关键决策点，加大对装备的技术、质量、进度、成本和全系统全寿命周期费比的综合分析力度，将风险评估与效益评估情况作为实施竞争和项目管理决策的重要依据，实现装备需求与国防科技水平和经费保障能力之间的合理平衡。正确评判竞争行为，有效控制竞争风险，防止强行垄断、恶意串通，防止虚假竞争、恶性竞争，防止采供勾结、设局谋利。

三是建立竞争激励和保护制度。建立装备承研承制承修单位履约信誉等级评定制度，公开信誉等级评定并将其结果作为选择承研承制承修单位的重要依据。在注重使用行政、法律等手段的同时，强化运用经济手段，对信誉度高、履行合同好的单位，在政策上给予倾斜。适当采取经济补偿或政策优惠等措施，鼓励和扶持竞争失利单位继续参与后续竞争，积极维持竞争格局。推进国家有关部门逐步调整改革军品投资、税收、定价等政策，努力创造公平竞争的政策环境。完善知识产权管理制度，制订装备知识产权创造、使用、保护和管理的政策措施，建立装备承研承制承修单位与军队装备部门之间畅通的装备知识产权信息交流和法律服务渠道，有效激发技术创新和加快成果转化、应用的积极性。研究建立对推行竞争性采购做出贡献的单位和个人的奖励措施。

四是加大对国防科技工业经济建设和国防建设融合工作的考核力度。将国防科技工业经济建设和国防建设融合工作以制度形式纳入各级党委、政府有关部门的工作职责中，纳入党委政府年终工作考评内容，纳入人大监督执法范畴，纳入地方各级领导干部年度考核、先进单位和个人评选以及双拥模范城评比之中，从职责分工上解决抓落实的问题。要认真抓好考核评议工作，研究经济建设和国防建设融合考评实施办法，充分调动和激发地方党政领导抓经济建设过程中贯彻军事需求的积极性。

第二节　推进经济建设和国防建设融合深度发展的政策建议及主要措施

一、开展国家工业基础中国防科研生产能力评估

当前，我国初步建立了工业领域经济建设和国防建设融合信息资源采集工作机制，并一定程度上解决政府、军队、企业和其他社会主体之间信息交流不畅的现状，促进了军民用技术成果转化，推动了军民用资源共享。然而，底数不清存在种种弊端，一是限制了军民资源统筹的政策针对性和可操作性；二是无法满足分级分类采购信息发布机制的建立，不利于军地需求高效对接；四是不利于科学合理的开展军工专业化重组等。为此，亟须开展国家工业基础中国防科研生产能力评估工作。

（一）构建国家工业中国防科研生产能力数据平台

针对军地部门、行业部门长期忽视对国家工业基础中可用于国防建设能力、资源和质量标准等基础信息掌握的背景条件，在全面系统搜集国家大工业体系中可用于国防建设的生产要素、科技创新、标准、监测计量等资源，建立军地数据信息共享交换机制，将已有平台数据资源作为底层数据主要来源之一，搭建分布式基础数据库，监测大工业经济建设和国防建设融合发展态势；智能监测社会资源参与国防建设的总体力量、参与热情、空间布局等信息；监测预警国家工业和信息化发展薄弱环节和潜力所在，为相关政策制度和规划计划制定提供基础信息支撑；检测大工业的技术能力，为现代军事装备采购提供精准供应商目录，提高需求对接的时效性和有效性；分析论证行业领域或技术的军民标准通用性，推进标准化经济建设和国防建设融合，促进军民一体化的国家工业基础体系建设。

（二）评估内容

以战略导向、问题导向、需求导向的原则确定评估的内容和事项。具体来说，就是根据作战部队、武器装备使用单位、政府主管单位以及科研生产单位等关心的重点问题设计评估的内容和事项。例如，作战单位可能关心某种型号装备在战时的供给能力，武器装备使用单位可能关心某种型号装备中关键核心技术和产品的自主可控率、国产化率、进口替代率等。因此，在评估工作前期，需要对相关单位进行调研，梳理相关需求，根据调查的结果开展诸如竞争能力、生存

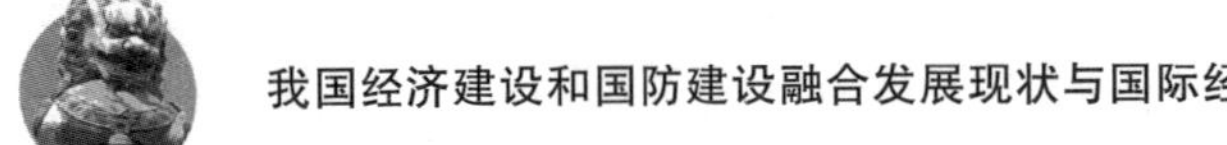

能力、自主创新能力、供给能力、支撑能力等方面的评估。

(三)评估思路

总体上,要利用大数据、人工智能、物联网等现代化信息技术手段,聚焦国家工业基础中可支撑武器装备科研生产的行业和领域,智能搜集武器装备科研生产重点型号主要配套企业,通过信息共享机制搭建,全面掌握相关民口配套企业或潜在参军企业的基本情况、主要科研能力、生产制造能力、科研生产设备设施、基础数据、检测计量、标准、公共服务、科研成果、人才资源、资质等信息资源,搭建分布式基础数据库,动态分析国家工业对武器装备科研生产支撑的现状水平、参与主体、关键能力、通用领域、薄弱环节、发展潜力等情况,针对国防军工发展的短板和不足,及时查找可应用于国防现代化建设的国家工业基础为精准深入实施经济建设和国防建设融合发展战略提供决策支撑和数据信息服务。

针对"已有能力"的评估思路:首先,根据装备发展部武器装备合格供应商目录、国防科工局武器装备科研生产许可证、军工集团公司所属企事业单位日常军品研制相关的配套单位信息等,评估上述单位的相关情况,并要求上述单位提供本级竞争对手及其下级配套单位名称等信息;在此基础上由专家根据武器装备系统平台及其分系统级配套产品进行筛选,以明确第二轮评估对象;其次,开展第二轮评估工作,并要求其提供下级竞争对手及配套单位的名称等信息;在此基础上组织专家进行筛选以明确第三轮评估对象;以此类推,各级评估对象应提供本级竞争对手及其下级配套单位的相关情况,通过逐级评估,采集较完整的国家工业基础中国防科研生产能力数据信息,按照从武器装备最终产品、分系统、元器件到原材料的层级,需要开展 3 到 4 轮左右的评估,评估的具体层级应根据各领域实际情况确定。同时,评估工作正式实施前,可先选择两至三项重点技术、产品进行评估试点,验证评估指标体系是否可行、合理、易理解,并根据试点结果进行修改完善后,开展面向全国工业基础的大范围评估。

针对"潜在能力"的评估思路:首先,要明确"潜在能力"的范围甄别(包括技术领域、技术发展状态等);其次,要确定"潜在能力"的承载主体(即哪些单位属于潜在能力的评估对象);第三,要判断"潜在能力"军事应用的前景及价值;第四,"潜在能力"评估的方法(不用于已有能力的"多轮分层级"的评估方法)。

二、建立完善协调高效的准入机制

(一)优化资质审批程序,尽可能缩短周期

逐步缩小许可范围。对许可目录内的产品根据重要性和专用性等标准进行

优化分类，在此基础上分阶段、分类别、分领域缩小许可范围，降低民营企业进入武器装备市场的许可门槛。

优化审批流程。对于各种许可规定中的重复内容进行合并，对于审批程序中非核心关键程序直接取消，实现简政目标；同时，国家国防科技工业管理部门可将部分许可的受理和审查权下放至各省、自治区、直辖市相关管理部门或者社团组织。此外，考虑在通用货架型装备领域，政府部门放权给军工总体（或分系统）单位，基于项目需要，由军工总体（或分系统）单位与掌握技术的民口单位签订项目保密协议，明确法律责任、单位和个人保密重点事项，减少政府部门审批程序，缩短认证周期。

加快建立企业参军资质联合审查制度。国家国防科技工业管理部门、国家保密管理部门与军队装备部门等沟通协商，加快建立参军资质联合审查的工作机制，明确联审工作协调衔接程序，尝试联审办公大厅的工作模式，将资质审批周期尽可能缩短。

（二）构建合理的信息沟通渠道，促进信息资源共享

建立民参军信息交流共享渠道。搭建民营企业参军交流平台，通过网络平台以及定期举办交流会、论坛、俱乐部等多种形式，促进军队装备部门、军工总体（或分系统）单位与民营企业进行交流合作，形成常态化军民互动交流机制，提高军民信息共享，增强军队装备部门、军工总体（或分系统）单位对民营企业的了解。

探索建立军事需求定向发布渠道。与军队装备部门沟通协调，结合武器装备竞争性采购制度改革进展情况，探索军事需求分类分级发布机制，如按军民通用装备采购信息和专用装备采购信息划分等；探索把军事需求发布到国家或省级国防科技工业管理部门，并由其在可控范围内进行定向发布。

探索建立军工总体（或分系统）单位武器装备任务配套需求定向发布渠道。收集军工总体（或分系统）单位武器装备科研生产项目需求和进展情况，特别对武器装备配套相关的技术产品需求信息进行整理归类，探索把军工总体（或分系统）单位武器装备配套需求发布到各省、自治区、直辖市国防科技工业管理部门，并由其在可控范围内进行定向发布。

（三）优化军工与国家工业基础的结构，增强对民营企业的信任

优化国防科技工业与国家工业基础的结构。为了避免武器装备供应链结构性调整而导致的潜在风险，可以通过要素资源投入，用增量撬动存量，适时推进通用型技术与设备领域的军工专业化整合，将国防科技工业体系中与国家工业

基础高度重复的能力推向社会，以此精简军工核心能力，使一批配套能力融入国家工业基础之中，从而逐步消除阻碍国防军工和国家工业基础统筹发展的结构性问题。

增进军队装备管理部门、军工总体（或分系统）单位对民营企业的信任。在需求方面，通过制定相关法律法规，强制总体承研承制单位在适当范围公布项目子任务分解和要求，以此让民营企业了解武器装备科研生产需求，主动迎合需求；在供给方面，通过技术展示会、交流会等形式，促进装备管理部门、军工总体单位了解民营企业的综合实力和技术能力，消除不必要的信任壁垒，等等。

建立竞争性采购平台。以国家级和省级经济建设和国防建设融合产业示范基地为依托，在全国范围内选择条件成熟的示范基地，探索开展武器装备供应链低端技术或产品供应试点采购，逐步促进武器装备采购进一步开放。

三、建立完善公平有序的采购竞争机制

（一）建立分类、分层次、分阶段竞争制度

为规范不同类别装备采办项目、承包商与分包商各个层次以及装备采办不同阶段的竞争行为，外军采用了分类、分层次和分阶段竞争方式。

针对不同类别装备实行不同竞争方式。对于技术指标明确、成本易估算、风险较小的项目，采用公开招标竞争方式；对于军方不能明确提出详细技术性能要求，成本与技术风险较大的项目，采用分步招标竞争方式；对于只有少数几家承包商、时间要求紧来不及公开招标、或保密和法规要求不公开的项目，采用竞争性谈判方式；对于小额货架产品，采用公开竞价、询价等方式。

在主承包商、分承包商、零部件协作商等不同层次开展竞争。例如，美国国防部指令5000.2《国防采办系统的运行》强调，在一个技术项目、服务合同或采办项目的整个过程中，要求在主承包商和分承包商两个层次分别开展竞争。近年来，针对军工企业兼并和垄断的加剧，美国等西方国家采取措施保护中小企业参与装备采办竞争，特别是参与分系统或部件层次的竞争。

在装备采办各阶段开展不同程度的竞争。为适应装备研究发展需要，美国在项目方案论证阶段、技术开发阶段、工程型号研制阶段、方案评估阶段、项目演示验证和生产阶段分别采取不同竞争方式，以保证装备采购质量效益。

（二）建立健全民口和民营企业参与武器装备科研生产公平竞争机制

健全竞争性装备采购法规体系。研究编制《竞争性装备采购管理规定》及配套的操作章程（主要包括：《装备采购信息发布管理规定》《装备采购招标管理办

法》《装备采购竞争性谈判管理办法》《装备采购竞争保护工作实施细则》《装备采购询问、质疑和投诉处理办法》《装备采购评审专家管理办法》等），构建系统完善的竞争性装备采购法规体系，规范竞争性装备采购的程序和行为。在装备采购过程中的计划制定、采购实施、合同签订等重要环节嵌入竞争性采购要求，对装备采购各部门的采购行为和采购程序进行规范。

优化候选承制单位选择程序。首先，军队采购部门在本系统装备预先研究五年规划编制，型号研制立项综合论证和编制维修保障年度计划编制时，依据有关部门核实、汇总的各类企事业单位信息，确定潜在装备承制单位，向符合条件的企事业单位发布采购信息。对尚未列入装备承制单位名录，但已经通过国标质量管理体系认证，并经过现场考查表明具有与承担任务相适应专业技能的民口单位，应协调有关部门尽快安排对其武器装备准入审查。其次，军队采购部门要根据在装备采购信息发布的规定时限内提交承担任务申请的潜在装备承制单位情况，进一步论证提出候选承制单位。最后，军队采购部门通过组织开展竞争性采购，从候选承制单位中竞争择优确定承担装备采购项目的装备承制单位。

（三）完善民口企业参与武器装备科研生产激励和保护制度

明确民口企业进入装备市场前自筹资金形成知识产权用于装备建设的管控和利益分配政策。军方要严格控制其技术资料（包括工艺图纸文件、软件源代码）的知悉范围，尤其不得向其竞争对手提供。对于军方因国防利益需要指定其他企业研制使用或者用于批量生产的，民口企业应当同意并与受让企业分享研制或者生产利润，分享比例由民口企业与受让企业商定，军方应协调和监督促进分享比例公平。

明确民口企业进入装备市场后，军方投入资金形成知识产权的管控和利益分配政策。对于军事专用性强、需要保密的，按与军工企业相同的管控和利益分配政策管理。对于军民通用性、不需要保密的，军方在保留使用优先权的前提下，民口企业可以自由处置权。

针对竞争失败的民口企业建立竞争保护制度。装备采购项目的竞争结果公布后，如果民口企业竞争失利并申请竞争保护的，装备采购部门应当研究提出受理意见并按程序报批后实施。具体来说，对于采购数量较多的装备采购项目，在不降低技术指标、不提高装备采购价格和确保科研生产质量和进度的前提下，可以将该项目的部分采购任务安排给具备承制能力的竞争失利方；对于采购数量较少的装备采购项目，在不降低技术指标、不提高装备采购价格和确保科研生产质量和进度的前提下，可以要求主承包商将该项目的分系统或配套产品分包给具备承制能力的竞争失利方；对于无法实施项目补偿和分包补偿的装备采购项

目,可以要求从本项目经费安排部分经费,通过采购全部或部分样机及技术成果等方式补偿竞争失利方。

(四)采取必要的培育和政策扶持民企参与装备科研生产竞争

增大直签配套单项合同的比例,支持参军的民口企业(包括民营企业)获得的更多的军方直签单项合同。采用竞争性采购方式,大幅度增加军队与民口企业直签科研订购单项合同的比例。

扩大民口配套的比例。尽可能压缩军工内部配套和国外配套份额,充分利用民口科技工业的能力,使装备科研生产的民口配套率有较大幅度的提高。

制定和实施资助性"装备技术创新计划"的创新基金。落实非公企业为装备科研生产服务的具体措施,建议军兵种装备部门在相关经济建设和国防建设融合园区设立"装备技术创新计划",每年单列一部分费用,用于择优资助民口企业参与装备关键科研创新活动。

建立分类定价制度。对于涉及国家安全的尖端武器装备,实行计划管理,由成本导向形成价格;对于有限竞争类装备,实行计划管理与市场调节相结合,由供需双方在竞争基础上协商定价,由需求导向形成价格;对于军民通用类装备,按照市场定价原则,由竞争形成价格。

(五)完善健全竞争采购相关法规

目前,我国关于竞争性装备采购的法规仍比较宏观,无法较好指导竞争性采购工作开展,如法规规定,装备采购采用公开招标采购、邀请招标采购、竞争性谈判采购、单一来源采购、询价采购等方式,明确了相关采购工作程序,但如何具体实施竞争性采购,采购方式确认、评审、公示、潜在承制单位选取、专家选定、工作流程等都缺乏相关规定。为此,一是尽快出台《竞争性装备采购管理办法》,全面落实分类、分层、分阶段竞争和一体化竞争等竞争形式,大力推进竞争性采购。二是制定《竞争性采购装备目录》,明确公开竞争和有限竞争的装备类别和项目,严格按照要求选择相应的竞争采购方式,坚决杜绝"竞不竞争领导说了算"等问题,保障竞争采购依法有序开展。

四、建立完善畅通规范、及时有效的信息发布机制

(一)健全军工需求信息发布管理机构

装备采购信息发布是装备采购过程中程序性、操作性最强的工作之一,需要尽快建立和完善规范装备采购信息发布法规制度,明确界定装备采购信息的分

类、信息内容、信息发布范围、信息发布渠道和方式,明确规范装备采购信息发布程序,包括信息采集、信息密级审定、信息发布的工作流程;明确信息的采集、收发、传递和移交、使用、清理、销毁、整理、回馈等信息管理和保密管理程序;明确各阶段具体行为的时限规定;明确信息更正程序和时限规定;明确信息发布工作的投诉及其投诉处理等程序,使装备采购信息发布工作有法可依、有章可循。如美国政府合同法案、联邦采办条例、联邦采办条例国防部补充条例和国防部合同管理指南,从宏观和微观两个方面规定了国防采办信息属性、类别、信息发布的范围、发布媒体、发布格式、发布内容及违规责任等内容。

明确装备采购信息发布管理机构和信息发布机构及其相应职责。一方面,实行统一的信息发布管理制度,明确统一的管理机构。装备采购信息发布工作需要一个强有力的组织进行集中统一管理和监督检查,以确保装备采购信息发布的安全性、适度公开性和平等性,保证发布工作的安全、平等、公平和高效,并大力推进装备竞争性采购的发展进程。另一方面,实行专业的信息发布制度,由专门机构和人员负责装备采购信息发布。由装备采购业务部门或通过相关保密资质审查的媒体中介组织负责信息的发布,对于所采集的装备采购信息,应责令信息发布机构在规定期限内通过规定的渠道进行发布,以便最大限度地让所有符合资格条件的承制单位和相关当事人了解信息。

(二)确立发布渠道,界定发布内容

装备采购信息发布渠道是指用于发布装备采购信息的媒体、手段和方式。在满足保密、适度公开、平等原则的基础上,根据装备采购信息秘密属性的不同,使用不同的信息发布渠道。一方面,对于非密信息,可以视情指定报纸、杂志和计算机网络等(如中国军网、解放军报、中国政府采购网和中国政府采购)公开发布装备采购信息。如美国规定国防采办合同招标书等必须向所有符合条件的投标者分发,国防采办信息通过联邦采办计算机网、每日联邦商业机会网络、商务日报、国防部商业机会和政府商务信息访问点等媒介公布。另一方面,对于秘密信息(含秘密、机密和绝密信息)应当通过内部会议、电话和传真、文件等方式向具有相应资质的承制单位定向发布。

(三)建立顺畅的军工需求信息对接与沟通机制

第一,要明确通告军品管理的具体要求。由军队和政府机构授权对外公共机构,如全国工商联、中国国防工业企业协会等,负责发布公开的政策和信息交流,主要为民用企业参与国防建设开展政策咨询和人员交流培训、技术支持和推介、认证管理咨询等。尽快建立军民共用的信息平台,一方面要向已经进入或者

有意进入军工领域的民营企业发布政策法规、军工产品和技术需求等重要信息，另一方面还要指导民营企业加强与军工企业的信息沟通渠道，建立民营企业向军工单位介绍自身优势的信息沟通渠道。

第二，要提前预告军品采购的规划指南。军队根据三年采购需求和五年建设规划，或年度科研、购置、维修计划，不定期召开需求通报会，向具有相应资格和保密资质的单位通报研究指南、采购招标、重要配套需求信息。

（四）及时通报技术需求的概略方向

军队或者政府可以以交流、发布或者简报等形式向已经取得资格或者相应保密资质的单位定向发布国际军事技术最新动态、国家军事技术预先研究方向、部队装备使用、维修与保障技术需求以及相关企业高新技术发展动态等。

五、建立完善协同有力的监督、评价管理机制

（一）加强审查、认证机构之间的协调配合

在军品市场准入的组织管理方面，加强顶层设计，突出各评价部门之间的协调配合，合理利用各方的资源，减少民营企业在资质评价中的负担，切实提高评价效率。研究建立由科工局牵头，成立装备承制单位资格审查委员会，全面负责民营企业进入军品市场的申请受理、整体组织协调、最后审批和集中注册，作为民营企业进入军品市场的统一归口部门。具体审查工作可以由科工局装备承制单位资格审查主管部门、国家国防科技工业局和保密主管部门以及经授权的质量体系认证实施机构等联合实施。装备承制单位资格审查委员会组织相关部门，优化职能分工、组织方式以及处理利益关系等重大问题。

（二）改进“民参军”评价方法

重点修改《装备承制单位资格审查要求》，建议从四个方面重新修改和制定装备承制单位资质标准。

在质量管理水平方面，要求承制单位达到《质量管理体系要求》；

在专业技术能力方面，对于承担列入武器装备科研生产许可目录的项目，必须达到《武器装备科研生产许可管理条例》及相关配套规定的要求；

在保密管理方面，承担涉密项目的单位，要求承制单位达到《武器装备科研生产单位保密资格审查认证管理办法》的要求；

承制单位达到要满足军方关于产品实物、服务质量和合同管理方面的要求。

(三)加强对民营企业质量监督法规制度建设

加强对民营企业的法规宣贯工作。把《军工产品质量管理条例》《军事代表工作条例》、装备承制单位资格审查标准、国家军用标准等质量法规作为宣贯工作的要点。明确企业的质量主体地位,更要明确企业负责人和企业成员的不同质量责任。

加强质量保证制度建设。军队应协调国防科技工业主管部门,细化民营企业承担武器装备科研生产质量保证制度规范,如要求民营企业编写《质量保证大纲》《质量监督细则》和《检验验收细则》等,以法规或办法的形式强制约束企业执行,建立起适应民营企业特点的科学规范、协调配套、运行有效的装备质量监督体系。

加强军民一体化标准建设。在不影响安全和性能要求的前提下,采用民用标准和规范对产品质量实施监督。

六、完善投融资体系

要完善投融资机制,规范利益关系,探索以政府财政资金为引导,政策性金融、商业性金融资金投入为主的方式,采取积极措施,使军队吸引和利用社会资源形成良性的利益驱动,为推进经济建设和国防建设融合深度发展提供足够有效的资金保障。

(一)适当增加国家财政性投入

将经济建设和国防建设融合深度发展增加的建设费用直接纳入国防预算,由国防部门对经济建设和国防建设融合项目进行必要的投资或补贴,也可以考虑将因经济建设和国防建设融合要求而增加的建设费用直接列入国家投资主管部门的建设预算。

(二)建立经济建设和国防建设融合深度发展的专项资金

在国家基础设施投资中预留一部分经费,专门用于保障经济建设和国防建设融合需求。这样既可以保持经济建设和国防建设融合过程中财政资金投入渠道的相对稳定性,又能确保资金投入随经济发展水平的提高而稳定增加,有效满足经济建设和国防建设融合深度发展中日益增长的投资需求。对于一些军用性质明显的基础设施项目,政府可先期投入,以带动其他渠道的投资,满足经济建设和国防建设融合深度发展的资金需求。

(三)对经济建设和国防建设融合项目制定相应的优惠政策

国家可以通过利益驱动的方式,使基础设施建设符合军事需求,同时保证参与基础设施建设的经济主体获得相应的经济利益。为此,需要制定转移支付、财政补贴、政府采购、贷款贴息和税收减免等优惠政策,减轻经济建设和国防建设融合的建设负担,确保承担经济建设和国防建设融合项目的经济主体的利益不受损失。对贯彻国防和军队建设要求的非营利性项目建设,按国家规定的中央和地方政府承担费用比例,支付中央财政应承担的资金,对经营性项目,采取经营期内的税收减免、提供低息或无息贷款、试验研究经费税额抵扣等优惠政策,确保经济主体在建设和经营中的利益不受损失。

(四)发挥市场对经济建设和国防建设融合项目投资的引导作用

制定鼓励民营企业参与国防和军队建设的政策措施,可考虑将项目分解成若干彼此关联但不影响保密安全的小项目,再公开招标投标,通过竞争优中选优。建立一整套利益驱动机制,根据经济建设和国防建设融合项目的不同类别和不同情况,出台相应的补偿办法和标准,最大限度地调动各类行为主体参与经济建设和国防建设融合项目的积极性。对有优势的民营企业加大投资力度,尤其是科研、生产、质量可靠性等条件保障上的支持,尽快出台具体办法和实施细则,进一步强化优势民营企业的优势,拓展夯实国防科技工业的基础和能力。

(五)通过资本市场依法向社会筹集所需资金

根据项目可市场化程度,有计划地实行投资主体多元化,为推进经济建设和国防建设融合深度发展提供可靠的资金来源。特别是对那些具有明显军民通用性的建设项目,考虑与地方政府联合筹措项目资金,并借助金融工具,加大通过社会筹措资金的力度。

(六)建立和完善军民一体化的风险投资体系

改变目前单一的中央财政直接投资方式,扩大国防科技工业投资领域,优化投资结构,由行政方式逐步向市场运行方式转变,引入高新技术与现代金融相结合的风险投资模式,由各种基金会、企业合资创建风险投资基金,吸收社会闲散资金。对于军民两用和具有潜在军事开发价值的工程建设项目,通过财政补助、税收优惠、政府担保、政府采购、贷款贴息等方式,引导和支持风险投资;培育多元化的风险投资主体,鼓励民营企业进入国防和军队建设领域;健全相关法律法规,明确风险投资的方式、出资额、股权转让等,促进风险投资动作的制度化和规范化。

参考文献

[1] 杨彬如. 市场或政府：如何在二者之间选择均衡点[J]. 西北民族大学学报（哲学社会科学版），2008(1):72－77.

[2] 吴敬琏. 中国政府在市场经济转型中的作用[J]. 河北学刊，2004(4):39－46.

[3] 舒本耀. 装备价格理论研究[M]. 北京：国防大学出版社，2015.

[4] 彭择令. 现代信息技术在炮兵建设与作战中的运用[J]四川兵工学报，2009(4):131－132.

[5] 苗宏，周华. 美俄日国防科技工业管理体制及特点. 国防技术基础，2010(1):3－7.

[6] 雅克·甘斯勒. 美国国防工业转轨[M]. 张连超，等译. 北京：国防工业出版社，1988.

[7] 宋玉华. 后冷战时期美国军事工业的重组、发展及其影响[J]. 世界经济与政治，2004(9):66－70.

[8] 杜金奎. 美军电子对抗装备技术发展及启示[J]. 国防科技，2007(3):66－68.

[9] WEIDENBAUM M L. The U. S. Defense Industry After The Cold War[J]. Orbis，1997.

[10] GUAY T R. The Transatlantic Defense Industry Base：Restructuring Scenarios and Their Implications[J]. Strategic Studies Institute，2005.